文獻與詮釋研究論叢 3

觀念字解讀與思想史探索

鄭吉雄 主編

臺灣 學生書局 印行

導　言

鄭吉雄[*]

　　觀念字或稱「哲學範疇」或「哲學概念範疇」（key notion /
philosophical word / philosophical concept）。[1]尋溯此一概念在中
國的遠源，本未有專稱，先秦哲學家僅稱之為「名」，即「正
名」、「共名」、「別名」之謂，漢代學者如劉熙《釋名》，用意
亦同。後世思想家或稱之為「字」，稱其中之義蘊為「字義」，
如陳淳《北溪字義》、戴震《孟子字義疏證》、劉師培《理學字
義通釋》之類。[2]從事哲理玄思的學者，一般都相信抽象概念

[*] 現任國立臺灣大學中國文學系教授。

[1] 讀者可參張岱年：《中國古典哲學概念範疇要論》（北京：中國社會科學出
　　版社出版，1987 年 6 月 1 版）。張岱年將中國古典哲學概念範疇分為三大
　　類：「一是自然哲學的概念範疇，二是人生哲學的概念範疇，三是知識論
　　的概念範疇。」張立文：《中國哲學範疇發展史・人道篇》（臺北：五南圖
　　書公司，1997 年）。
[2] 張岱年說：「所謂概念，所謂範疇，都是來自西方的翻譯名詞，在先秦時
　　代，思想家稱之為『名』，宋代以後有的學者稱之為『字』。南宋陳淳著《字
　　義》，清代戴震著《孟子字義疏證》，其所謂『字』即概念範疇之義。『名』
　　和『字』是從其表達形式來講的；『概念』、『範疇』是從其思想內容來講
　　的。『範疇』二字取自《尚書・洪範》的『洪範九疇』。所謂『洪範九疇』，
　　意謂基本原則九類，這一含義與西方所謂範疇有相近之處。在西方哲學史
　　上，從亞里士多德以來，各家對所謂範疇亦有不同的理解，直至今日，仍
　　有學者加以新詮。簡單說來，概念是表示事物類別的思想格式，而範疇則
　　指基本的普遍性概念，即表示事物的基本類型的思想格式。」參《中國古
　　典哲學概念範疇要論・自序》，頁 1-2。

是現象世界意義架構的路標，故辨析、闡明觀念名字的涵義，對於認知現象世界及其意義底蘊，有絕對性的幫助。這也是歷來儒、釋、道的信徒往往喜用「原道」、「原人」、「原性」一類的名義撰文的主要原因。近世研究中國思想的學者承此傳統，亦無不知「觀念字」的重要性。如馮友蘭在撰成兩卷本《中國哲學史》之後所撰寫《新理學》（1937）即是一部以論說中國哲學觀念為主的書籍，[3]1966 年唐君毅編集《中國哲學原論》亦以哲學名辭與問題為中心，「以貫論中國哲學」。[4]

清代考據學有所謂「訓詁明而後義理明」的講法，而近代治哲學者或反而認為「義理明而後訓詁明」。[5]其實，觀念字意義的掌握，「訓詁」、「義理」必須同時並進，捨一不可。近年來個人秉持此一觀念，推動「經典詮釋中的語言分析」研究計畫，[6]用意即在於認為：「語言」既是考據問題也是哲學問題，

3　馮友蘭在《新理學・緒論》中多次強調「哲學中之觀念、命題及其推論」（氏著：《貞元六書》〔上海：華東師範大學出版社，1996 年〕，頁 10）。在該書中共討論了理、太極、氣、兩儀、四象、道、天道、性、心、道德、人道、勢、歷史、義理、藝術、鬼神、聖人等共十七個觀念。

4　唐君毅：《中國哲學原論（導論篇）・自序》（臺北：臺灣學生書局全集校訂版，1986 年），頁 5。

5　唐君毅：「清儒言訓詁明而後義理明，考覈為義理之原，今則當補之以義理明而後訓詁明，義理亦考覈之原矣。」同前註，頁 4。

6　個人於 2004 年曾在國立臺灣大學東亞文明研究中心主辦「東亞語文學與經典詮釋國際學術研討會」。自 2004-2006 年，我在國科會執行的專題研究計畫（94 年度及 95 年度）為「經典詮釋中的語文分析研究計畫」。2005 年發表〈從卦爻辭字義的演繹論《易傳》對《易經》的詮釋〉（刊《漢學研究》24 卷 1 期〔2006 年 6 月〕，頁 1-33），2006 年在北海道大學百年紀念館與該校中國文化論講座合辦「首屆東亞經典詮釋中的語文分析國際學

哲學方法不能完全解決考據問題，考據方法也不能完全解決哲學問題，兩種方法必須相須為用。若能做到「訓詁分析」和「義理分析」相互為用，必能為當代經典詮釋學推出一個嶄新的世界。相反地，如果仍糾結於「訓詁明而後義理明」或「義理明而後訓詁明」的爭辯，等於重新陷身於千百年以來漢宋異同的大漩渦，不能自拔。

「語義」究竟如何掌握，的確是一個大問題。傳統「訓詁明而後義理明」這句話，常會被有意無意地錯誤解釋為：講明字辭之書面意義，即可展現經典的全部義理。事實上，清儒這一類概念的含義至為複雜，所謂「本義」，本來就不是一個僵固的概念。有時他們所謂「明訓詁」，只是單指研求經典字辭的本義，但有時既包括橫向地將同一字辭概念在不同的經典中展現之不同意義作比較聯繫，也包括縱向地探討歷代注疏對一字一辭注解的不同解釋。[7]由於清儒嚴謹地設定了「訓詁考據」的規矩，卻完全沒有界定「義理」的界線是什麼，[8]那就等於

術研討會」，2007 年與政治大學中文系、日本北海道大學、東北大學合辦「第二屆東亞經典詮釋中的語文分析學術研討會」。

[7] 如段玉裁強調文字「有古形，有今形；有古音，有今音；有古義，有今義；六者互相求，舉其一可得其五。古今者，不定之名也。三代為古，則漢為今；漢魏晉為古，則唐宋以下為今。」（段玉裁：〈王懷祖廣雅注序〉，《經韻樓集》卷 8，收入《段玉裁遺書》下冊〔臺北：大化書局，1997 年〕，頁 1084。）段玉裁所謂「古」「今」是相對而不是絕對的。清儒對於經典語言的認識，非常立體而活潑。關於清儒對語言與經義關係的創造性詮解，請參拙著：〈論清儒經典詮釋的拓展與限制〉，刊《山東大學學報》2008 年第 1 期，頁 28-41。

[8] 我曾嘗試提出清儒對於「義理」的兩種態度。顧炎武說「古之所謂理學，

說「明訓詁」只是一個進入經典世界的基準線；一旦越過這個基準線，展現在詮釋者面前的，是一個一望無際的「義理」之境。

從經典詮釋理論上講，當代學者或認為「語義」是透過語言的用法來確定；[9]或認為語言（language）、書寫之文獻（written texts）、語言傳統（linguistic tradition）均對於「意義」（meaning）有著無法避免的約束和改變，從而影響詮釋（interpretation）與理解（understanding）的活動。[10]這樣看，宋明儒所提出種種義理分析的方法固然與部分詮釋學的理趣若合符節，清儒的研究也已具備了若干現代語言學和詮釋學的考察方法。漢學傳統和宋學傳統，在經典詮釋的境界上，可謂各有所得。

但我還要更進一步從先秦思想中人類生命與宇宙生命的「一體性」（totality）切入指出：人文學是以「人」為中心的

經學也」，又說「博學於文，行己有恥」，暗示知識活動（博學）和道德準則（炎武只設定了「恥」字作為底線）可能具有關聯性。而惠棟自書楹聯：「六經尊服鄭，百行法程朱。」則將經典知識（源出於漢儒）與道德準則（源出於宋儒）區分為二，這是一種對義理的態度。戴震認為賢人聖人之理義存乎經典所載的典章制度（〈題惠定宇先生授經圖〉），認為義理與知識同出一源，這又是另一種對義理的態度。

[9] 如黃宣範解釋維根斯坦「語義即其用法」（meaning is its use）一語：「主要在指出解析一個語句的語義等於定該語句究係如何使用，用法相同者，語義便相同；用法不同，語義就發生了差異」。（參黃宣範：〈語義學研究的幾個問題〉，收入幼獅月刊社編：《中國語言學論集》〔臺北：幼獅文化事業公司，1979 年再版〕，頁 385。）

[10] 伽達默爾《真理與方法》第三章："The ontological shift of hermeneutics guided by language"有說，詳 Hans-Georg Gadamer, *Truth and Method* (New York: Continuum, 1975), pp.351-357.

學問。語言源出於人的思維，是思維活動的具體紀錄，它既與形神合一的生命密不可分，那麼「語義」的研究，就必然要借助抽象玄理的分析，尤其需要注意「語言」的操控者——不論是經典的原作者還是晚出的研究者——與宇宙萬物之間微妙的一體性（totality）的關係。這種關係是：一方面每個人都與古今中外全人類生活在同一個大空間之中，具有某種意義上的一體性，必須對於其他時代與系統的語言，予以客觀的、尊重的比較研究；另方面，每個人從自身窺探世界，恆常受到自身視界的侷限，又不得不常常保持高度的自覺，依靠自己的語言世界來分析、論述屬於自身以外的經典。觀念字的分析，從來就不是單單依靠語言學之中屬於技術性部分的知識，即可以達成的工作，而必須利用具有詮釋學視界、具有理論深度的語言學去探究，讓考據與哲學相須，訓詁與義理並行，才有可能達到理想的境界。古今中外有太多專精語言學的哲學家，也有太多通貫哲學的語言學家。他們的研究成果，在在都是強有力的例證。

當然，我們也必須承認，傳統經典的語義、一般人文學學者理解的「語義」，以及當代語言學研究之語義，三者之間存在著巨大的差距。尤其經歷了現代主義與後現代主義洗禮的今日，鴻溝尤大。「現代性」（modernity）一詞廣泛被學者理解為對於古典價值的否定：沒有了超越性的本體論支撐，人文學的世界秩序不再穩定，人文價值似乎也難有永恆性可言。[11]一切

---

[11] 史耐德教授（Professor Axel Schneider）指出：「『現代性』一詞，在我看

現象與構成現象的背景脈絡都變成相對而動態。而在二十一世紀初的今日，有時甚至連「後現代」（post-modern）亦不足以形容東西方人文價值觀念嬗變的快速與不可預期。在這個時代，要求任何人接受一種「語言標誌了永恆之抽象意義」的預設，幾無可能。在當前全球資訊技術突飛猛進的推波助瀾下，隨著新事物（如網路語言）的出現，「語言」即使僅僅作為普羅大眾人與人之間溝通的媒介，也呈現岌岌可危的態勢。即使是在學術界，我並不認為有多少學者相信「語言」這件「事物」竟與人類的生命與世界觀之間存在緊密一體的關係。不過話說回來，不管其他人如何看待語言，我自己至今仍然深信：「語言」與「意義」之間那種不即不離的關係，終將與人類精神生命共相伴隨直至文明毀滅。今天我們堅持理想，必能開花結果。學術界志同道合者的共同努力，終將發出聲音，為未來學術界更深入的觀念字研究作出預告。

　　本書共收錄論文共十一篇，是從發表於臺大東亞文明研究中心於 2004 年 11 月 19、20 日主辦之「東亞語文學與經典詮釋國際學術研討會」和 2005 年 8 月 26、27 日主辦之「觀念字解讀與思想史探索國際學術研討會」的會議論文，選輯而成。以下略述各篇論文大旨。

來，指進行中的歷史化過程以及隨之而來的曾經被看作永恆而普遍的規範與價值的相對化過程。」參氏著，曾亦譯：〈何種傳統？往何處去？——保守主義的研究意味著什麼？〉，收入賀照田主編：《顛躓的行走：二十世紀中國的知識與知識分子》，《學術思想評論》第 11 輯（長春：吉林人民出版社，2004 年），頁 83。

本書收錄第一篇魏培泉〈從道路名詞看先秦的「道」〉一文。作者首先提出了一連串的問題，主要是道路之「道」，何以會成為一個獨特的哲學概念？它的演變路徑為何？先秦諸子關於「道」的運用何以有分歧？等等。作者透過綜論先秦兩漢文獻中各種道路名詞，進而指出它們的動詞用法，並推論出「道」字若干哲學意義和動詞義的「道」是有關的。這就指出了一個語言學對哲學概念分析的有效性與可能性，值得先秦思想史的研究者嚴肅思考。本文也界定了「道」字與「行」、「路」、「塗」、「術」四字演變的異同，並描述了「道」字語義抽象化的過程，各家提出道的不同動機不同，以及天道與人道的分際等問題。

第二篇是菅本大二〈中國古代當中「天」概念的形成與開展〉。這篇論文針對了「天」作為宇宙主宰的觀念是如何成立和發展，之後又是如何固定下來成為既定觀念的幾個問題，藉由金文資料來加以探討。作者發現甲骨文中的「帝」字已具有主宰之「天」的涵義，其後則發展為「天命」，成為周伐殷的合法性依據，也成為確保其支配權的根據。其後隨著天子權力式微，諸侯的銘器中也廣泛出現「天命」一詞，標識了天子支配權的散落，「天命」不僅是在空間上從周王朝擴大到諸侯國，而且在時人的思想中，逐漸普遍定型成為以「天」為最高規範的統治觀和倫理觀，爾後更進一步演化為一般的概念。

第三篇勞悅強〈善惡觀以外的孔子性論——一個思想史的探索〉一文重新檢討了傳統以孟子「性善」和荀子「性惡」詮釋孔子性論的限制。作者廣泛地引用了出土文獻與傳世文獻互

相考證，認為以善、惡論性是孔門後學提倡的觀點，現存文獻並不足以證明孔子本人也抱持同樣的看法。另一方面，孔門後學中也有不盡以善惡論性的弟子。《郭店楚簡》〈語叢二〉謂「情」、「欲」、「愛」、「喜」、「惡」、「慍」、「懼」、「智」、「強」、「弱」皆生於性，顯然作者也並未專以善、惡論性，而其中「智生於性」一說尤堪注意。這正是孔子「生而知之」和性中有才的論調。孔子性論的基本意涵為天生的資質，即漢儒所謂「質性」，而內容複雜，包括氣性、才性、心知之性以及德性。正因為性的內容豐富多面，故孔子並未以善惡之概念將「性」化約為道德屬性之義。

第四篇王博〈早期儒家仁義說的研究〉，主要探討漢代獨尊儒術以前，儒家「仁」、「義」兩觀念之間的內在關係，考察其各自的意義。作者引述了龐樸的論點，認為「仁、義」是儒家學說兩個最基本的範疇，具有對立又統一的辯證關係。早期儒者透過情與理、柔與剛、親親與尊賢、內與外、人與我等幾組對立的概念解釋仁義說，也等於豐富和擴大仁義的內涵，從而強化仁義說在儒家思想中的核心位置。但除了對立面外，「仁」與「義」之間也有和諧與統一，而其具體表現則在於孟子荀子皆重視的「禮」。

第五篇林啟屏〈古代文獻中的「德」及其分化──以先秦儒學為討論中心〉篇首首先指出，歷代學者給「道德」此一舊觀念賦予新詮釋，豐富了其內涵，但也模糊了其原義與新義之間的界線。本文以古代文獻中的「德」為對象，先從「受命」的角度論述「德」義與政治權力間的關係，接著比較「德行」

與「德性」，透過心性的視野，剖析孔孟為「德」所灌注的新義；最後分析出土文獻資料佐證了先秦儒家道德形上學的確立，以及「德」、「氣」二觀念內化於身心的義涵。作者最後指出，古代知識份子將「德」從人格神的手中，掙回到人的立場上，又以人的道德性要求，返求於天，於是超越之為超越，不再是人格意志的開展，而是道德意志的體現；至於其與存有者的關係，則在幽微的「氣」的引導下，將道德意志與身心結構視為是一種同質的關係，從而深入了人的精神意識層。整個發展過程可謂饒富意義。

第六篇佐藤將之〈戰國時代「誠」概念的形成與意義──以《孟子》、《莊子》、《呂氏春秋》為中心〉經由廣泛地蒐集用例，先探討「誠」概念的早期原貌，再透過歸納《孟子》、《莊子》中「誠」的用例和思想發展，探討《呂氏春秋》中「誠」概念的政治理論化及其與「精」等概念所形成的特殊架構。作者發現「誠」字早期意義多規範在面對鬼神、進行祭祀時的「虔誠」義。其後孟子將「誠」字用在人際關係的倫理需要之脈絡中，與「善」的觀念相結合；莊子則將「誠」字置於天地的架構和「真心」的思想義涵中，並與「精」的觀念發生關係。至於《呂氏春秋》中「誠」字則進一步被放在政治理論的背景中，認為有「誠」心的統治者之「精」，能夠引起被統治者的正面反應，藉由此便能夠不靠法令等語言的手段而贏得人民的服從。作者指出這一種「非語言統治術」影響了漢代的政治意識型態。

第七篇朱淵清〈「時」──儒家運命論思想的核心概念〉主要討論郭店楚簡〈窮達以時〉中「時」的觀念對於孔子運命

思想的發展。作者認為「時」闡述了儒家的運命論，也是儒家思想從天命論折入人性論的重要關鍵。商代以降的天命論強調的是「主宰之天」，而儒家則突顯「運命之天」，認為人有生死、貧富、貴賤的運命。人的運命也就是「時」。窮達以時，「時」既可以表現為絕對的存在，也可以是相對的變化。人的運命因此既可以表現在絕對的生死狀態，也可以是相對的窮達變化。「時」即是變化的客觀形式，也是人關於變化的觀念。

第八篇曾春海〈元氣概念在兩漢思想史中的流變〉首先認為「氣」的本義可能和人的氣息以及大自然的雲氣升降有關，兩漢的元氣思想，西漢概念與理論較樸素簡單，東漢則較豐富細緻。儒家、道家和道教皆吸收和組構《周易》、《老子》、《莊子》和陰陽五行說，以符合各自的學說宗旨。「氣」就是諸家共同的概念資源。《周易》、《老子》奠定了宇宙生成論的命題範式。在價值取向上，則人文化成天下為儒家所意向；回歸道氣以全性保真，頤養天年為道家目的；統合天地人之和氣來生太平氣，立太平世為道教之終極關懷。儒家的揚雄、王符，道家的《河上公章句》和道教的《太平經》在氣化宇宙論及天人和諧一論上，接受《老子》三生萬物及漢代天文律曆「太極元氣，函三為一」即以「三」為天之紀律的影響。「元氣」概念是兼宇宙論、認識論、價值論三論域，且三者調和融貫為一和諧的有機價值觀，是兩漢元氣概念史中最鮮明的理論特色。

第九篇羅因〈從言意之辨再論智顗《金剛般若經疏》的四相註釋〉，主要將「語言文字」與「理論思維」的關係，作為文獻理解與詮釋的一個核心問題來討論。作者將智顗《金剛般若

經疏》的「四相」（我相、人相、眾生相、壽者相）註釋從歷史時空中抽離出來，作為回顧檢討魏晉「言（語言文字）意（理論思維）之辯」的一個特殊案例。這個案例鋪陳了佛典的翻譯與註釋中，所包含了的兩重翻譯、理解與詮釋的過程。從梵文佛典到漢文翻譯佛典，再到漢文佛典的理解與詮釋，大大拉開了「言」、「意」之間的距離。智顗《金剛般若經疏》的四相註釋恰好證實了這種距離。名言固然不等於意義，但也不離意義，因此，言意關係是不即不離（-A-〔-A〕）的——言不離意，故理解才成為可能；言不即意，「忘言以得意」仍有其詮釋意義。「忘」也非一往地忘，在忘中仍有不能忘、不得忘者，那就是校實定名工夫，以及對文化傳統和文本思想脈絡的把握。

　　第十篇鄭吉雄〈戴東原「群」「欲」觀念的思想史回溯〉主要從戴東原「群」「欲」概念上溯先秦儒家禮義源起於飲食與男女。飲食之道可以引喻個人與眾人生命的安穩與否，男女婚配則可匹配天地五行之義，故所謂飲食男女，實又非僅僅止於飽食與性欲。儒家以血緣為基礎，以兩性生命之結合為開端，開展各種社群關係的價值，究其實則俱不離形體生命的繁衍；而價值觀念的形成，也都不離血氣心知合一的身體。自「欲」至「群」，人類社會始簡終大、始寡終眾，儒家倫理價值觀念均由此而生。戴東原群、欲之論，與先秦儒典舊義有承繼發展之關係。先秦儒者重視飲食男女之身體活動的道德價值提升與開展，東原則特別勾勒出一個分殊與一體並存的世界，注入儒典尤其是《孟子》之中，提揭其中的社群意識。東原的案例提醒了我們：對於先秦儒家經典的義理，在宋明理學典範性的解釋以外，還有另一條康莊大道可以依循。

第十一篇丁原植〈中國古典哲學觀念的思辨性徵〉中，作者提出了一連串問題。他首先認為對中國古典哲學的探討，是藉諸思辨進行，並透過觀念表述。但從「觀念」演變為「觀念的語詞」，當中是有發展性和歧異性的。先秦哲學關於「名」的討論，就經歷了這樣一個複雜的過程。作者接著提出了「構劃性」、「寓象性」、「型制性」、「倫義性」等四個思辨性徵。最後認為中國古典的哲學，是對中國人文發展的導源性反思。相對於周文的禮樂制度，這種具有「思辨」的新探索方式，只有重新回到「人」之孑然一身，親臨那赤裸發生著的存在實情，才能突破一切既有的侷限，徹底的思索。當代的研究者在理解古典哲學觀念時，也應作如是觀。

以上第一至七篇屬於先秦思想史問題，第八至十篇屬於漢魏以迄清代。最後一篇則通論中國古典哲學觀念問題。這一部包含十一篇論文的小書，標誌了我和當代東西方學術界朋友相互間對「觀念字」及相關問題的思考與討論。如果它產生的絲絲漣漪，能傳之久遠，泛成波濤，那將是我心底裡最希冀實現的願望。

最後謹藉文末，再次感謝臺灣大學「東亞文明研究中心」（2002-2005）對於本研究主題的資助與支持。

鄭吉雄謹序於國立臺灣大學中國文學系二十九研究室

2008 年 6 月 4 日

觀念字解讀與思想史探索

目　次

從道路名詞看先秦的「道」

魏培泉*

「道」在中國哲學中是一個相當重要的哲學觀念，可以用來指萬物的本體或者創生者，或者道德的最高境界，也可以用來指自然運動之普遍規律，或者是社會倫理及個人行為的普遍律則（人倫及修身之最高原則）。我們認為，在直接思辨「道」在諸子思想體系間的異同以及其轉變的過程之外，如果又能從語言的角度來思考有關「道」的問題，應該是能更深化我們對於「道」的了解的。

一般認為「道」是由「道路」義發展出來的。如果這個觀點無誤，我們就不能不面對如下的問題：為什麼一個道路名詞會成為哲學觀念，它是經由怎樣的路徑產生的？在先秦文獻中道路名詞並不少，為什麼有的詞會成為諸子思想中的重要觀念，有的不會？這些詞彼此間有什麼差別，這種區別是怎麼產生的？為什麼只有「道」會發展為哲學觀念？「道」的原始含義對於其後的發展以及思想家的思想體系的構築是否會有一定的限定作用？

---

* 中央研究院語言學研究所研究員。

一、先秦兩漢文獻中的道路名詞

先秦兩漢文獻中的道路名詞並不少。只看《說文》中「彳」、「行」、「辵」、「足」等部，就可以看到不少道路名詞。如：「道，所行道也。一達謂之道」；「迪，道也」；「路，道也」；「術，邑中道也」；「徑，步道也」；「衢，四達謂之衢」；「衝（衝），通道也」；「街，四通道也」；「術，通街也」。此外還有如「巷，里中道也」；「馗，九達道也」等。以上諸字除了「徑」以外，許慎主要是以是否有歧道以及是否在里邑中來加以區別的。

《爾雅》也有不少道路名詞。如：

1. 宮中衖謂之壼，廟中路謂之唐，堂途謂之陳。(《爾雅‧釋宮》)[1]

2. 路、旅，途也。(《爾雅‧釋宮》)

3. 路、場、猷、行，道也。(《爾雅‧釋宮》)

4. 一達謂之道路，二達謂之歧旁，三達謂之劇旁，四達謂之衢，五達謂之康，六達謂之莊，七達謂之劇驂，八達謂之崇期，九達謂之逵。(《爾雅‧釋宮》)[2]

5. 繇，道也。(《爾雅‧釋詁》)

---

[1] 「衖」即「巷」。

[2] 《說文》云「一達謂之道」，無「路」字。「逵」即「馗」。除了「道」以外，二達以上都是有岔道的。我們可以郭璞的幾個注解來說明。如「道」注為「長道」，「歧旁」注為「歧道旁出也」，「衢」注為「交道四出」，「逵」注為「四道旁出，復有旁通」。不過「逵」是否是九歧之道又有異解，《左傳》的杜預注就把「逵」釋為容九軌的道路。

除了見於《說文》的道路名詞之外，以上的「蓏」、「唐」、「途」、「陳」、「旅」、「場」、「猷」、「行」、「歧旁」、「劇旁」、「康」、「莊」、「劇驂」、「崇期」、「絲」等也都指的是「道路」。這其中有的因為是轉相注解，並不能分別異同所在；可以區別的主要是看是否有分岔之道以及是否在宮廟中來決定。

事實上，除上述之外，先秦文獻中還有其他的道路名詞，如「蹊（徯）」、「畛」、「阡」、「陌」等。

為了和「道」比較，我們只看不具岔道義的道路名詞（這是就命名時之字義而言，不是說實際上必不能有岔道），如「路」、「行」、「途（塗、涂）」、「徑」、「蹊（徯）」、「畛」、「迪」、「絲」、「猶」、「術」、「巷」等。這其中的區別，有的主要是由寬窄來決定的，如「道」、「路」、「途（塗、涂）」、「徑」、「蹊（徯）」、「畛」；有的則是因為位於城邑宮廟中而得名，如「術」、「巷」。以下我們只討論較常見的道路名詞，比較罕見的「蓏」、「唐」、「陳」、「旅」、「場」、「畛」等就略而不論。

在《周禮》中，「道」、「路」、「途（塗、涂）」、「徑」等是有相對的寬窄的。

6. 凡治野，夫間有遂，遂上有徑；十夫有溝，溝上有畛；百夫有洫，洫上有涂；千夫有澮，澮上有道；萬夫有川，川上有路，以達于畿。（《周禮·遂人》）

對於例 6 這一條，鄭注云：「徑、畛、涂、道、路，皆所以通車徒於國都也。徑容牛馬，畛容大車，涂容乘車一軌，道容二軌，路容三軌。」《正義》云：「凡道皆有三塗，川上之路則容三軌，道容二軌，塗容一軌。軌皆廣八尺。其畛差小，可容大

車。一軌軌廣八尺。自然徑不容車軌而容牛馬及人之步徑。是
以春秋有牽牛蹊，蹊即徑也。」看來「路」大於「道」，「道」
又大於「途（塗、涂）」。這三者和「畛」、「徑」主要的不同是
它們應該都是經過特別的修治以供乘車行駛的。

例 7 的「道」不易斷定是引申義還是仍為具體的道路。由
「遵道」和「得路」的對比來看，可能是以具體的道路用作譬
喻。如果是這樣的話，「路」應該比「道」為寬大，與《周禮》
一致：

> 7. 彼堯舜之耿介兮，既遵道而得路。(《楚辭‧離騷》)

例 8 也顯示「道」和「途（塗、涂）」實際上也是有本枝之別
的：

> 8. 子曰：「道聽而塗說，德之棄也。」(《論語‧陽貨》)

至於「蹊（徯）」和「徑」，根據上引《周禮正義》文，「蹊（徯）」
和「徑」並無分別。《禮記‧月令》「塞徯徑」，孔穎達疏云：「徯
徑，細小狹路」，也沒有分別。但《通俗文》云：「邪道曰徯，
步道曰徑」，似乎有別。《論語‧雍也》有「行不由徑」，「徑」
是較短的距離；「徑」又有「直」義，因此「徑」的用法應當
還是有別於「蹊（徯）」的。

「迪」、「繇」、「猷」等字應當是「道」的同源詞。在上古
漢語中，「道」是幽部定母字；「繇」、「猷」或作「由」，幽部
以母字。「迪」是幽部定母字，聲符為「由」，而「由」也有用
作「道路」義的。如《史記‧屈原賈生列傳》「易初本由兮，
君子所鄙」，裴駰《集解》引王逸「由，道也」；而相對應的《楚

辭・九章・懷沙》「由」正作「迪」,看來二字可以互通。定母
上古音當讀為*d-,以母當來自上古音的*l-,*d-和*l-音相近。
以上這幾個字聲母音相近,韻部又相同(只有韻尾有陰、入之
別),因此易為互通。

關於「行」字,我們稍後再做說明。

二、先秦道路名詞的動詞用法

有些表示道路的詞可以用為動詞,反映了上古漢語構詞上
的一個特色。如「道」、「路」、「徑」、「行」、「術」等。除了「行」
以外,各字的動詞用法的主要含義為「(某物)順著道路向前
行進」或「使(某物)順著道路向前行進」(有時順著道路之
意不明顯,而接近「使(某物)向前行進」之義)。以下就對
這幾個詞的動詞用法分別加以說明,但有關「行」字的部分就
留待第三節再來討論。

「(某物)順著道路向前行進」換成簡單的說法就是「取
道」。有這種意義的「道」可以算是二價動詞,其「論元」
(argument)所扮演的角色分別為客體和處所。若以空間圖式
來說,這種處所可以視為一種「路徑」(PATH)。[3]例如:

> 9. 若道河內,倍鄴、朝歌,絕漳、滏之水,而以與趙
>   兵決勝於邯鄲之郊,是受智伯之禍也,秦又不敢。
>   (《戰國策・魏策三》,又見《史記・魏世家》)

---

[3] 這裡的「路徑」就差不多對應「道」這個名詞。

這種意義的「道」搭配賓語而作為動詞的狀語，就有「順由」
義。這時我們可以把它稱為介詞或次動詞。例如：

> 10. 援琴而鼓。一奏之，有玄鶴二八，<u>道</u>南方來，集於
>   郎門之垝。（《韓非子·禁藏》）

如上述，「由」和「道」為同源詞。「由」有「經由」義，可用
為動詞，也可用為介詞或次動詞。我們可以把它視為二價動詞
的「道」的一個變體。

如果把有形和無形的「路徑」和「客體」都包括在內，那
麼「使（某物）順著道路向前行進」之義就可以含蓋「引導」、
「開導」、「教導」、「訓導」、「講述」、「疏通」、「治理」等諸義。
有這種意義的「道」可以算是三價動詞，其論元除了「路徑」、
「客體」之外還有「致使者」（CAUSER）。例如：

> 11. 其諫我也似子，其<u>道</u>我也似父。」（《莊子·田子方》）
>   此為「開導」義。

> 12. 子曰：「<u>道</u>千乘之國：敬事而信，節用而愛人，使民
>   以信。（《論語·學而》）此為「治理」義。

> 13. 九河既<u>道</u>，雷夏既澤，灉、沮會同。（《尚書·禹貢》）
>   此為「疏通」義。

> 14. 中冓之言，不可<u>道</u>也。所可<u>道</u>也，言之醜也。（《詩·
>   牆有茨》）此為「講述」義。[4]

---

4 「講述」即相當「導使言出」之義，言辭可以視為一種無形的客體。先秦
  的「道」用為「講述」之義的不多。

「不道」在《左傳》、《論語》中已常見，本來是相當「不順著正路走」的意思，後來使用為嚴厲的批判之辭。即使在「道」用作動詞之例逐漸減少的漢代，「不道」還是彈劾官員時常用的熟語。[5]「不道」在道家還有特殊的含義，說見下文。

動詞的「道」跟名詞的「道」之間具有語源關係，以下之例可以為證：

15. 聖人知天之道。<u>道者，所道也</u>。知而行之，義也。（馬王堆漢墓帛書〈五行〉）

16. <u>道者，何也？曰：君之所道也</u>。君者，何也？曰：能群也。（《荀子·君道》）

17. <u>道者，物之所道（導）也</u>；德者，性之所扶也；仁者，積恩之見證也；義者，比於人心而合於眾適者也。（《淮南子·繆稱訓》，《文子·微明》文略同）

18. 天子疑則問，應而不窮者謂之道。<u>道者，道（導）天子以道者也</u>。（《大戴禮記·保傅》；《新書·保傅》）

「道」有上、去二讀，「道」用作動詞時這兩讀似乎都是可能的。「道」的去聲一讀與「導」同音，二者應為同詞，只是寫法不同。當用作三價動詞的「道」跟名詞的「道」之間的構詞關係逐漸模糊時，也就逐漸用「導」字來取代這個動詞「道」。

「術」用為動詞，意義一般較為抽象，主要是「實踐」或「講述」義。例如：

---

[5] 「無道」言下之意是「沒有路子給自己或他人走」。它的流行時期和「不道」有所重疊，只是比較常用來評論特定的君主或歷史階段。

19.〈記〉曰:「蛾子時術之。」其此之謂乎!(《禮記‧學記》)孔《疏》:「蟻子,小蟲蚍蜉之子,時時術學銜土之事而成大垤。」[6]

20.今陛下念思祖考,術追厥功。(《漢書‧賈山傳》)

「講述」義的「術」其實可以視為「述」的另一種書寫形式,因為這兩個字不僅是聲符相同,而且是同音字。[7]「述」的中心含義就是「依循」(《說文》:「述,循也。」),它所含的論元基本上和動詞的「道」相同。當「講述」義的「術」和「道路」義的「術」間的構詞關係逐漸模糊,就分別用「述」和「術」來表示這兩種不同的意思。

「路」、「徑」用作動詞較為罕見。例如:

21.路不周以左轉兮,指西海以為期。(《楚辭‧離騷》)

22.燕者必徑於趙。(《戰國策‧秦策五》)

「蹊」也有動詞用法,如下一例一般解釋為「踐踏」。但我們可以理解為往前踐踩而順勢形成一條小路來:

23.牽牛以蹊人之田。(《左傳‧宣公十一年》)

和「路」、「徑」相比,「道(導)」、「術(述)」用為動詞算是比較多的,而且詞形(讀音)基本上和道路名詞是相同的。

我們認為先秦的「道」某些哲學意義和動詞義的「道」是有關的,詳見下文。

---

[6] 《正義》認為「術」當作「遂」。

[7] 事實上在出土文獻中有時「述」就用如名詞的「術」。如郭店簡的〈性自命出〉(上博簡則命名為〈性情論〉)。

三、「道」和「行」、「路」、「塗」在演變上的異同

「道」會發展為哲學範疇和中國哲學的特質關係密切。中國哲學並非純粹思辨之學;中國思想家在構築思想體系時,出發點要不是為了政治社會的秩序安定,就是為了個人的安身立命,少有只是為了知識本身的。要闡揚理想並期待人們去達到這個目標,就應該特別把理想的目標、實踐的理據及方法標舉出來。因為道路名詞的含義恰好有可以和這種思想方向相呼應之處,才使得「道」開始被借來表達人事所應遵循的方法或準則,後來再加上各種因素的作用而使得它成為中國哲學的一個重要範疇。

道路名詞可以用空間圖式的「路徑」來類比,與這種空間圖式直接關連的有:路徑的起點、終點(目的)以及於其間運動的客體、順著路徑(軌道)前行的運動等。

從以上的意涵還可以引出其他的聯想出來。比如說:運動有方向性;相對於兩旁的障礙物,道路為具有中空的特質;越寬的道路,容載量也越大,輸送也越流暢;善加修治的平路比崎嶇的路易行,路中的阻礙越少,通行越順暢;要達到特定的目標要有規劃以及參考指標或地圖;長遠的旅程需要攜帶較多的行李;岔道越少,越不容易迷失;偏離道路往往會達不到目標;要達到目標一定要堅持到底。

「道」無疑原本是人所行的道路,因此可以類比為日月星辰運行的軌道,也可以類比為人類日行或當行之事。我們可以說這是空間圖式向天道與人道的映射,這在語義演變上並不算

特殊。道路是人類日常生活重複遵循踐履的，因此也可以類比
為人事所應遵循的方法或準則。如上述，中國哲學是非純粹思
辨的實踐之學，「道」由於具有依之而循即能達到目標的內涵，
因此就成為中國思想家可以用來表達其思想觀念的一個重要
術語。

但「道」要升格為道德或宇宙之最高範疇還是要靠道家才
得以實現。這一點我們在第五節中再加以論述。

如果說「道」是因為是道路名詞而發展為表示天道與人類
行為的規律或準則，更進而發展為哲學範疇，那麼依理其他的
道路名詞也應當可以有同樣的發展，但是為什麼只有「道」有
這樣的發展呢？我們認為，一個道路名詞要有這樣的發展，其
所指涉的道路最起碼不能是狹小或難以通行的，而應該是夠寬
敞且平坦的，因此「蹊」、「徑」之流當在排除之列。先秦文獻
中一般泛指道路的名詞大致都是屬於可以容納乘車的。這些名
詞除了「道」之外，還有「行」、「路」、「塗」等。雖然每一個
含道路義的詞都有可能朝相似的方向引申，但在實際上有可能
因為原有內涵的差異以及其他的因素而使得後來的詞義演化
有所不同。以下我們就來討論為什麼其他的道路名詞沒有在思
想史上成為重要的哲學術語。

我們先看「行」。「行」在先秦文獻有用來表示道路的。例
如：

24.女執懿筐，遵彼微<u>行</u>。(《詩‧七月》)

《說文》對「行」的釋義為「人之步趨也。从彳亍」。我們現在知道，《說文》對「行」的字形解釋有待修正。「行」在甲、金文中本象道路交錯之形，事實上在金文中「道」本來也是以「行」為義符的，[8]因此「行」有可能本是個常用的道路名詞；不過這種用法到了戰國時代就較為少見，可見已經沒落了。雖然具有「行走」和「實行」之義的「行」是常用的，「行」在先秦思想史中也是一個重要的觀念，如用為「德行」義或作為「五行」的組成分子，但這似乎和「行」的「行走」或「實行」之義關係較密，而與它的道路義並不直接相關。「行」的沒落有可能是因為方言的競爭；也有可能是逐漸常用為動詞及抽象名詞（如「德行」的「行」）而把道路義的表達讓位給其他的道路名詞，這種互補現象也是語言演變常見之事。換個角度看，道路義的「行」的讀音和動詞或抽象名詞有別，所以我們也可以把不同的音讀視為不同的詞，其中也只有表示道路義的「行」這個詞是真正退出歷史舞臺的。

　　「路」自古至今一直是表示道路的常用詞，不過在先秦文獻中表示一般的道路也用「道」。「路」作為泛指道路的主要用詞應是在「道」逐漸抽象化以後。由於「道」逐漸抽象化，因此要保持為道路義就往往得依賴其他詞語的搭配。如在「道路」這個複合詞中的「道」就仍然是具體的道路。例如：

　　25.庫廄繕修，司空以時平易道路，圬人以時塓館宮室。（《左傳・襄公三十一年》）

8　金文如《貉子卣》。在楚簡中「道」也還有另一種寫法，即「衜」，如郭店簡有若干文獻使用這個字。

「路」也可以用為比喻。例如：

26.仁，人心也；義，<u>人路</u>也。(《孟子‧告子上》)

27.夫道，若大路然，<u>豈難知哉</u>？人病不求耳。(《孟子‧告子下》)

例 26、27 的「路」都是活的比喻，詞本身並不具引申義。例 27 中的「道」已成為抽象觀念，因此使用「大路」來作為比喻。

因為「道」的語義逐漸演變而使得「道」和「路」在語義上構成互補的情況，前者成為思想史中的一個重要觀念，而後者仍然維持為道路義。

「塗（途、涂）」沒有進一步抽象化應是受到其原來意義的限定。根據例 6 引文，「塗（途、涂）」比「道」、「路」為狹小，而且「塗」也還有泥塗之義，因此「塗（途、涂）」可能屬於修治較少較難通行的道路。或許就是因為這樣，它很難發展出哲學意義來。

四、「道」與「術」在演變上的異同

除了「道」以外，「術」在某些先秦學者的思想體系中也是重要的觀念，即使基本上並不用為哲學觀念。「道」和「術」不僅在原義上有相異之處，在發展上也有所不同。如上述，「路」、「行」、「塗」並不像「道」和「術」那樣成為諸子述學時的重要觀念，因此以下我們只談「道」和「術」在發展中的異同所在。

　　先秦諸子思想的「道」和「術」的意義雖有共同點，但也有相當的分歧。

　　道路是人要達到目標所需經由的，很容易由此義進而引申為方法、手段或管道，這也是「術」的主要詞義。「道」也有這樣的義面，這是二者共通之義。「術」也可用來指某家的學說（學說可以視為某一家派各種「術」之集合），「道」一般不具這樣的意義。「道」也有一些意義或用法是「術」所沒有的。「道」可以用來表示自然的規律以及處世或道德行為應遵循的原則，甚至可以用來指說這種律則的操控者或來源，其極致則為至為崇高且值得窮究的終極標的（即至高的價值或無上的實在）。這都是「術」所不曾發展出來的。我們有時用「天道」或「人道」來指稱這一類的「道」，單用的「道」指的是天道還是人道或者兼而有之，視思想家的學說以及使用時的語境而定。以下我們藉著語詞的搭配來說明「道」和「術」在意義和使用上的異同。

　　古人談自然界的變化規律時，就只說是「道」而不會說是「術」，因此有「天道」、「地道」而沒有「天術」、「地術」。

　　就政治、社會、個人等方面來說，由人設計規範的方法、手段一般就稱為「術」，雖為眾人所遵循但不是由人主宰或決定的律則才稱為「道」。

　　聖賢所行所為應當都是順乎天理的，人的權謀智慧無所置諸其間，因此當聖人用作領屬詞時，「術」通常不用為中心語，但是「道」就不成問題。如古人說「黃帝之道」、「三王之道」、

「堯舜之道」、「孔子之道」、「仁者之道」，這裡的「道」一般
不能換用「術」。雖非聖賢所行而順乎人性且非由人刻意擬定
的也可以稱做「道」，如也可以說「人道」、「小人之道」等。
一旦人之智慮加諸其間就只能稱為「術」。如我們說「智術」
不說「智道」。諸子百家的學術是需要精心設計以及照章施行
的，因此諸子百家所信奉之法一般就稱為「術」。如說「儒術」、
「墨術」、「老子之術」、「黃老之術」（或「黃老術」），而少見
或未見以「道」為中心語的。

即使是搭配相同的領屬語，有時也可以看得出「道」和「術」
具有上述的分別。如先秦文獻中有「陰陽之道」、「仁義之道」，
也有「陰陽之術」和「仁義之術」。前者的「陰陽」和「仁義」
通常指的就是必然或應然的律則，後者的「陰陽」和「仁義」
則主要是指人們能夠學習執持的技能。

「道」和「術」也可以以相同的屬人名詞為領屬語，有時
候其間的分別不很明顯，但一般來說意義還是有差別的。如《韓
非子》中有「聖人之道」，也有「聖人之術」：

28. 人主誠明於聖人之術，而不苟於世俗之言，循名實
　　而定是非，因參驗而審言辭。(《韓非子·姦劫弒臣》)

29. 聖人之道，去智與巧，智巧不去，難以為常。民人
　　用之，其身多殃，主上用之，其國危亡。(《韓非子·
　　揚權》)

我們認為，這裡的「道」指的是可以不待思辨而履行的途徑，
「術」則含有為人所擬定而需要通過學習才能取得之意。

　　如上述。諸子的學術一般不會稱為「道」，那麼我們何以解釋以下的楊、墨可以搭配「道」呢？

　　30. 楊墨之道不息，孔子之道不著，是邪說誣民，充塞仁義也。(《孟子·滕文公下》)

我們認為，這種例子的「道」應視為楊、墨所遵循的一種人道（雖非放諸四海而皆準。但至少也可以視為「道」的一部分），而不是指他們所規劃設計的學說。

　　「道」有時用為「方法、手段」之義，卻不見得能用「術」來替換。如：

　　31. 師冕見，及階，子曰：「階也。」及席，子曰：「席也。」皆坐，子告之曰：「某在斯，某在斯。」師冕出。子張問曰：「與師言之道與？」子曰：「然。固相師之道也。」(《論語·衛靈公》)

　　32. 子曰：「君子易事而難說也：說之不以道，不說也；及其使人也，器之。小人難事而易說也：說之雖不以道，說也；及其使人也，求備焉。」(《論語·子路》)

這裡的「道」即使可視為一種方法或管道，但也是順乎形勢而不待人設計的一種正道。

　　33. 人無信則不徹，國無義則不王。仁義所以自為也，非所以為人也。自復之術，非進取之道也。三王代立，五相(伯)蛇政，皆以不復其掌(常)。若以復其掌(常)為可王，治官之主，自復之術也，非進取之路也。(馬王堆漢墓帛書〈戰國縱橫家書〉)

例 33 中的「術」和「道」、「路」相對，顯得「術」是人之造作所產生的，不能作為進取之途。

以下是《淮南子》區別「道」和「術」的一段話，也可以看得出「術」具有需要思慮安排的性質，而「道」則否：

34. 見本而知末，觀指而睹歸，執一而應萬，握要而治詳，謂之<u>術</u>。居智所為，行智所之，事智所秉，動智所由，謂之<u>道</u>。(《淮南子‧人間訓》)

隨著思想的歧出與歷史的推移，「道」和「術」間的分際難免會受到各種複雜因素的影響而有所混淆，其間的分別有時也不是那麼清楚。如：

35. 此十戰十勝，百戰百勝之<u>道</u>。(《銀雀山竹書〈守法〉、〈守令〉等十三篇》)

36. 魏太子自將，過宋外黃。外黃徐子曰：「臣有百戰百勝之<u>術</u>，太子能聽臣乎？」太子曰：「願聞之。」客曰：「固願效之。今太子自將攻齊，大勝并莒，則富不過有魏，而貴不益為王。若戰不勝，則萬世無魏。此臣之百戰百勝之<u>術</u>也。」(《戰國策‧宋衛策》)

這裡的「道」和「術」是否有區別很難說。一般戰爭講究謀略，因此戰勝所憑藉取勝之法稱為「術」是很自然的。如果「道」和「術」是有分別的話，那麼「百戰百勝之道」是什麼意思呢？可能是說者自認為那是順乎自然的道理，不是一般的戰術所可比擬。

　　對於秦漢之際的部分學者而言，「道」和「術」的關係也是一個源流或本末的關係。例如：

37.所謂有國之母，母者，道也，道也者，生於所以有國之術，〔生於〕所以有國之術，故謂之有國之母。夫道以與世周旋者，其建生也長，持祿也久，故曰：「有國之母可以長久。」（《韓非子‧解老》）

38.曰：「數聞道之名矣，而未知其實也。請問道者何謂也？」對曰：「道者，所從接物也。其本者謂之虛，其末者謂之術。虛者，言其精微也，平素而無設施也。術也者，所從制物也，動靜之數也。凡此皆道也。」（《新書‧道術》）

根據上文，「道」不僅是通往理想目標的「路徑」，同時本身也成為一個至為崇高且值得追求的最終標的；但「術」的各種義面基本上還是從「路徑」義延伸出來，不曾發展為這樣的一個標的。「術」的意義一般就是「方法、手段」，在某種層面上雖可以作為一個學習的目標，但仍不能脫離其為路徑或工具的性質。為什麼會產生這種分歧呢？我們認為「道」和「術」的主要區別應是根於其本義之不同。

　　如前述，「術」在《說文》有「邑中道也」之解。因此我們可以拿是否在城邑中來作為區別「術」與「道」的主要標準。由於先秦道路義的「道」和「術」的構築目的、方法以及使用的情況不盡相同，加上進一步的語義演變，在使用上不免就產生種種差別出來。

　　我們不妨把「道」和「術」的本義所具有的特點拿來比較，看這種差別和此二詞後來的語義演變趨向是否有什麼關連（這些差別可以從詞義或連想來推得，但一般是要以當時的時空背景作為條件的）。以下拿來對照的特點及伴隨義可能和二詞後來演變的分歧都有所關連。

「道」：這種道路主要是依據天然的地形再加以適度的修治而成，兩旁的景觀多為自然物；路較寬大，可以容納較大的交通工具，也可以同時容許較多的人貨於其間通行；使用者較不受限制；往來時可以選擇的路線通常不多；路程通常較長，要到達目的地也需要較長的時間；起程前需要較多的準備，也經常需要攜帶行李；途中容易遭遇到野獸，偏離道路時易致不測。

「術」：這種道路幾乎都是人為規劃及建構的，兩旁主要是人工建物；路較窄小，未必能同時容納較多的人貨，且一般只能容許較小的交通工具；使用者較受限制（這種道路的使用權一般限於特定的人士，不免具有排他性）；路徑多歧，較為複雜，往來者對於路線通常已累積較多的知識；路程及所需時間通常較短；在這種道路間往來通常不怎麼需要準備或者攜帶行李；途中遭遇野獸的機率小，偏離路徑時一般也不會遭到性命之危。

也許以上每個特點對於「道」和「術」的抽象化發展多少都有些作用，但為什麼只有「道」成為哲學觀念而「術」不然，應

當只決定於其中的一兩點。我們認為主要的決定因素為：一、構建與使用時所費心力的多寡；二、是否公用。

在先秦，城邑以外的道路應該多是人類順著天然的地形而加以踐履或開墾出來的，不論所用人力之多寡，大抵並非先民所能事先規劃設計的。但城邑中道路的建造卻不能沒有規劃設計，構建時需要耗費心力之處也較多；由於城邑中的路徑通常是交錯多歧的，在使用上免不了也會需要較多的轉折。我們認為「道」和「術」的構建與使用在複雜度上明顯有別，這是導致二者在抽象化的過程中漸離漸遠的一個重要決定因素。由於「術」主要是由人精心構建的，在使用上所費轉折也較多，相對之下當時的「道」就自然且單純得多了；因此在實際的抽象化過程中，即使「道」和「術」都可以視為我們通往理想目標的管道，但凡是需要大量心力投置其上的就只能是「術」而不應是「道」。其結果是，由人精心加以構擬並且需要相當的努力才能學成的方法、技藝、學說都屬於「術」，而不是由人之心力所能決定或主宰的規則或道德律才會被歸入「道」。

使用權的分別對於「道」和「術」觀念發展的分歧也有重要的影響。即使「道」和「術」都是人可經由的道路，但相對而言，「道」是大家可以遵循的，而「術」多少會受到人、時、地的限定。換句話說，「道」屬於公領域而「術」偏於私領域。因此一旦此二詞的詞義從具體的道路經由類比而轉用為日用之間所依循的事理時，其原有的公私之別也就有可能還繼續維持下去。如例 39：

39.故明法曰:「喜賞惡罰之人,離<u>公道</u>而行<u>私術</u>矣。」
(《管子·明法解》)

由此進一步延伸,當「道」和「術」是用來轉指諸子的治國修身之法時,難免也會跟著發展出不同的含義來。由於「術」相對上屬於私領域,因此諸子各自執持的學說或方法通常稱為「術」而不稱作「道」;而「道」本來偏公,即使是用來指稱治國修身之法,也應當是向著大家都可以遵循的方面發展,這也就是為什麼我們是用「道」而不是用「術」來指稱吾人可以共享的為人處世之路。

那麼何以只有「術」具有「學說」之義呢?諸子的學說主要都是要告訴人們如何達到政治或道德的理想目標,他們的主要目標其實並沒有很大的歧異,不是內聖就是外王,因此最能區別諸子的地方恐怕就在於達到目標的途徑(簡言之就是方法)以及支持它的學理。由於諸子各家的學說和各家的方法(含學理)是很難區別為兩件事的,也因此「術」既可以用來指稱諸子的方法,也可以用來舉稱其學說。

從「道」和「術」的比較,可以看出「道」的內涵具有不待思慮營為而大家都可遵循的特質,[9]而且可以憑藉它以達到日常行為以及社會政治的理想境界,這很能反映中國哲人的理想和中心旨趣。可以說是這種旨趣投射到大道上,也可以說大道正可反映這樣的心理傾向。

---

[9] 為何大家都可遵循?普遍為儒道兩家所接受的理由是因為順乎人的本性。荀子例外,因為他不認為順性而為就能合乎道。法家則只要大家都能守法,因此寧可強化人的貪欲之性,並不在乎是否合乎道德之性。

五、先秦「道」字意義的發展

「道」為什麼會從道路名詞而成為人道或自然的第一原理是一個頗耐人尋味的問題；它是經由什麼過程而完成的，它的那些特殊含義是怎麼獲得的，「道」的本義是否多少會限制到其語義發展的程度與方向，也都是值得探討的問題。以下我們先從語義的角度來討論「道」的抽象化過程，接著再討論形上的「道」的主要含義的產生背景，最後再談先秦諸子「道」的觀念之主要異同與發展。

（一）「道」的語義抽象化進程

就先秦的「道」的抽象化發展而言，其中有幾個重要的轉折：一、由具體的道路發展為人類行為或自然變化的憑藉；二、由人類行為或自然變化的憑藉發展為人道或自然的律則；三、由律則發展為人道或自然的第一原理（普遍的律則或形上的實體）。這裡面有一個由「路徑」義到「非路徑」義的發展過程值得注意。

「道」的「道路」義應該不是「道」的哲學意義的唯一來源，「道」的「順著道路而行」之義（也就是「道」的動詞或抽象名詞用法）對於「道」的哲學意義的完成也應當具有決定性之作用。

由人所依循的具體道路演變為人事之管道是很常見的語義類比過程；在另一方面，由於先秦人界與自然界（神界）的一體性，人所依循的具體道路也很容易類比為日月星辰運行時所遵循的無形路徑。由「路徑」義轉成「手段、方法」義是更

進一步的發展，同時也是一個很自然的發展。由於「手段、方法」可以視為可以執持的抽象工具，這個階段的變化可以視為是一個由「路徑」義到「非路徑」義的變化。

「道」發展為具有應然性或必然性的律則是它有別於「術」的一個重要發展。我們可以分從天道和人道兩方面來看它為何會有這樣的發展。

由於日月星辰的運行是反覆順著固定的軌道，順著這種軌道的運行乃成為必然的規律。這種無形的軌道還可以延伸到其他有規律的自然變化上，如四時的變化以及月亮的盈虧。至於「道」為什麼也可以成為人事應然的準則，我們認為主要是因為「道」原本就是容許大眾使用的，是屬於公領域的，類推到人事則可視為大眾可以順之而行的準則，而順此軌道而行的行為就成為可欲的道德行為。此外，天道的性質對「道」的應然性或許也有所影響。天道具有必然性，由於天界、人界難以判然分別，這種必然性對應到人道上也就是應然性。

「道」要成為自然或人道的第一原理還必須以具有普遍性為條件。應然性或必然性的律則有層次之別：一是殊別的，一是普遍的。前者只適用於特定的事物，而後者則可適用於萬事萬物。由殊別的律則到普遍的律則是「道」成為第一原理的一個關鍵性發展。這一個發展是有待於特定的思想背景的，這一點稍後再論。

從自然的變化或人事的互動再進一步追求它背後的終極主宰者或是創生者是哲學思維的一種自然歸趣。從神學的立場

來看，主宰者和創生者可以由上帝兼而有之；由哲學的立場來看，則可以設想這種主宰者或創生者是一種形上的實體（無論是超越的還是既超越又內在的）。無論是普遍的律則還是形上的實體，都可視為形上的實存，也因此都可以視為獨立自主的事物。在這種條件之下，「道」的「路徑」義就隱沒不彰，因此它也可以視為一個可以獨立運動的事物，也就是「道」由供人遵循之路徑而轉化為可以運行於他物之上的東西。例如：[10]

> 40.故通於天地者，德也；<u>行於萬物者，道也</u>；上治人者，事也；能有所藝者，技也。(《莊子·天地》)

（二）「道」的屬性

儒家的「道」主要講的就是「仁」、「義」之類（《易傳》另論），和道路義沒有直接的關連。但是道家所謂的「道」的某些屬性卻和道路所具有的語義內涵具有某種共通點，可以由此看出老子為什麼要選擇「道」這個詞來作為他的學說的第一原理，而思想和老子有密切關連的一些學者最後被歸到道家也可能與此有關。

從老子揭櫫「道」為萬物的第一原理以來，人們不斷地把新的意義加到這個詞中，使得它的含義也隨著豐富起來。[11]

---

[10] 可以比較如下之例：「故設道者易見曉，所以通凡人之心，而達不能之行。<u>道者，人之所行也</u>。夫大道履之而行，則無不能，故謂之道。故孔子曰：『道之不行也。』言人不能行之。」(《新語·慎微》)

[11] 有時為了使一個概念的意義更為明確，就利用複合構詞的手段（如「道德」、「道理」）。但單用「道」字也有它的需求所在，有意的模糊使得「道」的哲學內涵更趨豐富。

今本《文子》有如下的一段文字，可以說把道家所謂的「道」的主要屬性大致都舉出來了：

> 41. 老子曰：執道以御民者，事來而循之，物動而因之；萬物之化无不應也，百事之變无不耦也。故道者，<u>虛无、平易、清靜、柔弱、純粹素樸，此五者，道之形象也。</u><u>虛无者道之舍也，平易者道之素也，清靜者道之鑒也，柔弱者道之用也。</u><u>反者道之常也，柔者道之剛也，弱者道之強也。</u><u>純粹素樸者道之幹也。</u>虛者中无載也，平者心无累也。嗜欲不載，虛之至也；无所好憎，平之至也；一而不變，靜之至也；不與物雜，粹之至也。不憂不樂，德之至也。(《文子·道原》) 12

文中雖指「虛无、平易、清靜、柔弱、純粹素樸」等是「道」的五種「形象」，但我們也可以說它們是道家的「道」的特點或屬性。文中又有「反者道之常也」之語，這個「反」也可以視為道家的「道」的一個屬性。這幾種屬性中除了「柔弱」和「反」，《文子》主要是從人心的立場來解釋。

---

12 依文意，「純粹素樸者道之幹也」當直接在「柔弱者道之用也」之後。「反者道之常也，柔者道之剛也，弱者道之強也」或為注文竄入，或當移置他處。從「虛者中无載也」以下到「德之至也」，中間就少了有關「柔弱」的說明，因此「柔者道之剛也，弱者道之強也」或當移在下文。例中的「不憂不樂，德之至也」雖然句法看來與上面的「虛」、「平」、「靜」、「粹」平行，但是與上文所舉不相對應，應只是對上文的一個結語。《淮南子·原道訓》也有「故心不憂樂，德之至也；通而不變，靜之至也；嗜欲不載，虛之至也；無所好憎，平之至也；不與物散，粹之至也。能此五者，則通於神明」的一句話，「德」就成了五數之一，頗非倫類，應是誤抄《文子》所致。

　　對於道家學者而言，這些屬性彼此容或有大小輕重的差異，每個人對它們的解釋角度或著重點也不盡相同，但基本上都承認是「道」所具有的。以下我們就分別加以說明。

1.「虛無」

　　「虛無」是道家的「道」最根本的屬性，是道家被視為一個宗派時就有的看法。如：

> 42. 道家無為，又曰無不為，其實易行，其辭難知。<u>其術以虛無為本</u>，以因循為用。無成勢，無常形，故能究萬物之情。不為物先，不為物後，故能為萬物主。有法無法，因時為業；有度無度，因物與合。故曰「聖人不朽，時變是守。<u>虛者道之常也</u>，因者君之綱也」。(《史記・太史公自序》)

一般認為「道」為「虛無」是老子首創，這大概是不錯的；不過老子的「虛無」最先是什麼含義以及它怎麼會和「道」有所關連還是值得推究的。「虛」和「無」在起先是可以分開來看的兩個觀念，二者不完全等義。「虛」和「無」雖然都是表示有物不存在，但「虛」指的是內容物的不存在，這裡面還預設了一個容器的存在，《文子・道原》說「虛者中无載也」可為一證；「無」則純粹只是否定有物之存在。只是「虛」用到後來就傾向於用為超越時空無所制限之意，如《韓非子・解老》「虛者，謂其意無所制也」就表示修心時所到達的無有阻礙的狀態。

　　老子會提出「虛」是「道」的重要屬性應當是有啟於天穹

的空虛以及修鍊時身心所當保有的空虛狀態。郭店的簡本《老子》已有如下的語句：

　　43. <u>至虛互（恆）也</u>；獸（守）中篤也。（郭店楚簡《老子》甲本）[13]

　　44. 天地之間，其猶橐籥（籥）與。<u>虛而不渝（屈）</u>，動而愈出。（郭店楚簡《老子》甲本）

相對於兩旁的障礙物，道路是中空而可以流通無礙的，這一點和老子所認為的「道」的主要特徵有類同之處，這可能是老子以「道」作為他的第一原理的名稱的理由之一。

　　現在再說「無」。無論是在簡本還在今本的《老子》中，「無」可能都還是表示不存在的否定詞，不見得已成為哲學用語，當然也不會就是「道」。過去有學者把今本的「天下萬物生於有，有生於無」視為一種宇宙生成論，而把「無」視為這個過程的起源。但同一語段在郭店《老子》甲本卻是作「天下之物生於有生於亡（無）」，因此《老子》最初可能並沒有把「無」視為一個可以作為宇宙起源的形上實體。如果證之以同本的「有亡（無）之相生也」之語（對應今本的「有無相生」或帛書甲本的「有無之相生也」），那麼我們可以認為這應當只是一種辯證的方式，只是等如說天下之物是對待而起的意思。退一步說，帛書乙本也已經是「天下之物生於有，有〔生〕於無」了（甲

---

[13] 為了打印的方便，我們引用出土文獻時盡可能使用寬式隸定。有些字的釋文可能有多種不同的看法，只要不影響到論旨的部分，我們就擇一而從，能避免使用電腦所缺的字就儘量避免。這一條引文的「獸（守）中篤也」和今本及帛書甲、乙本都互有異同。

本這一語段殘斷），那麼我們是否可以說帛書《老子》成立之時「無」就已是一種本源的「道」呢？我們認為《老子》不同階段的各本既然都有「有無相生」這種話，那麼說「有生於無」也可能還只是一種辯證法，否則何以解釋其間的矛盾。這裡的「生」我們不必將之解釋作生產的生，而當視為引出的生。我們可以拿《老子》之文為喻，「三十輻共一轂，當其無，有車之用」，車之有用，也可以視為因轂中之空無而生。同樣的，《莊子・庚桑楚》的「萬物出乎无有。有不能以有為有，必出乎无有，而无有一无有」，其中的「無有」也可以作如是觀。不過先秦是否從未有過相當道體的「無」呢，這卻又未必盡然。以下一例的「无（無）」很難說不是「道」：

> 45. 泰初有无，无有无名；一之所起，有一而未形。物得以生，謂之德；未形者有分，且然无閒，謂之命；留動而生物，物成生理，謂之形；形體保神，各有儀則，謂之性。（《莊子・天地》）

這裡的「無」看來像是「一」的源頭，假如這裡的「一」相當今本《老子》的「道生一」的「一」，那麼我們可以說這裡的「無」就相當「道」。[14] 只是我們也可以視這個「無」只是對「道」之無形無狀的簡單說法，那麼其代表的意義又大為不同了。

　　雖然《老子》的「無」只是一個否定詞，不能視為「道」的一種屬性，但同書中還有「無名」、「無形」、「無為（事）」、「無欲」、「無私」等，這些含有「無」的詞語是老子認為可以

---

[14] 至於「道」和「一」是生成的先後關係還是論理的先後關係，可以另論。

用來描述他心目中的「道」的，因此也可以視為「道」的屬性。
以下我們來看這些詞語在道家思想中所代表的意義。

　　「無名」、「無形」之語在簡本《老子》中已有，如甲本的
「道亙（恆）亡名」、「將貞（鎮）之以亡名之樸」以及乙本的
「天象亡刑（形）」。這其中的「亡刑（形）」雖沒有直說指的
是「道」，但根據後來道家的各種文獻，我們可以認為這是道
家從始以來對於「道」的一個看法。《老子》有「道，可道也，
非恒道也；名，可名也，非恒名也。無名，萬物之始也；有名，
萬物之母也」之語，[15]這是否就是說「無名」就是作為創生萬
物的「道」呢？觀其文義，這裡的「無名」未必具有創生者的
意思。其中的「無名」只是萬物之「始」而不是「母」。這段
話可解釋為：「萬物之存在是因無名之道而起，但其產生都是
來自有名稱之物」。「無名」是指「道」無可稱名似無疑義，但
老子這麼說的目的尚可探討。我們認為他的動機大概是針對為
政者而發，因為為政者為私好名而導致天下難平。以下幾則老
子後學的言論或許可以說明他的用心所在：「道不私，故无
名。无名故无為，无為而无不為」（《莊子·則陽》）；「去善之

---

[15] 文據帛書本（簡本無此文字），今本作「無名，天地之始；有名，萬物之
　　母」。過去也有學者在「有」、「無」和「名」間點斷，但根據《史記·日
　　者列傳》「此老子之所謂『無名者萬物之始』也」，可知西漢人的句讀。《文
　　子·道原》也有「有名產於无名，无名者有名之母也」之語，雖然文義和
　　《老子》有所出入，但也可以看出是拿《老子》此段文字來加以改造的，
　　其中的「无名」、「有名」也是獨立為詞的。《文子》這一段話應屬於刑名
　　家言。《尹文子·大道上》說「無名，故大道無稱；有名，故名以正形。」
　　刑名家強調「有名」的正當性。我們認為《文子》這裡所以說「无名者有
　　名之母也」，只是為刑名家尋求理論基礎，也未必是一種宇宙生成論。

言，為善之事，事成而顧反無名。能者無名，從事無事」（《管子·白心》）；「故有功以為利，无名以為用」（《文子·道原》）。[16]「無形」和「虛」的意思最近，老子倡導「無形」也是兼顧天道與人道的。《淮南子·兵略訓》的「所貴道者，貴其無形也。無形，則不可制迫也，不可度量也，不可巧詐也，不可規慮也」可以為此立場作解。至於先秦道家是否有借「無形」一詞來表示宇宙的生成，我們還不能確定。《莊子·知北遊》說：「夫昭昭生於冥冥，有倫生於无形，精神生於道，形本生於精，而萬物以形相生，故九竅者胎生，八竅者卵生」，既說「萬物以形相生」，那麼「有倫生於无形」就未必是一種創生過程的表示。

「無為」之語在簡本《老子》甲、乙、丙三本中都有，因此應該自始就是老子思想的核心觀念。[17]老子講「無為」，立意似乎都是為了要告訴為政者不需有為而民自安事自成。如楚簡有如下之語：「道恆亡為也，侯王能守之，而萬物將自化」（甲本）；「我無事而民自富，我亡為而民自化」（甲本）；「為之者敗之，執之者遠之。是以聖人亡為故亡敗；亡執故亡失」（甲本）。[18]老子的「無為」還可以和修治道路的意象連結起來，如說「學者日益，為道者日員（損），員（損）之或（又）員（損），

16　《文子》這一條是對《老子》「有之以為利，無之以為用」的改造。

17　《老子》也有「無事」一語，和「無為」間並沒有很明顯的意義區別。此外，道家也談「無思無慮」，這也可以視為「無為」的一種樣態，這裡不具論。

18　末例丙本亦有，但該文末句殘斷。

以至亡為也，亡為而亡不為。」（楚簡《老子》乙本）[19]這裡的
「為道」大概是一語雙關，道家修治身心要去除雜擾，和修治
道路主要是剷除障礙類同。把「無為」和「天」或「天道」連
繫起來似乎是較晚的事，因為即使在今本《老子》也還沒類似
如下的話：「何謂道？有天道，有人道。无為而尊者，天道也；
有為而累者，人道也。主者，天道也；臣者，人道也。」（《莊
子・在宥》）「无為為之之謂天，无為言之之謂德。」（《莊子・
天地》）「無為」的思想到了戰國晚期，也為儒家所接受，如《周
易・繫辭上》說「易，无思也，无為也。寂然不動，感而遂通
天下之故。」不過此時的「無為」已有順物自然之意，這在《易
傳》和《莊子》中應當都是很顯然的。

　　「無私」之語在《左傳》、《國語》中已見，不過大抵為不
為私家之意。用作不為己私之義而且把它和天地的無私覆無私
載連繫起來（無疑是借天以喻人的）是在戰國中晚期才較為流
行，而且是不分儒道的，這和當時天下的紛擾很有關係。《管
子・心術下》說「聖人若天然，無私覆也；若地然，無私載也。
私者，亂天下者也」可為此寫照。

　　「無欲」則是深入「無私」的本原的，是更根本的對治人
心之道。有欲則有私，有私則有所云為而不能無亂。「無欲」
則無目的、無人格，因此亦不需有思慮、意志、感情等。「無
欲」之語雖未見於簡本《老子》，但也有類似的詞句來表達這
樣的意思。如：「少私須（寡）欲」（甲本）；「罪莫厚乎甚欲，

---

[19] 其文大致上和今本或帛本相同。

咎莫僉（險）乎欲得，化（禍）莫大乎不智（知）足。智（知）足為足，此恒足矣」（甲本）；「我谷（欲）不谷（欲）而民自樸」（甲本）；「聖人谷（欲）不谷（欲），不貴難得之貨」（甲本）。[20]

　　道家所體悟的「道」有如道路一樣是屬於中虛的，因此道家的「道」之命名應和道路這個特點有關。不過道家的「道」的虛無觀念發展到極致，就具有毫無阻限之意，於是無古今無內外，永恆性和周遍性兼而有之。

2.「平易」

　　「平易」之詞原本就和道路的描述相關，《左傳·襄公三十一年》就說「司空以時平易道路」。大路能夠修治平坦，是保證交通暢通無阻的一項重要條件。道家會將「平易」之義附綴於「道」，無疑是取象於具體道路之平易。《文子·道原》說「虛者中无載也，平者心无累也。嗜欲不載，虛之至也；无所好憎，平之至也。」「虛」為有容，「平」為無礙無累。事實上無礙無累的意思也可以包含在「虛無」中，因此不是所有的道家學者都強調「平易」。

3.「靜」

　　講究「靜」也是道家的特色之一。在簡本《老子》中，對應今本的「靜」字的有幾處，釋文也釋為「靜」。如：[21]

　　46.我好青（靜）而民自正。（郭店楚簡《老子》甲本）

---

[20] 末例丙本也有，文字沒有根本的不同。

[21] 今本和帛本還有好幾處述及「靜」，暫置不論。

47.夫亦將智（知）足以朿（靜），萬物將自定。（郭店
　　楚簡《老子》甲本）[22]

48.竺（孰）能濁以朿（靜）者，將舍（徐）清。（郭店
　　楚簡《老子》甲本）

以上例中的那兩個字是否就當釋為「靜」字恐怕也不是都沒有
疑問的。現在我們姑且接受它是「靜」字，那麼可以看出這幾
例的「靜」主要和應事之道（修身或治民）有關。《文子‧道
原》說「清靜者道之鑒也」，應當就是比喻「清靜」如鏡子之
隨機應物。就道家的修身而言，有時候「虛」和「靜」就足以
盡之。如《文子‧守法》就說「虛靜為王，虛无不受，靜无不
持，知虛靜之道，乃能終始」。二者有時候分別代表得道狀態
的不同面相（如《莊子‧刻意》說「一而不變，靜之至也；无
所於忤，虛之至也」；《文子‧九守》說「靜漠者神明之宅，虛
无者道之所居」）；有時候代表工夫的不同層次或階段（如《莊
子‧庚桑楚》說「此四六者不盪胸中則正，正則靜，靜則明，
明則虛，虛則无為而无不為也」）。

　　就古人而言，「地」是靜止不動的，而且可以承載萬物，
因此道家喜歡把「靜」和「地」連繫起來。如：「其動也天，
其靜也地。」（《莊子‧天道》）「天曰虛，地曰靜。」（《管子‧
心術上》）「臣聞地道柔靜，陰之常義也。」（《漢書‧李尋傳》）
這樣修身之道就和自然之道連繫起來了。道路也可以算是地的
一部分，因此也有靜的性質；不過我們不能確定道家談「道」
之「靜」時，是否會把它連繫到道路的意象上去。

---

[22] 這個例句和今本及帛書本都有較大的出入。

4.「柔弱」

在簡本《老子》中已指出「柔弱」的重要性，而且也已和「道」連繫起來。如：[23]

> 49.溺（弱）也者，道之甬（用）也。（郭店楚簡《老子》甲本）[24]

> 50.含德之厚者，比於赤子。骨溺（弱）董（筋）柔而捉固。（郭店楚簡《老子》甲本）

道家會注意到「柔弱」主要應是有啟於生物界的，但無生命界中也是有可以類比之處。如：[25]

> 51.人之生也柔弱，其死也堅強。草木之生也柔脆，其死也枯槁。故堅強者，死之徒；柔弱者，生之徒。是以兵強則滅，木強則折。強大處下，柔弱處上。（《老子》王弼本七十六章）

> 52.天下莫柔弱於水，而攻堅強者莫之能勝，以其無以易之。弱之勝強，柔之勝剛，天下莫不知，莫能行。（《老子》王弼本七十八章）

我們看不出來有什麼地方可以把「柔弱」和道路的意象連上關係，因此「道」的這個屬性可能是「道」成為哲學用語後附加進來的。

---

[23] 這兩例的文句和今本或帛書本並沒有重要的差異。

[24] 《文子·道原》有「靜者，德之至也；柔弱者，道之用也」，後句與《老子》一致；而《淮南子·原道訓》卻說「是故清靜者，德之至也；而柔弱者，道之要也；虛無恬愉者，萬物之用也」，把「柔弱」說成「道之要」。如果說「要」相當應事的「要領」，那麼也還可以視為一種功用。

[25] 帛書本的文字雖與今本有出入，但文句大致都能對應。

5.「純粹素樸、一」

　　「純」、「粹」、「素」、「樸」等四個字都是不駁雜的意思，道家經常用來描寫其修鍊境界達到專一沒有對待的狀態。如：

　　53.故素也者，謂其无所與雜也；純也者，謂其不虧其
　　　　神也。能體純素，謂之真人。（《莊子・刻意》）

　　54.純粹素樸者，道之幹也。……不與物雜，粹之至也。
　　　　（《文子・道原》）

　　55.是故達於道者，反於清淨；究於物者，終於無為。
　　　　以恬養性，以漠處神，則入于天門。所謂天者，純
　　　　粹樸素，質直皓白，未始有與雜糅者也。（《淮南子・
　　　　原道訓》）

這種境界可以說是於內不雜、與外為一，是道家合通於道的必要條件。《莊子・人間世》就說：「夫道不欲雜，雜則多，多則擾，擾則憂，憂而不救。」就道家而言，這種境界也可以說是「一」。「純粹素樸」和「一」可以說是二而一的道理，因此我們在文獻中也可以看到兩者間的密切連繫。如：

　　56.純素之道，唯神是守；守而勿失，與神為一；一之
　　　　精通，合於天倫。（《莊子・刻意》）

　　57.水之性，不雜則清，莫動則平；鬱閉而不流，亦不
　　　　能清；天德之象也，故曰，純粹而不雜，靜一而不
　　　　變，惔而无為，動而以天行，此養神之道也。（《莊
　　　　子・刻意》）

58. 善為國者，倉廩雖滿，不偷於農；國大民眾，不淫於言，則民樸一。民樸一，則官爵不可巧而取也。(《商君書・農戰》)

59. 故曰：「粹而王，駮而霸，無一焉而亡。」(《荀子・王霸》)

60. 渾渾蒼蒼，純樸未散，旁薄為一，而萬物大優，是故雖有羿之知而無所用之。(《淮南子・俶真訓》)

「道」之不欲雜和行路之不欲多歧是同樣的道理，因此「道」這方面的意義應當和道路是有所關連的。

6.「反復」

根據如下之例，我們可以說「反」也是《老子》的「道」的一個特點：

61. 有物混成，先天地生。寂兮寥兮，獨立而不改，周行而不殆，可以為天地母。吾不知其名，強字之曰道，強為之名曰大。大曰逝，逝曰遠，遠曰反。(《老子》王弼本二十五章) [26]

62. 反者道之動，弱者道之用。(《老子》王弼本四十章)

---

[26] 此段文字帛本、簡本皆有，文字沒有大出入，但都缺「周行而不殆」這一句；那麼不是另有流傳之本，就是這一句是後來加入的。《韓非子・解老》說「聖人觀其玄虛，用其周行，強字之曰道，然而可論，故曰：『道之可道，非常道也。』」雖然《韓非子・解老》的「周行」是用來解釋《老子》的其他文句，但也可以看出當時已有用它來解釋「道」的。當然我們也可以考慮它是否受到《易傳》「天行健」思想的影響。

「反」有「相反」和「反復」二義。從例 61「周行而不殆」看，「反」應為「反復」之義，而且也可能是取象於天文的運行現象。至於「反者道之動」過去認為兼有「相反」和「反復」二義。若是依據郭店楚簡《老子》甲本所作的「返也者，道僅（動）也」，這個觀點不免會受到動搖。雖說古文字同音假借的例子很多，或許字的寫法還不能作為反證；不過如果只看簡本《老子》，我們覺得其中有關相反相成的理論色彩還不是那麼鮮明（說見下），因此這一句的「反」也許只是「返」的意思。簡本《老子》也已經講「復」，如見於甲本有「萬物方（旁）作，居以須復也。天道員員，各復其堇（根）。根據「天道員員」這句，[27]「復」似乎和天象的意象有關。「反復」的觀念在《易傳》中也有所發揮。如：《周易‧雜卦》「復，反也」；《周易‧乾卦‧象傳》「天行健，君子以自強不息。……終日乾乾，反復道也」；《周易‧復卦‧象傳》「動而以順行，是以『出入无疾，朋來无咎，反復其道，七日來復』，天行也。『利有攸往』，剛長也。復其見天地之心乎！」也可以看到「反復」觀念和天道的關連。因此「反復」可能是戰國中晚期儒道二家對「道」的一個共識。

我們在道路上行走固然可以來回反復，但這並不是規則性的；然而相對的，天體的運轉是周而復始，循環不息的。因此儒道二家的「道」會引入「反復」的觀念應是來自「天道」的周期性，而不是直接來自人之行路的。

---

[27] 今本此句有別，如王弼本作「夫物芸芸，各復歸其根」。其中的「夫物」帛書甲、乙本皆作「天物」。

7.「相反相成」

這裡所說的「相反相成」指的是一種萬事萬物是由兩種對反的勢力構合而成的觀點。最能涵蓋這種對反狀態的一對詞是「陰、陽」，其次為「剛、柔」。其他則多限於特定的領域，如「健、順」多用於可以類比於男女形象的對立狀態，「仁、義」限於人的道德等。這種「相反相成」的觀點在簡本《老子》的時代中是否已經成立，我們是抱持著懷疑的態度的。簡本《老子》是有如下的語段：

> 63. 天下皆知美之為美，斯惡已；皆知善之為善，斯不善已。<u>有無相生，難易相成，長短相形，高下相傾，音聲相和，前後相隨，恒也</u>。（《老子》王弼本二章）[28]

但是此文所說和上述的「相反相成」未必同意。這一段話可能只是說這些對反的事物是對待而起，未必有二者構合成物以及視之為「道」的含義。以下的話在簡本中並沒有出現：

> 64. 萬物負陰而抱陽，沖氣以為和。（《老子》王弼本四十二章）[29]

還有一點，《老子》原本比較強調虛靜，「相反相成」的思想恐怕也未必會是他思想上的重心。不過「相反相成」的觀念在《易傳》及後來的道家都有很清楚的表達。[30]如：《周易·繫辭上》

---

[28] 此段文字帛本、簡本皆有，文句沒有重要的出入。

[29] 帛書甲、乙本對應「萬物負陰而抱陽」之處都殘滅而無以為證。

[30] 這不是說其他的學者就沒有這樣的觀念，事實上陰陽相合後來成為很普遍的觀念，只是未必都和「道」連在一起看。如：《墨子·辭過》：「天地也，則曰上下；四時也，則曰陰陽；人情也，則曰男女；禽獸也，則曰牡牝雄雌也。」《荀子·禮論》：「天地合而萬物生，陰陽接而變化起，性偽合而

「一陰一陽之謂道，繼之者善也，成之者性也。」；《周易·說卦》「是以立天之道，曰陰與陽；立地之道，曰柔與剛；立人之道，曰仁與義。」《周易·繫辭上》「剛柔相推而生變化。……剛柔者，晝夜之象也。」《黃帝四經·稱》「天地之道，有左有右，有牝有牡。」《文子·九守》「剛柔相成，萬物乃生。」

雖然這種觀點或許是始於較早的陰陽思想，不過《易傳》作者會加以採用應當還有其他的目的。安天下是老子學說的一個重要目的，而他認為最能達到這個目標的是強調虛靜在治國修身上的功用，因此老子的思想畢竟偏於陰柔的一面。雖然我們可以說《易傳》的重點是陰陽剛柔不能偏廢，因此並不貶抑「陰」、「柔」、「順」，但總覺得它更強調「陽」、「剛」、「健」的一面，這可能是針對道家偏於柔靜而發，也是戰國中晚期儒家對抗道家思想的一個對治方略。

「相反相成」的觀念和具體的道路或循路而行的行為很難連得上關係，因此應該不會是從「道」的本義引申出來的。

除了上述之外，各式各樣的想法被人和「道」連上關係，像成則必毀的道理即是其中一例。如：《左傳·哀公十一年》「盈必毀，天之道也。」《黃帝四經·經法·四度》「極而反，盛而衰，天地之道也，人之李（理）也。」

「道」應該有什麼屬性應當視學派或個人的思想傾向而定，因此以上所舉當然不能盡得其全。《荀子》以下一段話說得好：

天下治。」

65.昔賓孟之蔽者，亂家是也。墨子蔽於用而不知文，
宋子蔽於欲而不知得，慎子蔽於法而不知賢，申子
蔽於勢而不知知，惠子蔽於辭而不知實，莊子蔽於
天而不知人。<u>故由用謂之道，盡利矣；由〔俗〕欲
謂之道，盡嗛矣；由法謂之道，盡數矣；由勢謂之
道，盡便矣；由辭謂之道，盡論矣；由天謂之道，
盡因矣</u>。此數具者，皆道之一隅也。(《荀子·解蔽》)

學者們陸陸續續依其觀點給「道」加入各種特性。有時候是借
天道以喻人道，有時候直接從人的角度著眼。其中有的還可以
和道路義連上關係，有的則毫不相干。由於來源複雜，於是就
使得「道」的含義變得相當豐富。

（三）關於先秦「道」之哲學發展的幾點觀察

以上所述主要是限於「道」的詞義發展這個層面，我們還
沒有談到哲學義的發展。以下我們從幾個方向來思考先秦諸子
「道」之觀念的主要異同與發展：[31]

---

[31] 要談先秦諸子思想的發展，免不了會碰到各種思想先後的問題，思想的先
後又牽涉到文獻時間定位的問題，而這一方面一直是有很大的爭議的。以
下幾個問題是我們在處理本題時不能不面對的關鍵性問題：《老子》思想
的形成時期和孔子時代孰先孰後；就內容而言，楚簡《老子》是否為今本
或帛本《老子》的一個早期形式；《莊子》的內篇和外、雜篇的作者是否
出自一人或同一時期；《孟子》學說和〈中庸〉、〈五行〉思想孰先孰後；
簡帛〈五行〉和帛書〈五行說〉的成書時間差距如何；《文子》有多大的
成分屬於先秦作品，《淮南子》與它究竟屬於何等關係。這裡面和本文的
論證關係最密切的是楚簡《老子》是否為今本或帛本《老子》的一個早期
形式這個問題。這個問題十分複雜，無法在此細論，不過從思想發展的角
度來看，我們認為從簡本到帛本的演變多少是有些脈絡可尋的，其中的證

　　第一，各家提出「道」的動機：為何要標舉「道」，想在什麼界域上引起作用。

　　第二，天道與人道的分際：「道」融合自然之理的程度，是否用自然之理來說明「道」。

　　第三，「道」在各家思想體系中的地位：所標舉的「道」是否發展為自然或人道的第一原理。

1.各家提出「道」的動機

　　在先秦，諸子最主要的目標是追求政治安定、人際和諧以及修身養性之道，「道」是否為宇宙第一原理恐非學者所關心的重點。因為學派或個人的志趣或動機偏重不同，乃使得「道」呈現出多樣的特色。這其中有的會偏向政治，有的會偏向人倫，有的偏向修身，有的則無所偏重。

　　儒家最初比較偏重於人倫之際，不過在「誠正修齊治平」的理論建立之後這種偏倚就淡化了。道家的情況則隨人而定。我們覺得老子比較偏於政治面，而莊子比較偏於自我面，這使得他們的「道」也顯出不同的色彩來。老子為了治國安民的目標而提出一套「道」的架構，這雖使他成為道家之祖，並使得諸子將「道」視為理想的最高鵠的，但也因此使得他的「道」被譏為帝王愚民之術。莊子雖被歸入道家，但他的志趣和老子有很大的不同。《莊子·天下》雖提倡「內聖外王之道」，但我們認為莊子本人對治道或人倫興趣都不大，他比較關心的是個

據在本文論述中多少也有所呈現。

人是否能順性而為，[32]因此內篇中對「道」的稱美比較像是一種姿態，他甚至有「不道之道」之語。例如：

> 66. 夫大道不稱，大辯不言，大仁不仁，大廉不嗛，大勇不忮。<u>道昭而不道</u>，言辯而不及，仁常而不成，廉清而不信，勇忮而不成。五者園而幾向方矣，故知止其所不知，至矣。孰知<u>不言之辯，不道之道</u>？若有能知，此之謂天府。注焉而不滿，酌焉而不竭，而不知其所由來，此之謂葆光。(《莊子·齊物論》)[33]

「不道」就是不順著道路而行，也就是沒有固定路徑或方向的意思。楊儒賓指出：「莊子的世界中沒有可供世界模擬的永恆理型（idea），沒有進化歷程所欲赴向的目標，也沒有萬物依之而循的自然律。」[34]頗能說明此點。

我們感興趣的是，既然沒固定的路徑，那麼這樣的「道」究竟還有什麼意義？莊子的道偏向於的內聖的修持，而人一旦到達到物我兩忘沒有對待的境界時，即可「因」物自然，[35]無處不是道了。「不道之道」蓋是此意。

---

32 雖然內篇並無「性」字（參劉笑敢：《莊子哲學及其演變》，北京：中國社會科學出版社，1988 年），但人當順性自然的意旨卻是很明顯的。

33 《莊子·徐无鬼》也有「彼之謂不道之道，此之謂不言之辯」之語。

34 楊儒賓：《先秦道家「道」的觀念的發展》（臺北：國立臺灣大學文史叢刊，1987 年），頁 72。

35 《史記·太史公自序》說道家「其術以虛無為本，以因循為用。……有法無法，因時為業；有度無度，因物與合。故曰：聖人不朽，時變是守。虛者道之常也，因者君之綱也。」不過《老子》並不用「因」字，也沒有類似的話，而「因」在《莊子》中卻是一個重要的觀念。

2.天道與人道的分際

我們分辨先秦諸子的「道」，可以觀察其天道與人道之間的分際究屬如何。比如說：提到「道」時，是否援引自然之理來解說或對治人的道德行為。我們特別要看他們的「道」裡頭究竟融入了多少自然之理（自然界的現象、原理或律則）。

若論及先秦「道」內含自然之理的程度，我們免不得要先看《左傳》、《國語》的情況。此二書之「道」比較常用來指人道（包括事神事人之道以及人事之應然或必然的歸趨），這種「道」通常是具有殊別性的，因此依不同場合或狀況而有不同的道。《左傳》、《國語》中的「道」之義已如上述，二書中又有「人道」、「人之道」和「天道」、「天之道」之語，因此按理說在當時「人道」和「天道」是易於分別的兩種「道」，而我們也會自然地認為「人道」當指人事之道而「天道」當指自然規則。不過當我們仔細看那些涉及「天道」或「天之道」的段落時，會發覺《左傳》、《國語》的「天道」很少只是指自然界的規則性變動，指的往往是足以影響到人的自然現象（包括天文氣象災異或其他的物理現象），有時指的甚至只是人與天或人與人間應遵守的交際準則。[36]從「天道」與人類行為的密切關係來看，我們大概也可以把它當作一種「人道」，只不過這種道多半是具有類比性質的。

接著我們再看儒家的「道」所涵自然之理的程度。

---

[36] 《左傳》、《國語》的「天之道」具有一種由天左右不可違逆的「天命」之意味，這種情況我們甚至可以把「天之道」分析為「天神所導」。這可能是因為當時的天界與人界還不能截然分別的緣故。

　　初期儒家單說的「道」內涵和《左傳》、《國語》差別不大，主要指的就是人事之道，多偏於指要達到人際和諧應當如何進行的方式，只是後來才隨著時間逐漸加入自然之理的內容。

　　孔子的「道」還是人事之道，而且偏於作為可遵循之道，未必具有自然之道的內容，更不能當作萬物之本體。《論語》雖然也說到「道」的重要性，[37]但我們應理解為主要是人事之道，因為曾子就說「夫子之道，忠恕而已矣。」（《論語·里仁》），而且子貢也說「夫子之言性與天道，不可得而聞也。」（《論語·公冶長》）

　　《孟子》單說「道」時也是偏於人事之道，特別是人倫所當依循之道。和《孟子》思想關係密切的〈五行〉更把「天道」等同於「德」，而且內容和自然之理毫不相關，至此天道和人道乃不可分。[38]〈五行〉的「天道」或「德」就是「仁」、「義」、「禮」、「智」、「聖」五行之和。〈五行說〉甚至還把「君子道」等同於「天道」。[39]例如：

　　　　67.五行：仁型（形）於內謂之德之行，不型（形）於內謂之行。義型（形）於內謂之德之行，不型（形）於內謂之行。禮型（形）於內謂之德之行，不型（形）於內謂之行。知（智）型（形）於內謂之德之行，

---

[37] 如說：「志於道，據於德，依於仁，游於藝。」（《論語·述而》）「朝聞道，夕死可矣。」（《論語·里仁》）「君子學道則愛人，小人學道則易使也。」（《論語·陽貨》）

[38] 我們可以說道家用自然之理來說明人道，儒家又把人理視為天道。於是天道、人道乃混而不可分。

[39] 「君子道」是否就是「天道」，〈五行〉似乎沒有〈五行說〉說得明確。

不型（形）於內謂之行。聖型（形）於內謂之德之
行，不行於內謂之德之行。德之行五，和謂之德；
四行和謂之善。善，人道也。德，天道也。（郭店楚
簡〈五行〉）

68. 聞君子道而說（悅）者，好仁者也。道也者天道也。
言好仁者之聞君子道而以之其仁也，故能說（悅）。
（馬王堆帛書〈五行說〉）

《荀子》崇尚的「道」主要是政治之道或禮義之道，也沒有什
麼自然之理的內容，基本上荀子的「道」和自然之理是有區別
的。例69可以反映《荀子》的「道」的主要內容：

69. 故凡得勝者，必與人也；凡得人者，必與道也。道
也者，何也？禮義、辭讓、忠信是也。（《荀子·彊
國》）

《荀子》有一個地方的「道」看起來像是講宇宙生成之理。例
如：

70. 哀公曰：「善！敢問何如斯可謂大聖矣？」孔子對
曰：「所謂大聖者，知通乎大道，應變而不窮，辨乎
萬物之情性者也。大道者，所以變化遂成萬物也；
情性者，所以理然不取舍也。是故其事大辨乎天地，
明察乎日月，總要萬物於風雨，繆繆肫肫，其事不
可循，若天之嗣，其事不可識，百姓淺然不識其鄰：
若此則可謂大聖矣。」（《荀子·哀公》）[40]

---

[40] 此例的關鍵部分在《大戴禮記·哀公問五義》中作「大道者，所以變化而
凝成萬物者也。情性也者，所以理然不然、取舍者也。」

不過我們認為此例恐怕不能如此理解。這裡的「變化遂成萬物」應只是輔成天地之意，應和宇宙生成無關。

儒家最講究天道義的「道」的恐怕只有《易傳》了。《易經》的特性是儒家傳統中唯一可以拿來和道家思想相抗衡的成分，因此儒家假借它來鞏固其理論基礎。我們認為《易傳》並不把「道」視為宇宙生成之源頭，這多少是對抗道家之抑「天」崇「道」的。

拿自然之理來作為人道之理論基礎恐怕是到了《老子》才標舉出來的。關於《老子》給「道」加入了怎樣的自然之理，我們在上文已有所描述，此不贅述。以下一例大概足可顯示《老子》怎麼從天推到人的類比手法：

> 71. 天之道，利而不害；人之道，為而不爭。（《老子》王弼本八十一章）

上文述及莊子並不怎麼講究「道」，而莊子那種荒唐繆悠之言又使人難以捉摸其真正的意旨，因此要說莊子的「道」在天道與人道之際這方面具有怎樣的觀點也未免強人所難。

莊子的「道」與「天」的分際頗難確定，如說「道與之貌，天與之形，无以好惡內傷其身。」（《莊子·德充符》）不僅如此，莊子的「天」與「人」也是互相融入而難以分別了。如「忘己之人，是之謂入於天。」（《莊子·天地》）「人與天一也。」（《莊子·山木》）「不離於宗，謂之天人。」（《莊子·天下》）如果我們說莊子的「天」與「人」之分際是如何如何，這豈不正好應了《莊子·徐无鬼》「以人入天」的批評？

3.「道」在各家思想體系中的地位

「道」是否自然或人道的第一原理,從它和「天」之間的相對關係也可以看出一些消息來。在比較之前,我們要先看「天」的含義及用法。

「天」有如下諸義:頭頂上的天、最高的主宰者(人格或非人格的)、造物者、與人(有時包括地)相對的自然、人之本性或順本性的發展、自然的律則或順物自然的發展。

就作為最高的主宰者而論,可以指主宰神,這個主宰神有時兼具祖神的身分(「天」有祖神的內涵應當是承襲殷商「帝」的地位)。這是西周以來的傳統觀念,儒家的人格「天」通常也是繼承這個傳統。

儒家「天」的地位一般比「道」高。先秦及漢代的儒家不喜歡拿具有天道內涵的「道」作為其最高的理想標的,是因為當時的「道」已具有道家所賦予的內涵,原則上與儒學的理論基礎及其所支持的統治階層或制度不能相應。漢代的儒家又加上陰陽家的理論來充實其內容。就維繫儒學與統治者的威權而言,訴諸人格天顯然比訴諸不具人格的「道」要可欲得多了。如:

> 72.道之大原出於天,天不變,道亦不變。(《漢書·董仲舒傳》)

抽象的「道」雖然在老子之前就已經有了,但它畢竟還不是萬事萬物的第一原理。傳統上,宇宙間至高的主宰者是「天」(或「帝」)。那麼我們要問為什麼老子要以「道」為其第一原理,傳統的「天」有什麼不足以表達的?

　　在老子思想中，「天」多少也還是保有自然天或最高的主宰神的意思。[41]但是「天」在《老子》中並不處於最高的位階，因為「道」的地位還高於「天」。在楚簡《老子》中，已可見到「道」的地位比「天」還高。如：

> 73.天大，地大，道大，王亦大。國中有四大安，王居
> 　　一安。人法地，地法天，<u>天法道</u>，道法自然。（郭店
> 　　楚簡《老子》甲本）[42]

簡本的「天大，地大，道大，王亦大」，今本及帛本《老子》作「道大，天大，地大，王亦大」。丁四新認為簡本是本來的順序，因為要提升「道」的地位，要先借重於天地的崇高性；[43]到了戰國中後，「道」的意義內容更為豐富和深刻，成為絕對，就把「道大」移到前面。我們認為這個看法很能說明「道」的發展。

　　今本《老子》還有如下一句，也可以證明「天」的地位在「道」之下：

> 74.知常容，容乃公，公乃王，王乃天，<u>天乃道</u>，道乃
> 　　久。（《老子》王弼本十六章）[44]

---

[41] 《老子》中「天」有時也還保有人格性。如：「治人事天，莫若嗇」，「天之所惡，孰知其故」。

[42] 此段對應今本二十五章的文句。

[43] 丁四新：〈論簡本與帛本、通行本《老子》的思想差異〉，《楚地出土簡帛文獻思想研究》（武漢：湖北教育出版社，2002年），頁158-159。

[44] 此段簡本無；但帛本也有「天乃道」句。

我們認為老子之所以把「道」的地位提升到「天」之上，是因為他反對舊有的禮制以及維護這些禮制的執政（統治）者，從而也要貶抑其權利所自來的「天」。因此就需要尋求超越它的主宰或原理，最後的結果是以「道」取代了「天」的地位。因為「天」受到貶抑，因此道家的「天」的人格性逐漸淡化而自然義相對增加。

但是道家文獻中「天」也有高於「道」的例子。如：

> 75.技兼於事，事兼於義，義兼於德，德兼於道，<u>道兼於天</u>。（《莊子·天地》）

這有可能是因為就莊子學派而言，「天」有時具有「自然」的內涵，而且「天」與「道」的地位孰高孰低也不是那麼重要，會有這樣的結果也不足為怪。

現在我們來談一下《老子》的「道」是否具有宇宙源始者或創生者的內涵。

我們不能確定老子的「道」是否可以視為宇宙的源始者或創生者。我們先看簡本的情況。在簡本《老子》中，並沒有今本四十二章「道生一，一生二，二生三，三生萬物」之文。不過倒是已經有如下的一段：

> 76.有狀蟲（混）成，<u>先天地生</u>。……<u>可以為天下母</u>。未知其名，字之曰<u>道</u>。（郭店楚簡《老子》甲本）

這一段話說「道」是「先天地生」，又說它「可以為天下母」；「道」看起來很像宇宙的創生者。不過我們認為「先天地生」可以理會為「道」不能後於天地，但未必就能演繹出天地是由

它所產生。至於「可以為天下母」，既然是加上能性詞語「可以」，就不能說「道」就是等同於「天下母」。

至於今本四十二章「道生一，一生二，二生三，三生萬物」，表面上看起來「道生一」是表示「道」為萬物的源頭，但我們也可以理解為「道」是作為「一」所以存在的原理。

上文述及老子有意把「道」提升到「天」之上，取代「天」的主宰地位。只是「天」除了作為最高的主宰之外，也還具有由「帝」那兒承接來的源始者或創生者的身分。既然「道」要取代「天」的地位，那麼連「天」的源始者或創生者的地位也一併取代乃勢所必然。不過老子的「道」之取代「天」為源頭也許只是在情理上的必然，未必真的把「道」視為宇宙的源始者或創生者。

和郭店《老子》同時出土的〈太一生水〉有如下之語：

77.太一生水，水反輔太一，是以成天。天反輔太一，
　　是以成地。（郭店楚簡〈太一生水〉）

我們倒不敢否認這是一種宇宙生成論，但是我們還不能斷言它和郭店《老子》的思想是一體的。[45]此外，我們也還不能確定「太一」是否相當「道」，它應當源自一個創始神，地位像創

---

[45] 李學勤認為郭店的《老子》丙本和〈太一生水〉本為一篇（見邢文：〈論郭店楚簡《老子》與今本《老子》不屬一系——楚簡〈太一生水〉及其意義〉，《郭店楚簡研究》[《中國哲學》20 輯，瀋陽：遼寧教育出版社，1999年] 引）。但我們也要考慮即使編在一起，內容也未必會是一致的，更何況甲本和丙本抄寫或編成的時間也有可能不同（參聶中慶：《郭店楚簡老子研究》，北京：中華書局，2004 年）。

始的「天」，只是後來就逐漸地抽象化了。如果《老子》「道生
一」的「一」就相當這裡的「太一」，那麼我們固然可以承認
此文從「太一」（或「一」）以下的文字是創生的過程，但卻不
必說「道」與「太一」（或「一」）間是創生的關係。

　　把「太一」提升到等同於「道」的地位應是較後來的事。
如：

> 78. 道也者，視之不見，聽之不聞，不可為狀。有知不
> 　　見之見、不聞之聞，無狀之狀者，則幾於知之矣。
> 　　<u>道也者，至精也，不可為形，不可為名，彊為之謂</u>
> 　　<u>之太一</u>。故一也者制令，兩也者從聽。先聖擇兩法
> 　　一，是以知萬物之情。……故知<u>一則明，明兩則狂</u>。
> 　　（《呂氏春秋·大樂》）

其因除了有可能是傳統思想的反制之外，也有可能是道家用來
表示純一的「一」和太一之神混淆為一所致。

　　以下例子中的「道」表面上看起是萬事萬物的來源或產生
者，但我們覺得也不妨把這些文句中的「道」都看作只是論理
上的在先：

> 79. 夫道，有情有信，无為无形；可傳而不可受，可得
> 　　而不可見；<u>自本自根，未有天地，自古以固存；神</u>
> 　　<u>鬼神帝，生天生地</u>；在太極之先而不為高，在六極
> 　　之下而不為深，先天地生而不為久，長於上古而不
> 　　為老。（《莊子·大宗師》）
>
> 80. <u>道生天地</u>，德出賢人，<u>道生德</u>，德生正。正生事，

是以聖王治天下，窮則反，終則始；德始於春，長
於夏，刑始於秋，流於冬，刑德不失，四時如一，
刑德離鄉，時乃逆行。作事不成，必有大殃。(《管
子‧四時》)

81. 道生萬物，理於陰陽，化為四時，分為五行，各得
其所，與時往來，法度有常。(《文子‧自然》)

82. 道者，萬物之始，是非之紀也。是以明君守始以知
萬物之源，治紀以知善敗之端。故虛靜以待令，令
名自命也，令事自定也。(《韓非子‧主道》)

83. 道者，神明之原也。神明者，處於度之內而見於度
之外者也。(馬王堆漢墓帛書《黃帝四經‧經法‧名
理》)

84. 凡道，無根無莖，無葉無榮。萬物以生，萬物以成，
命之曰道。(《管子‧內業》)

以《莊子‧大宗師》的例子為例，「神鬼神帝，生天生地」可
解為「使鬼帝能神，使天地得生」，這就像「生死人而肉白骨」
的「生」不具「生產」義一樣。再以《管子‧內業》之例為言，
說「萬物以生，萬物以成」，可以把其中的「道」理解為萬物
「生」或「成」所憑藉之理。總之，從語法上還不足以讓我們
得到「道」是萬物的創生者之結論。

中國古代當中「天」概念的形成與開展

菅本大二[*]

一、前言

　　本文試圖探討中國古代當中「天」概念的形成與發展。「天」
的概念在古代就已經是個多義詞，而向來也有許多論考，試圖
釐清其意義的分類。早在南宋的朱熹就已將之分類為蒼蒼之
天，主宰之天以及理法之天。[1]在現代的研究當中，有馮友蘭則
將其分作物質之天、主宰之天、運命之天、自然之天、義理之
天五種。[2]此種見解大致上為後世的「天」研究所接受。而在這
之後，出現了大量對於「天」的研究，日本也產生了許多研究。

　　在日本，首先以探究「天」的字義的論說有郭沫若〈天
の思想〉、[3]池田末利〈釋帝・天〉[4]等著作，對王國維提出過
的「天」字解釋做更進一步的研究。

　　至於「天」概念的研究，則有池田末利的〈天道と天命〉
上下兩篇、[5]津田左右吉〈上代シナに於ける天及び上帝の觀

---

[*] 日本梅花女子大學助教授。

[1] 《朱子語類》卷 1。

[2] 馮友蘭：《中國哲學史》（上海：商務印書館，1934 年）。

[3] 郭沫若：〈天の思想〉，《中國哲學史》（上海：商務印書館，1934 年）。

[4] 池田末利：〈釋帝・天：上代支那に於ける祖神崇拝と自然神崇拝〉，《廣
島大學文學部紀要》第 3 卷（1953 年 2 月），頁 24-43。

[5] 池田末利：〈天道と天命（上）：中國に於る理神論の發生〉，《廣島大學

念〉、[6]以及金谷治〈中國古代における神觀念としての天〉[7]等研究，針對上古以來的天進行分析。另外還有雖非以「天」為中心研究的平岡武夫《經書の成立》[8]一書中，藉著對《尚書》成立過程的討論，闡明主宰性格之天所形成的「天下的世界觀」之成立過程，並且也論及到「天」概念的形成。

若要對「天」的研究加以詳細介紹的話，恐怕將佔去相當程度的篇幅，所以在此僅介紹數篇建立在許多研究基礎之上而成的論考或是概述的論文以及著作。最近刊行的有關口順〈天と人との相關〉、[9]以及《中國思想文化事典》，[10]當中「天」一項的敘述等，都簡潔地介紹了迄今的研究成果。另外，拙著〈「五十而知天命」小考〉[11]也特別對於「天命」方面的迄今研究成果做了簡單的整理。最後舉出的是平石直昭《天》[12]一書。雖

文學部紀要》第 28 卷第 1 號（1968 年 12 月），頁 24-39；〈天道と天命（下）：春秋傳に見える天の理法性〉，《廣島大學文學部紀要》第 29 卷第 1 號（1970 年 3 月），頁 1-18。

[6] 津田左右吉：〈上代シナに於ける天及び上帝の觀念〉，《津田左右吉全集》（東京：岩波書店，1966 年），第 18 卷。

[7] 金谷治：〈中國古代における神觀念としての天〉，《東北大學日本文化研究所編：神觀念の比較文化論的研究》（東京：講談社，1981 年）。

[8] 平岡武夫：《經書の成立》（東京：全國書房，1946 年出版。東京：創文社再刊，1983 年）。

[9] 關口順：〈天と人との相關〉，《東洋叢書十一：儒學のかたち》（東京：東京大学出版会，2003 年），第二章。

[10] 溝口雄三、丸山松幸、池田知久編：《中國思想文化事典》（東京：東京大学出版会，2001 年）。「天」一項的執筆者為影山輝國、池田知久、小島毅、高柳信夫等人。

[11] 菅本大二：〈「五十而知天命」小考〉，《中國文化》第 61 號（2003 年 6 月），頁 1-14。

[12] 平石直昭：《天》，《一語の辭典》（東京：三省堂，1996 年），第 8 冊。

然此書是針對一般讀者的書，但是其乃是在學術研究的基礎之上，寫給一般讀者的相當優秀的概論書，值得在此提出以供參考。

本論文著眼於至今幾乎完全忽視的金文資料。當然，在金文研究的領域當中，已經有以白川靜的《金文の世界──殷周社會史》[13]為首的先行研究存在。其他還有赤塚忠《中國古代文化史》、[14]伊藤道治《中國古代王朝の形成》[15]以及松丸道雄編《西周青銅器とその國家》[16]等研究。上述這些研究，使用了西周到春秋時期的金文資料，並且也達成了相當成果。但是就思想史研究的領域來說，這些研究幾乎仰賴無法確定其成立年代的《書經》以及《詩經》，其中也看不到對於金文資料的積極使用。故本文將針對「天」作為宇宙主宰的觀念是如何成立，又是如何發展，而後又是如何固定下來成為既定觀念的幾個問題，藉由金文資料來加以探討。

論述將以下列方式進行：首先，甲骨文字中的「帝」與「天」概念之間有著共通以及相異處，故首先論考甲骨文中的「帝」。雖然甲骨文當中看不到主宰性格的「天」的描述，但是「帝」則是以與此相近的性格而登場。之後，從「帝」的討論開始，進一步自青銅器所遺留下的銘文中解讀支持著周朝的「天」之形象。

---

[13] 白川靜：《金文の世界──殷周社会史》（東京：平凡社，1971 年）。

[14] 赤塚忠：《中國古代文化史》，《赤塚忠著作集》第 1 卷（東京：研文社，1988 年）。

[15] 伊藤道治：《中國古代王朝の形成》（東京：創文社，1976 年）。

[16] 松丸道雄編：《西周青銅器とその國家》（東京：東京大学出版會，1980 年）。

二、甲骨文中的「帝」

在甲骨文當中沒有「天」一詞的使用。雖然有「天」這個字的出現，但是全部都是作「大」的意思，或是當固有名詞用，並沒有以「天命」的「天」之意而出現的「天」。而在《說文解字》當中對「天」的字形有「從一大」的記述，認為其為「一」與「大」的會意字。但是這僅是許慎以及當時人們的看法，從今日的文字學研究來說，此說法已被否定。以今日的研究來看，「天」字乃是指示人頭頂的象形文字（例如王國維、郭沫若等人皆作此主張）。

對於甲骨文的「帝」字所代表的意思，有各種說法，尚未有定論，但各說一致地主張其乃為某種神的象形字。根據卜辭，在殷代，許多的神格皆為祭祀的對象，包括掌管日落日出的神，掌管風運行的神，星辰、雲、山等也被相信是神。統合這些不同的神，如同地上的王一般地君臨宇宙全體的便被認為是「帝」（有時候為了跟其他眾神區別而稱之為「上帝」）。「帝」透過甲骨占卜的結果將意志示於人。

「帝」支配天候，人們相信「帝」具有令雨降，命旱魃等掌握農事的威力，而農事正是當時人們最重要的維持生計之業。一如「帝令雨正年」、「帝令雨弗其正年」[17]的記載，表示殷人相信「帝」支配著那一年農業生產的好壞。同時也可看出，除了意味著豐收的「年」以外，相對的，飢饉也是由於「帝」的意志而為的結果。進一步舉下面引文為例：

---

[17] 羅振玉：《殷虛書契（前編）》1、50、1。

庚戌卜貞、帝其降暵。[18]

帝其降堇（饉）。[19]

如引文所示，兩者皆以「帝」為主語，「降」為述語，故人們認為「帝」乃是引起干魃以及飢饉的主體。也就是說，干魃以及飢饉並不是單純的自然現象，是由帝的意志而實現的。「正年」的主體被視為是「帝」，同樣農業生產的好與壞也被認為是依據「帝」的意志而決定的。但是如後述的「天」與人之間，人的行為善不善與天降禍福之間存在著對應關係（因果律）。在此並沒辦法確知，此種對應關係在「帝」與人之間是否成立。

　　另一方面，向「帝」的占卜並不只限於上述的農業生產。

辛亥卜、㱿貞、伐邛方、帝受又。貞、帝不我其受又。[20]

此處的「方」指的是異族。在此處，王卜問討伐異族之事能否得到「帝」的援助。在殷代發生過多次民族間的武力衝突。例如說，從某個時期開始甲骨文裡面便不再出現某個民族的名字，一般便認為這代表此民族已經被消滅了。在引文的卜辭中可以看到，殷人認為領土擴張的可否，必須上問於「帝」，討伐的成敗與否端看「帝」的援助。而這種討伐的根據歸於「帝」的思考模式，很有可能與周伐殷之時，歸根於「天」的思考模式有所關連。但是在這卜辭中，看不出討伐的必然理由，也看不出來「邛方」做了必須被討伐的惡行。相對地，記錄周伐殷

---

[18] 同前註，3、24、4。

[19] 郭沫若：《卜辭通纂》372（東京：文求堂，1933年）。

[20] 李亞農：《殷契佚續編》145（上海：中國科學院，1950年）。

之事的青銅器當中，則記載了有關於殷是極端的惡者，非加以
討伐不可的論述。

　　承續上述論點，在下面的引文還可看到，殷朝廷內部連對
某個人物的任免都上問於「帝」的例子。

　　我其已夗、乍（則）帝降若（諾）。我勿已夗、乍帝降
　　不若。[21]

在卜辭當中出現的「夗」雖不知是什麼樣的人物，但是從內容
加以思考則得以推知王想要罷免這個人，而向「帝」詢問可否。
可以確定的是，在「夗」身上必然發生了不好的事情甚至是他
行了惡事，所以才有此一占卜。此種占卜若是針對某個行惡之
人而實行的話，對於周來說，殷行惡政卻不知反省，這樣的占
卜正是理論上的契機。要之，筆者認為在這一點上可以看到
「帝」與「天」之間的共通性以及連續性。

三、金文資料中出現的「天」

　　由於《殷周金文集成》[22]和隸定其全文的《殷周金文集成
釋文》[23]（以下稱《釋文》），以及其單字索引的《殷周金文集
成引得》[24]等成果陸續出版，使得對於金文資料的處理比起以

---

[21] 郭沫若：《卜辭通纂》367（東京：文求堂，1933 年）。

[22] 中國社會科學院考古研究所編：《殷周金文集成》（東京：東方書店，1996
　　年）。

[23] 中國社會科學院考古研究所編：《殷周金文集成釋文》（香港：香港中文大
　　學中國文化研究所，2001 年）。

[24] 張亞初編：《殷周金文集成引得》（北京：中華書局，2001 年）。

前大為容易。即使如此，金文與現今通行文字之間的隸定問題，在研究時仍必須時常有所自覺。然而就其將分散的資料統一起來這一點，這些成果對於研究者引用金文資料，乃是莫大的幫助與恩惠。[25]

（一）周革命中的「天」

在此先對前述甲骨文資料當中出現的「歺」罷免事例加以檢討。在這之前所見到的卜辭都多少與自然現象有所關連，但此事例不同，完全是憑人事便可以決定的案件。既然如此，那為何要特意向「帝」卜問？若占卜的結果，「帝」認可了罷免，王也就可以不受到任何批評而能罷黜「歺」。當然「歺」本人也不可能有異議。藉此確保了此罷免的正當性，而被罷免的一方也不會將抱怨的矛尖指向「王」本人。如果說在殷代這種想法已經固定下來的話，那要解釋周伐殷之時所出現的「天」的存在就變得容易了。

周本來是殷的臣下，但是卻因為打倒殷的紂王而得以建立周王朝支配全中國。本來只是臣下的周，既然要討伐中央政府的殷，就需要相符應的理論基礎。若完全沒有根據地討伐，這就只能是叛亂，而無法得到周圍的中立國家的贊同。為此，周當中可能有人提出過仿效殷王朝的方式利用甲骨占卜來取得合法性。但是「帝」是不可能「承諾」的。因為只有殷朝的王才得以獨占並知悉到「帝」的意志，故在此，周所提出的便是「天」的概念。茲舉具體例子如下：

---

[25] 本文接下來的金文資料引用，皆根據《殷周金文集成釋文》。

唯九月，王，在宗周，命盂。王若曰：盂。丕顯文王，
受天有大命，在武王，嗣文作邦，闢厥慝，匍有四方，
畯正厥民。在友御事，圅酒無敢酖，有柴蒸祀，無敢改。
故天翼臨子，法保先王，□有四方。我聞，殷墜命，唯
殷邊侯甸友殷正百辟，率肆酒。故喪師。已，女，妹辰
有大服。余唯，即朕小学。女，勿昆余，乃辟一人。今，
我唯，即刑稟于文王正德，若文王令二三正。今，余唯，
令女盂紹榮。敬雍德經，敏朝夕入諫，享奔走畏天威。
（〈大盂鼎〉）[26]

上述引文雖有「王若曰」一句，一般認為此乃是指康王。周王
朝是從（文王），武王，（周公旦）成王，康王這樣連續下來的，
康王是武王的孫子，故此資料可視作是周朝初期的資料。接下
來值得注意的是「丕顯文王，受天有大命，在武王，嗣文作邦」
一句。根據此句，在文王之時便已受「天」所下的「大命」，
而文王的兒子武王則傳承此「大命」而作「邦」，意指起而建
立王朝。接下來下文有「我聞，殷墜命，唯殷邊侯甸友殷正百
辟，率肆酒。故喪師。」也就是說殷王朝的領導人沈溺於酒以
至於行政機能癱瘓不行，失其天「命」。

在此可以看到，文中明顯地意識到，伐殷之命令之所以降
下到周的理由，就是因為殷有了過失（而不必拘泥於單單酒的
問題）。接著又有「享奔走畏天威」的戒訓。似乎認為如果違
背天的命令，則天罰也必然降下於周。康王的盂所刻載的這段

---

26 〈大盂鼎〉，《殷周金文集成釋文》，第 2 卷，2837。

金文，也就是戒慎自己要常畏於天的文字，可說是康王針對自己所留下的自戒之詞。

從金文資料可以看到的是，之後的金文雖然有「有天大命」等回顧過去以確認周治理地上的正統性的文字，但是隨著時代的演變，這成為形式上的固定文字，而不再生動地傳達其內容。即使是這樣，筆者認為，〈大盂鼎〉的金文是在周朝方創建不久的康王時期出現的，也許是在這樣的背景下，所以具體地描述了殷周之間政權交替的來龍去脈。而且發言者是康王本人，所以可視作是在探討周成立的經緯之時第一級的資料。

也如同〈大盂鼎〉所記載的，實際上滅殷的是武王。如果是這樣的話，很有可能文王受「伐殷」的天命卻沒有達成而死去的事實，遂成為上述後世對「天」的思想之原點。這是因為，如果文王再活久一些，而能夠在他手中完成滅殷的功業（雖然跟武王的做法會不一樣），那就算沒有如此大肆宣傳，仍能夠確保周朝的正當性。但是事實並非如此，故以武王為中心的周朝中樞必須讓周遭都能夠認同：此天命的有效期限延長到了武王。而這個狀況筆者認為正是此「天命」之說不斷地被反覆講述的出發點。因為「反覆講述」（雖然背後有許多理由）可以製造出標準和遵從的模範。

所以，在周創立的早期的金文資料當中，反覆地講述著文王受天命，而武王之後的王繼承著此天命的說法。例如說：

> 唯王，初遷宅成周。復禀武王禮福，自天。在四月，丙戌，王誥宗小子于京室，曰昔在爾，考公氏，克逑文王。肆文王受茲大命。唯武王既克大邑商，則廷告于天曰：

> 余其宅茲中國,自之嬖民。烏虖爾,有雖小子亡識,視
> 于公氏有聞天徹令敬享哉。惠王彝德,欲天順我不敏。
> (〈冟尊〉)[27]

引文中「冟」被認為是周的同盟國,而文中的王究竟是誰雖然
還有不同意見,但是一般認為是「成王」,也就是武王之後的
下一個王。「冟尊」的銘文乃是周朝最早時期的記錄。

「自天」的「天」也就是「天室」、祭天的宮殿。在這個
宮殿裡面舉行賞賜自文王以來的同盟國「冟」的有功。而在祭
天的場所舉行儀式,正是意圖要明確地表示,這個儀式是遵循
天的意志而非王的獨斷。另外銘文中也有「肆文王受茲大命」,
是說文王授與「冟」重要的命令,以及繼承文王以討伐殷商的
武王則對天宣示「余其宅茲中國、自之絅民」的記述。意味著
武王對天宣誓自己接下來將要在中國治理人民。

在上述引文中可以確定的是,討伐殷的命令乃是由「天」
所下達的。而值得注意的是,在討伐成功之後武王對天宣誓的
事件。這代表並確認了,地上的王的統治實為天的代理。成王
在此反覆述說,其目的也是在於再度確認自己的統治是代理
「天」而行的。

(二)周朝時期「天」概念的開展

接著探討較晚期的金文資料。隨著時代的推移,上述的確
認記述也就變得簡潔。換言之,文王拜受「天」之大命,其子

---

27 〈冟尊〉,《殷周金文集成釋文》,第 4 卷,6014。

武王繼承此大命最後建立了周。對於這個事件的記載以及其確認的動作變成了概述般的記載。〈毛公鼎〉的文字茲舉出如下：

> 王若曰：父厝丕顯文武，皇天弘厭厥德，配我有周。膺受大命，率懷不廷方，亡不閈文武耿光。唯天將集厥命，亦唯先正，襄燮厥辟，勳勤大命。肆皇天，亡斁臨保我有周，丕鞏先王配命。旻天疾畏，司余小子弗彶，邦將曷吉。䠶䠶四方，大縱不靜。烏乎，趣余小子，圂湛于艱，永鞏先王。[28]

〈毛公鼎〉成於周朝共和時期，是現在得以確認的金文資料當中最長的資料（此處引文係省略記載）。其實體可在臺灣的故宮博物院看到。完成時期應在西元前 840 年左右。共和期是因前任的厲王失政被驅逐而產生的時期。此時代因新王年幼，由諸侯伯以共和體制執政故稱之為共和時期。

「父厝」即毛公。此銘文在描述毛公被任命為執政之一的來龍去脈。開頭記有「王若曰：父厝。丕顯文武，皇天弘厭厥德，配我有周。膺受大命，率懷不廷方，亡不閈文武耿光」一句，大致指「天」滿足極優秀的文王以及武王的仁德，視為己方，授其大命故能一掃反對他們的人。值得注意的是「文武」的並稱。在此之前的資料中並沒有將文王和武王並稱的文字，特別是，此之前的古資料當中「丕顯」只有加諸於文王，但是在這裡則是兩者並列。

如果只看〈毛公鼎〉的記載，就可以將過去的史實簡單解

---

[28] 〈毛公鼎〉，《殷周金文集成釋文》，第 2 卷，2841。

釋作文武兩人受於天命，而後文武兩人打倒殷商。也就是說，已經沒有需要特別去確認武王的正當性了。再從後文還有「先王配命」一語來看，可見此處不僅是文武並稱，而且還將周朝歷代的王皆受大命，視作既定的事實而加以講述。亦即可以推知此時已經接受了：經由文王始自武王的周代各王皆為地上唯一的支配者的想法。

接下來值得注意的是「唯天將集厥命，亦唯先正，襄燮厥辟，勳勤大命。肆皇天，亡斁臨保我有周，丕鞏先王配命」一文。前半段是說，「天」在下其大命之後，「先正」臣下的祖先們，一直輔助著王以協助大命之成。後半段則說由於此善行，天「臨保有周」，鞏固了周王朝的權威。在〈大盂鼎〉當中也有對於不耽於酒的周王，有「天翼臨子」的文字。而在此處也有「天」對應於人的善行會以幸福賜之。

而在下文的「旻天疾畏，司余小子弗彶，邦將曷吉」則可看到與前段加諸幸福的「天」恰恰相反的，降下處罰的「天」的角色。所謂的「旻天疾畏」就是指天降下災厄。告誡不行良政之王，天將罰之並加害之。

〈毛公鼎〉的銘文大致如上所見，內容講述周朝的「天」的典型樣態。〈大盂鼎〉等銘文中也存在天對於人的善行給予福報，惡行則給予懲罰的主張。但是這些資料是將「殷」當作惡，而「周」當作善的方式講述，而看不到對於周行惡的處罰，缺乏某種真實性。然而在後來的〈毛公鼎〉當中卻可看到，對於周朝來說，「天」並不是個可以任意對待的支配者，有時候「天」也有可能會做出嚴峻的裁斷。

　　另外，與周朝初期不同地，可以看見天所「臨保」的對象不再只是局限於王，範圍還擴展到臣下。最早的「天」乃是只屬於文王或是武王的守護神，但是到了這個時期，連王的臣下也都包含入了天的對應範圍。「臨保我有周」所說的，確實是包含了參策政治的臣下的「周」。

　　接下來的引文則記載著嚴格監視著周朝全體的「天」。列舉如下：

> 王若曰：師詢。丕顯文武，膺受天命，亦則殷民於。汝乃聖祖考，克佐佑先王，作厥肱股，用夾召厥辟，莫大命，盭龢乎政。肆皇帝亡斁，臨保我周乎四方，民亡不康靜。王曰：師詢，哀哉。今日，天疾畏降喪。首德不克燮，故亡承先王。（〈師詢殷〉）[29]

　〈師詢殷〉和〈毛公鼎〉同樣都是周的共和時期的青銅器。這時期王實質上不在，對於王朝政治運作來說是非常困難的時期，而此時期的銅器當中不斷地對天受命的論述加以確認。如同上述銘文所見，開頭的脈絡與〈毛公鼎〉相當類似，對於「丕顯文武」受命於天而滅殷商之事加以論述確認，意即確立周朝的正當性。

　　此銅器當中除了記錄了師詢盡責護衛王的事蹟以及其前後脈絡以外，在上述受命的確認之後，也記載有他的祖先輔佐了文武以來的周王之事蹟以茲證明。此器當中有「肆皇帝亡

29　〈師詢殷〉，《殷周金文集成釋文》，第 3 卷，4342。

斁、臨保我周圅四方、民亡不康靜」一文。相對地〈毛公鼎〉只有「臨保我有周」的記述程度。同一個「天」，但在〈師詢嗀〉當中則被及四方，並且造使民安穩生活。由於〈師詢嗀〉和〈毛公鼎〉幾乎是屬同一時期的，所以筆者推斷，兩者的不同在於用詳細記述或是簡單描述的方式來表現天守護周的事情。從前述「天」的對應範圍的觀點來看，天的對應範圍的觀點，擴張到周朝、其民以及其周邊。若從當時的世界觀來說的話，可以說是擴展到了世界全體。

在筆者看來，此時期此種反覆述說文王受命的行為，雖然不能說是有所意圖的洗腦或強迫宣傳，但是如同〈師詢嗀〉一樣，即使是在相當後面的時代製作的，也仍舊進行受命於天的確認。這一方面是因為，如同前述周王朝本身陷入了危機狀態，另一方面則是因為，要使周安定，無論如何要證明王朝的存在合理性，這就必須要有「天」的保證，周王朝自身就是以「天」的思想之佈道者的身分存在的。

「天」最開始是獨屬於文王的守護神，但是文王死後，其子武王繼承了這個機制，以至於成為後世諸代周王的守護神。而且隨著時代的推移，王的臣下，甚至包括民，亦即周王朝全體，也都變成了是天所「臨保」的對象。

此外，〈師詢嗀〉與〈毛公鼎〉相同地將周朝的共和時期視作是「天」所降下的「喪」，亦即認為此乃天罰。認為是前王（厲王）的「秉德不克蕭」之惡行所招致的結果並對之反省。在後世有「德治」一詞的出現，雖然此詞乃是主張以王的仁德

為首要的統治方法，但是上述這類青銅器的銘文，應可視作是以「德」為優先的想法之淵源。[30]

也許正是因為共和期的特殊性，到此時期為止所確立的「天」觀念，在上述兩器的銘文當中便可見到其縮影。「天」在概念的原點上乃是保證周王朝存在的超越人之神格，是守護周朝經營的神格，但也是嚴格監視周朝裡面每個人的行為，會降下處罰的神格。

接續本節前述對於「天」概念之開展的討論，接下來將藉由對各青銅器的研究，對於天具有裁罰神格的概念演變的來龍去脈做一番討論。

第一個是，王征伐他國的情形。也就是說，裁罰行惡的國家之時，天被用作是確保此種征伐的正當性之基礎。舉〈班殷〉之例如下：

> 王令毛公，以邦冢君、徒御、戜人、伐東國痟戎。……三年靜東國。亡不咸斁天威，不畀屯陟。公告厥事于上。唯民亡出哉（在）彝。志天命。故亡尤哉（在）顯。唯敬德亡攸違。（〈班殷〉）[31]

此器記載了關於毛公征伐「東國痟戎」之功績的銘文。當中的「三年靜東國。亡不咸斁天威」表示周伐東國的行為乃是天威的代行，周軍不只是普通的軍隊，而是「天」的軍隊。

---

30 小南一郎〈天命と德〉（刊《東方学報》第 64 冊〔京都：京都大学人文科学研究所，1992 年〕）一文中有對於此德治的淵源的論考。

31 〈班殷〉，《殷周金文集成釋文》，第 3 卷，4341。

〈班殷〉可說是一個很好的例子,其中可以見到「天」的對應範圍不只限於「周」王朝本身,而是擴張到了周邊的國家。周代「天」以伐東方外國的暴虐。「天」的目光不僅侷限在周朝的內部,連外國也都是「天」所監視並且會加以處罰的對象。

「唯民亡出哉(在)彝。忝天命」一句則可見,天命所被及的範圍不僅是實行政治的為政者,被統治的民也包含在內。也就是說,「天」的對應範圍乃是周朝當時所能想到的全部範疇。

除了上述資料,也有具體地講述並告誡著「天」對於王以外的個人的工作行為也會加以監視的資料。西周末年所作的〈興盨〉即為一例。此銘文的內容並非國家規模的事蹟。而是如同「輔天降喪、不廷(不逞)唯死」所示,就算是「興」這樣的個人的職業,如果違命的話,天將降災殺之。舉其文如下:

> 王曰、興。敬明乃心、用辟我一人。善効乃友內辟、勿使鬱虐縱獄、爰奪戲行道。厥非正命、廼敢庆訊人、則唯輔天降喪、不廷(不逞)唯死。(〈興盨〉)[32]

銘文中此種看法並不特殊,對每個人來說也是,「天」乃是降罰之神的存在。

同樣地,除了降罰之神以外,「天」也會帶給個人幸福。一般認為是成於稍後的春秋初期的〈曾伯粱簠〉即為此種銘文的一例。〈曾伯粱簠〉乃是歌頌曾伯「粱」的功績之銘文。對此功績記載有「天賜之福」的文字。也就是說,天對於個人也

---

[32] 〈興盨〉,《殷周金文集成釋文》,第 3 卷,4469。

不會忽略掉他的善行，而且還會給予相符應的幸福。茲舉銘文如下：

> 唯王九月初吉庚午、曾伯棗、哲聖元武、元武孔黹。克狄淮夷、印燮繁湯。金道錫行、俱既俾方。余擇其吉金黃鑄、余用自作旅匿。以征以行、用盛稻粱。用孝用享于我皇祖文考。天賜之福。曾伯棗、叚黃耇万年、眉壽無疆。子子孫孫、永寶用之享。[33]

由引文可見，經過西周期的演變和發展，到了春秋時代「天」的支配範圍及於個人的禍福。在現代來說，「天」最主要的意涵就是天空。但是在周朝，「天」就是主宰宇宙的神，連個人的生活方式也都包含在其支配範圍。在周伐殷之時，為了求其行為的正當性而求於「天」這樣的對象。具有主宰性格的天原先是只成立於與文王、武王之間關係中的概念。然而，經過西周的發展，遂演變為對地上的每個人都是主宰性的存在。藉由上述的探討，筆者可得出上述的結論。

（三）春秋時期的「天」

周王朝與「天」的關係，也就是主宰性格的「天」降下天命，命周王統治地上的說法，各諸侯國當然也接受了此種邏輯。而且不僅止於接受，在下文所舉秦國的金文資料當中，還記載了秦是依天命而建國的文字。這正是由於「天」的思想完全滲透到各諸侯國的結果。下例所舉的〈秦公殷〉即為好例：

---

[33] 〈曾伯棗簋〉，《殷周金文集成釋文》，第 3 卷，4631。

> 秦公曰：丕朕皇祖，受天命，鼎宅禹迹。十有二公，在
> 帝坯。嚴恭寅天命，保乂厥秦，虩使蠻夏。余，雖小子，
> 穆穆帥秉明德，烈烈趄趄萬民是敕，咸畜胤士。

秦是周朝的諸侯國之一，後來秦王政（始皇帝）創建了秦朝帝
國。引文中的「秦公」具體所指並不清楚，但是較為有力的主
張是「秦公」乃是景公（576B.C.即位），而白川靜則認為也有
可能是下一任的哀公（536B.C.即位）。[34]無論如何，這銘文的
開頭簡直就像出自周王室的文字。由於直接承受天命的是周的
文王，秦的「丕顯朕皇祖」想必不可能「受天命」，更何況根
據記錄，秦的皇祖是夏朝時期的人，此時還沒有此種「天」的
思想，所以這裡只是為了確立秦國傳承的正當性的誇張渲染之
詞。不過再進一步說，可見當時在通例上已經將統治的正當性
的確立歸於「天」了。換言之，若簡化地看，這種說法只是既
定的句子，而從確認事項來看，因為秦不背於天命而行，所以
可以確定「天」會保護並守祐著秦國。而這部分的確認筆法也
是模仿著周朝的銘文。

　　不僅是秦國，其他諸侯國的青銅器也都可以看到其中「天」
已經固定了下來。下列引文所看到的是，蔡侯幫助了楚王盡其
天命的記述：

> 唯正五月初吉孟庚，蔡侯□曰：余雖末小子，余非敢寧
> 忘。有虔不惕。佐佑楚王，崔崔為政，天命是匡。定均
> 庶邦，休有成慶。（〈蔡侯紐鐘〉）[35]

---

34 白川靜：〈金文通釋〉，《白鶴美術館誌》1-56 輯，1984 年完結。
35 〈蔡侯紐鐘〉，《殷周金文集成釋文》，第 1 卷，211。

引文中的蔡侯，似是楚王的輔佐。而引文中的天命保證了楚國的統治。也就是說，連楚國也都具備了其天命。

　　無論秦楚，事實上皆非中原之國，而是邊境的諸侯國。特別是西方的秦，積極地將先進國「周」的文化引入，像是文字的字形當中就可以看到秦文仿周字形的痕跡。秦藉著這樣的方式建立了國家的規模。若考量到這點，秦也將「天命」的觀點作為自國的統治基礎，便也就不值得驚訝了。

四、結語

　　「天」的觀念原是在周伐殷之時被當作討伐的正當性，而後則也成為確保其支配權的根據。在本文所舉出的金文資料當中，可以看到其被反覆地確認。正因為「天」概念的這種特徵，所以此類確認的記述，特別在西周初期或是共和期的王政經營不安定時期中集中地出現。而藉由「天命」來證明支配權的正當性之做法，到了春秋時期則出現在各諸侯國的銘文當中。這固然可說是由於周天子的支配力下降，諸侯僭越所造成的結果，但也可以想作是，從「文王受命」開始，經過西周，到了春秋時期，金文資料長期地傳承並滲透的結果。

　　本文的重點在於探究具有主宰性格的「天」概念的成立以及發展。而在最後筆者想要舉出下列引文來表示，此種概念是何種程度地滲透到了中國古代的思維當中。前文的〈秦公毀〉將「受天命」的時間推回到夏朝，而下引文也可見到，被滅亡的殷商的始祖湯王亦受天命的文字。如下所示：

> 虩虩成唐（湯），有嚴在帝所，專受天命，剗伐夏后。（〈叔尸鐘〉）[36]

〈叔尸鐘〉一般認為是春秋後期的作品。文中的「成唐（湯）」想當然耳是創立殷朝的湯王。引文認為，湯伐夏桀建殷朝之時，也有天命介在其中。此資料的意義在於，「天命」不僅是在空間上從周王朝擴大到諸侯國，而且還可見到在人的思想當中，逐漸成為並定型成以天為最高規範的統治觀和倫理觀。殷周之間王朝更替的過程，本來應該僅是一時一地的事件，但是藉著其過程之理論的一般化，以至於也應用到其他的王朝更替的事件上，更進一步地變成普遍的原則。後來可以見到的《書經‧湯誓》也毋庸置疑地是在此種思考的延伸下而編撰的。

如以上所述，主宰性格的「天」普遍化並一般化。故就算不看金文資料，這個狀況依舊不會有所不同。文獻資料的《書經》當中，就反覆地講述自文王受命到武王之時，周朝與「天」的關係。而且可視作是同時期的《詩經》，也收錄了許多詠歌文王與「天」關係的詩。當時讀過這些著作的讀者，也就學習到了本論文所提到的主宰性格「天」的樣態。筆者認為，藉由此種「學習」而來的「天」概念，之後的開展即是以其中心學習者「孔子」為中心而發展開來的。對於這點的研究，筆者將在別稿另作討論。

---

[36] 〈叔尸鐘〉，《殷周金文集成釋文》，第 1 卷，272-278。

善惡觀以外的孔子性論
——一個思想史的探索

勞悅強[*]

　　中國思想自古以來重視性情,其中尤以儒道兩家為然。長
期以來,學者討論先秦儒家思想往往專注於孟子、荀子二家的
性論,異說紛陳,於今未了。由於孟、荀論性完全從善、惡著
眼,辨證人性本質,因此,學者分析儒家性論,往往如影隨形,
不出善惡論的範疇。《論語》中論性之語甚鮮,又不詳焉。孔
子「罕言性與天道」(《論語·公冶長》),良有以也。研究孔子
性論的現代學者亦不多見,而偶有論及者,幾乎毫無例外也盡
落孟、荀性善、性惡的窠臼。本文嘗試根據《論語》一書,輔
以先秦、兩漢舊籍,旁參晚近出土郭店楚簡文獻,疏釋孔子所
論人性,至於孟、荀的說法,僅作參考,以期盡可能還原孔子
性論的本來面目,對於認識先秦儒家思想,或可聊補一闕,同
時,對認識戰國後期的儒家性情論,庶幾亦可備溯源之助。

一、善、惡論以外的人性

　　先秦時代的性論,雖然眾說紛陳,言人人殊,但其中卻有
一個十分重要的共同特點,就是有關學說都異口同聲,以「善

* 新加坡國立大學中文系副教授。

惡」這一對道德範疇來認識人性的內容。孟子「道性善」(《孟子・滕文公上》)，荀子主性惡 (《荀子・性惡》)，固然是研究中國思想史的學者的常識，年代較早的則有周人世碩的性論。根據東漢初王充的記載，「周人世碩以為人性有善有惡，舉人之善性，養而致之則善長。性惡，養而致之則惡長，如此則性各有陰陽、善惡，在所養焉。故世子作《養書》一篇。宓子賤、漆雕開、公孫尼子之徒，亦論情性，與世子相出入，皆言性有善有惡。」[1]按：《漢書・藝文志》載儒家者流有「《世子》二十一篇」，班固自注云：「(世子) 名碩，陳人也，七十子之弟子。」[2]可見孔子的再傳弟子中已經有直接提出性論而自成一家之說的人。世碩的立場似乎介於孟、荀之間，但毫無疑問，他也是以善、惡論性的。事實上，宓子賤和漆雕開見載於《論語》，兩人都是親炙孔子的及門弟子，而公孫尼子則是孔門後學，乃「七十子之弟子」。[3]宓子賤和漆雕開各有著作，[4]主張「性

---

[1] 黃暉：《論衡校釋・本性》(北京：中華書局，1995 年)，第 1 冊，頁 132。
按：「性惡」二字，黃暉從孫詒讓說，謂當作「惡性」，可從。

[2] 班固：《漢書》(北京：中華書局，2002 年)，卷 30，第 6 冊，頁 1724。

[3] 《漢書・藝文志》載有《公孫尼子》二十八篇，班固自註謂公孫尼子為「七十子之弟子」。班固：《漢書》，卷 30，第 6 冊，頁 1725。〈藝文志〉雜家又有〈公孫尼〉一篇。見《漢書》第 6 冊，頁 1741。按班固的習慣，對於他所載錄書的作者身分，除非已清楚無疑，或有其他著作見於別處，否則他例必作註簡介。〈公孫尼〉一篇班固並無自註，大概此書作者與《公孫尼子》作者為同一人，若然，則戰國末年，孔門後學中已經有兼容其他學說的情況。

[4] 按：《漢書・藝文志》載錄《宓子》十六篇和《漆雕子》十二篇。見漢班固：《漢書》，卷 30，第 6 冊，頁 1724。又《孔子家語・七十二弟子解》：「漆雕開，蔡人，字子若，少孔子十一歲，習《尚書》，不樂仕。」收入《景印文淵閣四庫全書》(臺北：臺灣商務印書館，1983-1986 年)，第 695

有善有惡」，清人朱彝尊《經義考》卷二百八十二謂兩書「皆
宗師仲尼，以重其言者也」。[5]朱說不知何據，[6]要之，以善、惡
說性這一取向的確可以追溯到孔子的及門弟子。郭店楚簡〈性
自命出〉曰：「善不善，性也。」又曰：「未教而民恆者，性善
者也。」[7]戰國後期的儒門弟子無疑都傾向於以善、惡論性。

　　據《論語》所載，孔子本人極少論性，子貢早興慨嘆。然
而，罕言性並不等於從不論性或者對性的問題並無任何看法。
[8]《史記・天官書》載太史公論曰：「是以孔子論六經，紀異而
說不書。至天道命不傳。[9]傳其人，不待告。告非其人，雖言

冊，頁 56a。漆雕開應該是孔子早年弟子，因此，孔子早年或許曾有性有
善有惡之說，但他五十知天命之後則罕言性與天道，弟子門人的所聞者僅
僅「性相近也，習相遠也」二語而已。另一方面，根據《史記・仲尼弟子
列傳》，宓子賤少孔子三十歲，則子賤應該是孔子晚年弟子，假若他二十
歲前後開始追隨孔子，其時孔子正初識天命。如果他早年曾相信性有善有
惡，而子賤直接從孔子之口得聞此說，則孔子放棄此說的時間大概正是知
天命之後的事。

5　朱彝尊：《經義考》，收入紀昀編纂：《景印文淵閣四庫全書》，第 680 冊，
　　頁 621a。

6　《漢書・藝文志》又載錄「《景子》三篇」，並自註云：「說宓子語，似其
　　弟子。」見班固：《漢書》，卷 30，第 6 冊，頁 1724。如果景子真是宓子
　　賤的弟子，而他又「說宓子語」，則宓子賤與漆雕開同樣「宗師仲尼，以
　　重其言」就不奇怪了。這大概是朱彝尊的推論根據。

7　見李零：《郭店楚簡校讀記》（北京：北京大學出版社，2002 年），頁 105、
　　107。本文所引用郭店楚簡文字均以李零 2002 年釋定本為據。

8　Bryan W. Van Norden 認為孔子對人性問題根本沒有他自己的看法，所以弟
　　子沒有機會聽到他相關的言論。此說不確。見 Bryan W. Van Norden ed.,
　　Confucius and the Analects: New Essays (Oxford and New York: Oxford
　　University Press, 2002), p.22.

9　王念孫謂「命上當有性字，《正義》兩言天道性命是其證。」引自瀧川龜
　　太郎：《史記會注考證》（臺北：宏業書局，1977 年），頁 477。

不著。」唐張守節《正義》曰：「待，須也。言天道性命，忽有志事，[10]可傳授之，則傳其大指，微妙自在，天性不須深告語也。」[11]可見司馬遷認為孔子對人性問題並非存而不論，而只是緣慳未遇其人而已。按：《論語》中「性」字僅僅兩見，而孔子直接論「性」則只有〈陽貨〉篇中「性相近也，習相遠也」八個字。根據這個說法，孔子對人性的看法是相當堅定的，因為句中兩個「也」字表示語氣確定的斷語，而非猜測之詞。相近者乃天生本性，而相遠者乃修習後的結果。依孔子之意，後天的修習似乎並不會改變天生的人性，所以，從表面看來，他說相遠的是「習」，而不是「性」。然而，從語法的結構來分析，「習」似乎應該指的是導致「相遠」的原因，如此說來，「相遠」者乃是「性」。無論如何，在這片言隻語中，孔子並未明確交代「性」的具體情況。雖然從孔門弟子開始，一直到孟子、荀子都專以善、惡論性，但人性問題並非必然都以善、惡來概括和分析，而善、惡也並不見得能夠包涵人性的全部內容。書缺有間，我們實在難以肯定孔子是否也從善、惡這對範疇來認識人性問題。正如下文所論，從《論語》的記錄看來，孔子並未以善、惡論性，或者，他至少不會專以善、惡來論性。[12]

---

[10] 張文虎謂「《正義》『忽有志事』疑當作『或有志士』。」引自瀧川龜太郎：《史記會注考證》，頁 477。

[11] 同前註。

[12] 張岱年早就指出「孔子不以善惡講性，只認為人的天性都是相近的，所來的相異，皆由於習。」見氏著：《中國哲學大綱》（北京：中國社會科學出版社，1985 年），頁 183。參看本文註 101。按：根據作者〈再版序言〉，此書於 1935 年開始撰寫，1937 年完稿。可惜張氏的意見似乎並未引起學界注意。本文作者亦未及注意，承蒙臺灣成功大學張高評教授賜告，始知

甲骨文和金文都不見「性」字。[13]從文字的發展和構造來看,「性」字由「生」字衍出。[14]性者,生也。《說文解字》卷六下:「生,進也。象艸木生出土上,凡生之屬皆从生。」[15]據此,「生」字的構造象艸木滋長之貌,而艸木滋長是自然而然的現象,因此,「生」字的字義所表達的基本上是自然生長的結果,也就是天生之意,《說文》稱「凡生之屬皆从生」。[16]按:「性」、「生」二字本屬一字。〈蔡姞簋〉中「生」字重見,而其一作「性」字用。[17]由此可見,新概念出現後乃有「性」字之造形,以資區別。「性」、「生」二字通用,亦見於古書。[18]比如,《禮記·樂記》:「方以類聚,物以群分,則性命不同矣。」

張岱年先生先得我心。但他有關討論極為簡略,僅數行文字,讀者參觀可知,更重要者,張氏對孔子性論的認識跟本文也不相同。

[13] 金文中「性」字作「生」,或從「忄」部。見容庚:《金文編:正續合編》(香港:南天書業公司,1971年),頁614。依此推斷,「性」字當亦後出。《金文編》無「性」字。〈蔡姞簋〉中「生」字重見,而其一作「性」字用。此例可以輔證「性」字後出。見徐仲舒:《漢語古文字字形表》(臺北:文史哲出版社,1988年),頁407。又依傅斯年的說法,春秋戰國尚未有「性」字,現存此時期的著作中所見的「性」字都是後人所改寫。此說過偏,不過,傅氏所據《左傳》、《國語》諸例,其中的確有不少「性」字作「生」字用的情況。見傅斯年:《性命古訓辨證》(臺北:中央研究院歷史語言研究所,1992年),上卷,頁28-40。

[14] 郭店楚墓竹簡殘片中「性」有作「眚」者。見李零:《郭店楚簡校讀記》,頁179。

[15] 許慎撰,徐鉉校定:《說文解字》(北京:中華書局,2001年),頁127。

[16] 《說文解字》卷10下:「性,人之陽氣,性善者也,从心生聲。」見許慎撰,徐鉉校定:《說文解字》,頁217。按:性字《說文》歸入心部,不入生部。從性字的意義考慮,生不但是聲符,同時也是意符。

[17] 徐仲舒:《漢語古文字字形表》,頁407。

[18] 有關證明,可參考傅斯年:《性命古訓辨證》,上卷,頁28-32。

鄭玄《注》曰:「性之言生也。」[19]《周禮・地官・大司徒》:「以土會之法,辨五地之物生。」鄭玄《注》引「杜子春讀生為性」。[20]此外,《周禮・秋官・貉隸》鄭玄《注》云:「不生乳。」[21]陸德明《經典釋文》引劉道拔(彭城人,劉宋海峰令)曰:「音色敬切。」[22]從天生稟賦而言「性」,則「性」乃一中性詞,其所指稱的是一項客觀的自然事實,本身並不包含價值判斷在內。《莊子・庚桑楚》:「性者,生之質也。性之動謂之為。」[23]這是根據先秦「性」字的實際使用情況所作的字義界定,同時又在此字義基礎上對「性」這一概念所作的客觀形容。[24]〈庚桑楚〉對「性」的界定顯然與善、惡無涉,而又跟孔子的「性相近」論最少可謂是一致的。

孔子說「性相近」,意指人初生的情況而言,所以,他緊接著說「習相遠」,意謂人初生的情況可以通過後天的學習而得以改變。孔子的性論,戰國末年的荀子有所繼承。荀子說過:「凡性者,天之就也,不可學,不可事。禮義者,聖人之所生也,

---

[19] 《禮記注疏》,收入阮元:《十三經注疏》(臺北:藝文印書館,1976 年),第 5 冊,頁 671。

[20] 《周禮注疏》,卷 10,收入阮元:《十三經注疏》,第 3 冊,頁 150。按:阮元本作「杜子春讀生為牲」。「牲」當作「性」。吳棫《韻補》卷 4:「生,息正切,生也。《周官》:『辨五地之物生。』杜子春讀生為性。」又清江永《禮書綱目》卷 56 及《康熙字典》卷 10「性」字釋義引《周禮・地官・大司徒》註亦作「性」。

[21] 《周禮注疏》,卷 36,第 3 冊,頁 546。

[22] 同前註。

[23] 郭慶藩、王孝魚點校:《莊子集釋》(北京:中華書局,1985 年),第 4 冊,頁 810。

[24] 〈庚桑楚〉作者選擇如此界定「性」本身當然是一種價值取向。

人之所學而能,所事而成者也。不可學,不可事而在人者,謂
之性。可學而能,可事而成之在人者,謂之偽。是性偽之分也。」
[25](《荀子·性惡》)又說「不事而自然謂之性。」[26]孔子所講的
「性」,固然是天生使然的結果,但這種「天之就」卻可以藉人
為的學習而改變提升。對孔子而言,「性」雖然「不可學」,但
卻非「不可事」。他所講求的「習」正是在「可事」的前提下提
出的。至於天性如何可習,下文將有討論。另一方面,荀子論
性強調天生的「性」與人為的「偽」之間絕對的區別,兩者不
可相混,這是他「正名」的謹嚴。由於「性」乃「天之就」,因
此「不可學」、「不可事」,也就是不可改變。相反,人為的「偽」
卻「可學而能,可事而成」。[27]簡言之,荀子是從天、人之分來
論性的,單就這一點而言,他認識人性的進路與孔子有相通之
處。荀子所講的「偽」應該就是相應於孔子所謂的「習」,而他
提倡「化性起偽」,更與孔子「習相遠」的說法相仿。然而,由
於荀子一方面過於堅持天、人之間不可逾越的鴻溝,甚至說天
性「不可事」,人為不能改變天性,另一方面,他的「化性起偽」
說又非常強調人為能夠導人向善,所以,他又堅持天性本惡,
以凸顯天、人之間的分野。如此,荀子的性論就存在著孔子性
論中所無的理論困難。無論如何,荀子的性論顯然是從善、惡
來論性的,因此其基本取向與孔子的性論不同。

---

[25] 王先謙:《荀子集解》(北京:中華書局,1997年),下冊,頁 435-436。

[26] 同前註,頁 412。

[27] 荀子主性惡而又嚴分性、偽,因而也造成他的性論在理論上有一定的困
難。聖人的性中如何能夠生出人為的禮義?性惡之人如何認識和學習禮
義?這些問題並非本文討論之列。

在漢武帝期間，時人對於「性」的認識似乎頗有不同的看法，董仲舒（179-104B.C.）曾指出「今世闇於性，言之者不同」。[28]這也許是他們繼承先秦各種性論而尚未達致一定共識的結果。針對這個問題，董仲舒於是嘗試從字義上將「性」界定清楚。他說：

> 性之名非生與？如其生之自然之資謂之性。性者，質也。[29]

董仲舒所講的「名」其實就是字義。這個說法最值得注意的一點是界定並非從善、惡考慮的，換言之，「性」本身並非一個道德範疇的概念。自此，董仲舒的說法廣為漢代人接受，比如，大半世紀後的劉向（字子政，77-6B.C.）即是一例。《論衡・本性》：「劉子政曰：『性，生而然者也。』」[30]董、劉所說，如出一口。在漢代，質、性更成為互訓。《禮記・禮器》：「增美質。」鄭玄《注》云：「質猶性也。」[31]漢儒甚至更有「質性」一詞。[32]雖然漢代人對於人性的本質有主性善，有主性惡，也有主性善惡混，見解雖然不同，但各家對「性」字的基本意義的了解是完全相同的。簡言之，漢代人均以「性」為天所賦予人的「資質」；他們之間的爭議只在於「性」的實際內涵。

---

28 蘇輿：《春秋繁露義證・深察名號》，卷 10，頁 291。

29 同前註，頁 291-292。

30 黃暉：《論衡校釋》，第 1 冊，頁 140。

31 見《禮記注疏》，卷 23，收入阮元：《十三經注疏》，第 5 冊，頁 449。

32 「質性」一詞不見於先秦舊籍，而始自漢代。用例甚多，不勝臚列。姑舉兩項如下：《說苑・建本》，見劉向撰、趙善詒疏證：《說苑疏證》（上海：華東師範大學出版社，1985 年），頁 68。《論衡・感虛》，見黃暉：《論衡校釋》，第 1 冊，頁 243。

　　東漢章帝建初四年（79）曾「下太常、將、大夫、博士、議郎、郎官及諸生、諸儒會白虎觀，講議《五經》同異」。[33]這次討論其實是西漢宣帝甘露三年(51)類似的一次諸儒講論《五經》同異的後續活動。[34]前後三十年間、數目相當的儒者兩次官方商討的結果就是現在傳世的《白虎通》一書，因此，這份記錄可以說在一定程度上代表漢儒對相關問題的基本看法和共識。關於「性」的問題，《白虎通‧情性》云：

　　　人稟陰、陽氣而生，故內懷五性、六情。情者，靜也。
　　　性者，生也，此人所稟六氣以生者也。[35]

漢代人以陽氣說性，以陰氣說情，[36]固然未必即是先秦舊誼，但《白虎通》謂「性者，生也」，以性為天生稟賦，這個訓詁上的說法，應該是淵源有自而又古今相通的，並且不獨限於儒家的傳統。上文所引《莊子‧庚桑楚》的說法即是一例，而董仲舒以「質」釋「性」同樣也是繼承這個遠古傳統而來的定義。此外，漢代緯書也有相同的說法。《孝經援神契》曰：「性者，人之質，人所稟受產。」[37]又曰：「性者，生之質；命者，人所

---

[33] 范曄：《後漢書‧章帝紀》（北京：中華書局，1973 年），卷 2，第 1 冊，頁 138。

[34] 班固：《漢書‧宣帝紀》，卷 8，第 1 冊，頁 272。甘露三年之辯論，其中牽涉《春秋公羊》學與《春秋穀梁》學兩派之間的爭論，劉向也曾代表《春秋穀梁》學出席，最後更在論辯中佔得優勢，使原來並未受到重視的《穀梁》學也得立博士，成為官方學問，而劉向本人更被任為散騎諫大夫。據此則劉向「性，生而然者」的性論在當時應該也有一定的影響。

[35] 陳立：《白虎通疏證》（北京：中華書局，1994 年），上冊，卷 8，頁 381。

[36] 《說文解字》卷 10 下：「性，人之陽气，性善者也。」又同卷：「情，人之陰气，有欲者也。」見許慎撰，徐鉉校定：《說文解字》，頁 217。

[37] 安居香山、中村璋八輯：《緯書集成》（石家莊：河北人民出版社，1994

稟受也。」[38]「生之質」就是天生稟賦的意思。曹魏的何晏匯集漢人的《論語》注解，但對於《論語・公冶長》「夫子之言性與天道」章卻必須整章親自作注。他說：「性者，人之所受以生者也。」[39]有趣的是，何晏的說法其實正是漢人的普遍說法。漢代注家的緘默正好證明他們以「生」釋「性」的共識。必須指出，漢代人雖然以「生」釋「性」，但他們卻不贊同荀子「性不可事」的觀點，下文將有論述。

　　即使到了宋初，在道學興起以前，以「生」釋「性」至少仍然是官方的說法。《孝經・聖治章》曰：「天地之性人為貴。」邢昺《疏》曰：「性，生也。」[40]邢昺《疏》咸平二年（999）頒列學官，一百年後，元祐年間（1086-1093）的陳祥道撰《論語全解》十卷，據晁公武《郡齋讀書志》，其書「紹聖（哲宗年號，1094-1097）後皆行於場屋，為當時所重」。[41]針對〈陽貨〉篇「性相近」章，陳祥道曰：

年），中冊，頁 963。又《孝經緯》曰：「性者，生之質也。命，人所稟受度也。」見同書，中冊，頁 1058。

38　同前註，中冊，頁 963。

39　皇侃：《論語集解義疏》（臺北：廣文書局，1991 年），上冊，頁 156。按：皇侃《義疏》闡釋何晏之意曰：「人稟天地五常之氣以生曰性。性，生也。」見同書，上冊，頁 157。

40　《孝經注疏》，卷 5，收入阮元：《十三經注疏》，第 8 冊，頁 36。按：《孝經》「天地之性，人為貴」的說法又見於郭店楚簡。〈語叢一〉曰：「天生百物，人為貴。」見李零：《郭店楚簡校讀記》，頁 158。必須注意，〈語叢一〉並未提到「人性」。從「天生百物」一語，我們可以反證《孝經》「天地之性」之「性」字，其實指的是「天地之生」。邢昺說信確有據。

41　引自《四庫提要・論語全解》，見紀昀編纂：《景印文淵閣四庫全書》，第 196 冊，頁 63b。

> 天命之謂性，人為之謂習。性則善惡混，故相近；習則
> 善惡判，故相遠。[42]

雖然祥道以善、惡來定「性」的本質，也許未合孔子原意，但他指出「天命之謂性」，其實與邢昺以「生」釋「性」的立場仍然是相符的。由此可見，將「性」二分成為「氣質之性」與「義理之性」只是程頤提出、朱熹唱和發明的結果。[43]儘管如此，程頤仍然贊同以生釋性，同時他無疑也認識到孔子講的性有資稟的意思，所以他提出「氣質之性」的概念。[44]從董仲舒到至少北宋初這一段綿延不斷以「生」釋「性」的詮釋歷史應

---

[42] 陳祥道：《論語全解》，卷9，《景印文淵閣四庫全書》，第196冊，頁206b。

[43] 朱熹說：「才說性，便已不是性也。蓋才說性時，便是兼氣質而言矣。人生而靜以上不容說。蓋性須是箇氣質方說得箇性字，若人生而靜以上，只說箇天道，下性字不得，所以子貢曰：『夫子之言性與天道，不可得而聞也。』便是如此。所謂天命之謂性者，是就人身中，指出這箇是天命之性，不雜氣稟者而言爾。若才說性時，則便是夾氣稟而言，所以說時便已不是性也。」見黎靖德編、王星賢點校：《朱子語類》（北京：中華書局，1999年），第6冊，頁2431-32。朱說本自程頤，見《河南程氏遺書》，收入程顥、程頤著，王孝魚點校：《二程集》（北京：中華書局，1984年），卷1，第1冊，頁10。必須指出，程、朱區分的「氣質之性」與「義理之性」概念雖然新穎，但並非完全出於他們憑空無據的臆想。「氣質之性」似乎是從孔子所講的「血氣」與「才」兩個概念而推演出來的。詳下文。

[44] 按：「氣質之性」的概念最早由張載提出，但「氣質之性」與「義理之性」對立並言，則是程頤和朱熹的發明。又：有人問程頤說：「『性相近也，習相遠也。』性一也，何以言相近？」他回答曰：「此只是言氣質之性，如俗言性急、性緩之類。性安有緩急？此言性者，生之謂性也……凡言性處，須看他立意如何。且如言人性善，性之本也。生之謂性，論其所稟也。孔子言性相近，若論其本，豈可言相近？只論其所稟也。告子所云固是，為孟子問佗，他說，便不是也。」見《河南程氏遺書》，卷18，收入《二程集》，第1冊，頁207。程頤說「人性善，性之本也」，這即是他所說的「義理之性」，但孔子原來並未如此說。

該足以證明,孔子所講的「性」其實是天生資質的意思。[45]孟子的性善論精彩有見地,對孔子性論有所發明,但畢竟只是他一家之言。程、朱以為孟子學說獨得孔子真傳而又失傳千載,針對性論而言,這個看法其實適與事實相反。正因為孟子的性善論只是一家之言,未盡合孔子原意,所以在程、朱道學興起以前,並未得到廣泛的注意和肯定。

　　除了少談「性」的問題外,孔子也罕言「命」。(《論語·子罕》)[46]孔子非常重視天命。他說過:「不知命,無以為君子。」(《論語·堯曰》)又說君子有「三畏」,其一就是「畏天命」,相反,「小人不知天命而不畏也。」(《論語·季氏》)可見「知命」是一種非常的修養,足以區分君子與小人,但天命卻不易知。孔子承認他自己要到五十歲才能夠「知天命」。(《論語·為政》)今本《論語》「命」字二十四見,作天命解者大約十見,而其中出自孔子之口者僅七次,分見於六章。若謂夫子罕言天命,似乎與事實相符。無論如何,知天命這一認識應該預設了天人之際的分辨。何者為天,何者為人,天人如何關聯、如何

---

45 王念孫從訓詁的角度逕謂「資質謂之性。形質亦謂之性。」見所著《廣雅疏證·釋詁》(北京:中華書局,1983年),卷3下,頁100。

46 根據程頤和朱熹的說法,孔子平常跟弟子講學甚少討論有關天命的問題。《論語·子罕》:「子罕言利,與命,與仁。」程頤曰:「計利則害義,命之理微,仁之道大,皆夫子所罕言也。」見朱熹:《四書章句集注》(北京:中華書局,2003年),頁109。按:程頤說原出《程氏經說》卷6,〈論語解〉,收入《二程集》,第4冊,頁1150。程頤說亦有所本。東漢趙岐曾說:「《論語》曰:『子罕言命』,謂性命難言也。」見《孟子注疏》,卷11上,收入阮元:《十三經注疏》,第8冊,頁192。又或以「與」作「贊與」解,儘管如此,孔子平日未必罕言天命。

互動，這番認識乃知天命的意義所在。「性」無疑屬於「天」的一邊，而「習」則屬於「人」的一邊。「天」在上，在先，而「人」則在下，在後。孔子自言「下學上達，知我者天。」（《論語・憲問》）「下學」在於後天的「習」，而「上達」則貫通在上之「天」，所以，一旦能夠「上達」，能知我者大概只有「天」了。孔子五十歲而「知天命」顯然是「上達」的境界，而他畢生強調的好學不倦正是他的「下學」功夫。「上達」的境界難知，非親自「下學」而至者所可想像，所以夫子罕言。這與他回答子路問死時說：「未知生，焉知死？」又說：「未能事人，焉能事鬼。」（《論語・先進》）道理是一致的。依孔子的思路，相信他也會說：「未知習，焉知性？」[47]孔子罕言性，同時又罕言天命，似乎不會純屬巧合。司馬遷也說：「孔子罕稱命，蓋難言之也。非通幽明之變，惡能識乎性命哉？」[48]太史公論孔子思想，顯然也是性、命連言的。從知天命的立場來考量，孔子論性應該是從天、人的分際來認識的。這一點與荀子的性論相同。根據「性相近也，習相遠也」的說法，孔子更強調在人為一邊的「下學」的「習」，至少從夫子平日施教的實踐來考量，勢必至於如此。「性相近」章孔安國《註》云：「君子慎所習也。」[49]孔氏對「性」字並無注解，而他的注文顯示

---

[47] 「知性」作為一個概念大概始自孟子（《孟子・盡心上》），但此意已隱隱然見於孔子的性論。在孟子的性論裡，他自覺地提出「知性」的概念。要「知性」必須先「盡心」，也就是擴充心中本有的仁、義、禮、智四端。換言之，「盡心」即是孔子所講的「習」的功夫。

[48] 瀧川龜太郎：《史記會注考證・外戚世家》，卷49，頁756。

[49] 皇侃：《論語集解義疏》，下冊，頁601。

出他也認為孔子話中關心的是後天的「習」，因此，「君子慎所習也」。

從性近習遠的說法看來，孔子毋寧是性、習對言的。習乃後天的努力，而性無疑屬於天生的稟賦。所謂性即是生，意指天生在人的稟賦稱作性，從本原而言曰生或天生，從稟賦在人而言曰性。孔子對人性的這種理解，漢代人基本上仍然保留。董仲舒就是一個典型的例子。他說：「性者生之質也。」[50]「生之質」就是天生的資質，也就是人的稟賦，所以，董仲舒說：「如其生之自然之資謂之性。」又說：「性者，天質之樸也。」[51]這些不同的說法其實就是要強調天人之分；性完全是天生使然的。與天性相對的自然就是人為。董仲舒進一步說：「質樸之謂性，性非教化不成。」[52]「樸」者，未加人工雕琢之意，也就是「天質」，與下文所謂的「教化」相對而言。顯然，董仲舒的說法正是孔子「性近習遠」說的準確翻版。

董仲舒同樣認為孔子的性論與命論互相關聯，這應該不是巧合。他先引《孝經》中孔子「天地之性，人為貴」[53]一語，

---

50 班固：《漢書·董仲舒傳》，卷56，第8冊，頁2501。按：魏張揖《廣雅》卷3：「性，質也。」見王念孫：《廣雅疏證·釋詁》，卷3下，頁100。張揖的說法必然也有訓詁上的根據。要之，董仲舒「性者生之質」的解釋不會是他一家之言而已。《禮記·中庸》鄭玄《注》云：「天命，天所命生人者也，是謂性命。」又引緯書《孝經說》（即《孝經緯》）曰：「性者，生之質。命，人所稟受度也。」見《禮記注疏》，收入阮元：《十三經注疏》，第5冊，頁879。鄭《注》和《孝經說》顯然仍然以「性」為天賦的資質。《孝經說》見本文註37。

51 蘇輿：《春秋繁露義證·實性》，卷10，頁313。

52 班固：《漢書·董仲舒傳》，卷56，第8冊，頁2515。

53 顏師古註此句曰：「《孝經》載孔子之言也。性，生也。」按：漢代人以《孝

然後自己闡釋說：

> 明於天性，知自貴於物。知自貴於物，然後知仁誼。知
> 仁誼，然後重禮節。重禮節，然後安處善。安處善，然
> 後樂循理。樂循理，然後謂之君子。故孔子曰：「不知
> 命，亡以為君子。」此之謂也。[54]

性原於天，故曰「天性」。因為命亦原於天，所以，知命則必
能「明於天性」，以至於能「樂循理」，而後謂之君子。從「質
樸」之「天性」到「樂循理」，其間有一個由「明天性」、「知
仁誼」、「重禮節」、「安處善」到「樂循理」的發展過程，這是
一種由「性」入「理」的轉化，而這種轉化必須通過後天的教
導方可為功，所以，董仲舒說「性非教化不成」。

　　董仲舒據天命以言性，顯然，他已清楚看出孔子罕言「性」
與「天命」，其間必定有微妙的關係。如果孔子覺得「性」與
「天命」難以言述，董仲舒則將兩者的關係分析明白，這是他
對孔子性論的闡釋。根據現存文獻，董仲舒的理解應該是正確
的。[55]顯然，孔子所講的「習」也就是董仲舒所講的「教化」，
[56]兩者都認為天性必須教化然後能完成，而關鍵則在於天性在

經》為曾子記孔子之言。必須指出，顏《注》也以「生」訓「性」。班固：
《漢書》，卷56，第8冊，頁2516。顏師古《注》可信，參看本文註40。

[54] 班固：《漢書・董仲舒傳》，卷56，第8冊，頁2516。

[55] 由於朱熹堅持「性即理」的道學觀點，因此，「性」本身是圓足至善的，
所以，他認為董仲舒「性非教化不成」一說大錯。他說：「董仲舒云：『質
樸之謂性，性非教化不成。』性本自成，於教化下一成字，極害理。」見
黎靖德編，王星賢點校：《朱子語類》，卷125，第8冊，頁3000。

[56] 漢孔安國似乎也同樣注意到孔子對「習」的重視。《論語・公冶長》載「子
使漆彫開仕。對曰：『吾斯之未能信。』」孔安國《註》曰：「仕進之道，

本質上有發展和完成的可能。換言之，孔子和董仲舒並未在本質上做定性的工作。董仲舒說：「性雖出善，而性未可謂善也。」[57]正因為如此，他們也並未以善、惡論性，自然也不會認為人性有本質上全然之善或已然之善。

有趣的是，當弟子就「董仲舒見道不分明處」提出疑問時，朱熹回答道：

> 也見得鶻突，如「命者，天之令；性者，生之質；情者，人之欲。命非聖人不行，性非教化不成，情非制度不節」等語，似不識性善模樣。又云：「明於天性，知自貴於物。知自貴於物，然後知仁義。知仁義，然後重禮節。重禮節，然後安處善。安處善，然後樂循理。」又似見得性善模樣。終是說得騎墻，不分明端的。[58]

朱熹一方面承認董仲舒「似見得性善模樣」，因為後者認為「明於天性」則最終可以「樂循理」。但另一方面，他又懷疑其「似不識性善模樣」，因為董仲舒強調「性者，天之質」，而沒有直接說明人性本善。朱熹在另一個場合又批評董仲舒的性論為「不然」，他說：「性者，生之理；氣者，生之質，已有形狀。」[59]朱熹顯然以理、氣分論「性」與「生」。然而，正如上文所言，先秦以上，「性」與「生」乃通用字，因為兩者的概念內涵不

未能信者，未能究習也。」漆雕開只說他對於仕道未能自信，而孔安國則認為其中原因在於他「未能究習」仕道。見皇侃：《論語義疏集解》，上冊，頁 143-144。

57 蘇輿：《春秋繁露義證》，頁 311。

58 黎靖德編，王星賢點校：《朱子語類》，卷 137，第 8 冊，頁 3262-3263。

59 同前註，第 8 冊，頁 3262。

但相通，而且有時更可以相同。事實上，孔子的確並未想像過未有「形狀」而本質為「生之理」的「性」。天性中有空間、有資稟可以由人為來發展和完成，這是一個可以經驗來驗證的實然問題。至於天性應該通過人為而得以圓滿，這是價值觀上的應然問題。依董仲舒的說法，這個應然問題的根據正在於孔子「天地之性，人為貴」的價值判斷和人生信念。[60]至於天性中本來就有一種絕對而全然的善或者是超然於人為以外的「理」，[61]孔子和董仲舒都沒有這種認識。

二、可移的人性

如果孔子所講的「性」可以通過持恆的修習而在本質上得以發展變化，那麼，「性」的本質到底為何？如果上述的分析能夠成立，孔子「習相遠」一語中的「遠」的意涵就值得我們重新思考了。「習相遠」指的當然可以是個人經過或同或異的

---

60 《大戴禮記・子張問入官》：「故君子蒞民，不可以不知民之性，達諸民之情。既知其已生有習，然後民特從命也。」《大戴禮記》雖然成書在西漢，但其主要內容則必然來自先秦。引文強調「性」與「習」的關係，主張以習來教化民性，無疑與孔子「性近習遠」的立場一致。北周盧辯《注》上述引文曰：「性謂仁義禮智之等，情謂喜怒愛惡之屬。性者，生之質。情者，人之欲。生謂性也，習，調節也。」

61 朱熹在反駁張九成《中庸解》時說：「愚謂『天命之謂性』，言性之所以名，乃天之所賦，人之所受，義理之本原，非但贊其可貴而已。性亦何待於人贊其貴耶？董子曰：『命者，天之令也。性者，生之質也。』此可謂庶幾子思之意。」顯然，他是反對人為的贊育功夫可以影響「性」超然的自足、自圓、自善。見〈張無垢中庸解〉，《晦庵先生朱文公集》，卷72，收入朱傑人、嚴佐之、劉永翔主編：《朱子全書》（上海：上海古籍出版社，合肥：安徽教育出版社，2002年），第24冊，頁3474。

後天努力和學習，各有變化，各有提升，而最後各盡其性，各擅勝場，各有不同，因此，「遠」指的是變化以後不同的結果而言。這個變化後的結果固然可以是具體的個人及其人格，然而，如果我們從「性」的角度考慮，「遠」似乎也可以指「性」在變化上出現的差異。換言之，由於後天的努力和學習而產生的改變，「性」得到一定的發展，與天生的情況和本然的狀態已經不盡相同。至於「性」的發展是否能夠圓滿則須視乎個人的不同努力和學習而有程度上的差異。[62]具體而言，差異是由個人學習的內容、功夫的深淺以及天生的資質決定的。人的資質無法預知，唯一可以由個人掌握的就是後天的學習和功夫的深淺與恆暫，[63]所以，孔子強調「習」。他說「攻乎異端，斯害也已」。(《論語‧為政》) 不管我們怎樣解釋「攻」和「異端」，孔子在此所強調的無疑正是後天的「習」(自唐初起有「攻習」一詞)，因為「習」能夠影響到「性」最終是否能夠得到圓滿的發展。天生相近的性可以通過後天的努力學習得到發展；發展不同，最終的結果自然可以大相逕庭。「習相遠」所指大概

---

[62] 李顒《四書反身錄》亦持此說。他說：「性因習遠，誠反其所習而習善，相遠者可使之復近；習之不已，相近者可使之復初：是習能移性，亦能復性。」見李顒：《二曲集》(北京：中華書局，1996年)，卷39，頁502。然而，李氏又認為「習能復性」，這是他本人的見地，《論語》中並無明證。

[63] 孔子特別強調「恆」之為德，決非偶然。「學而時習之」的說法本身就是強調持恆的學習。《說文解字》卷4上：「習，數飛也。」見許慎撰，徐鉉校定：《說文解字》，頁74。孔子說：「善人，吾不得而見之，得見有恆者，斯可矣」(《論語‧述而》)。又說：「譬如為山，未成一簣，止，吾止也。譬如平地，雖覆一簣，進，吾往也」(《論語‧子罕》)。他強調的無疑正是恆的精神。孔子又嘗引《易》曰：「不恆其德，或承之羞。」見《論語‧子路》。

正是這樣的事實，所以，孔子必須先說「性相近」，然後再說「習相遠」，而這兩句話又必須並行，相輔相成。如果「習相遠」僅僅針對個人由於後天學習而變成不一樣的人物，則「習相遠」一句話就足以達意了。換言之，孔子所理解的人性並非一成不變、靜態而凝定的天性，他似乎相信本來相近的人性可以因為持恆的後天修習而有不同的發展，而最終日益相遠。

對於孔子以後的人來說，「性可移」也許是一個異於常識的看法，但這並不能證明孔子時代的人不可以有此看法。《晏子春秋·內篇雜上》：「嬰聞：『汨常移質，習俗移性。』不可不慎也。」晏嬰與孔子並時，他引述的性論應該來自相傳已久的說法。[64]可見孔子以前，中國早有「性可移」的觀念，而且

---

[64] 《晏子春秋》的成書年代和內容的可靠性固然難有定論，根據吳則虞的意見，此書成書年代「大約應當在秦政統一六國後的一段時間之內」而「編寫的地點，還可能就在原秦國境內」。《晏子春秋》所記未必實有其事，但吳則虞認為，書中內容「有其長期間的積累和演化過程。原始的素材又能有兩類：一類是古書（如《齊春秋》）裡的零星記載；一類是民間流傳的故事（即司馬遷〈管晏列傳〉裡所提到的「軼事」）。那些古書裡的零星記載，既被採入《晏子春秋》，同樣的也被採入《左氏傳》和《呂氏春秋》等書。至於民間傳說的一部分，也有同樣的情形。」（見吳則虞：《晏子春秋集釋·序言》〔北京：中華書局，1982年〕，上冊，頁18）可見儘管是傳說，也有其可信的地方。更何況引文的內容正是晏嬰引述的傳說，即使作者在此存心虛構事實，但是晏嬰所聞的傳說必然有所根據（見下文所引《大戴禮記·保傳》中孔子語）。再者，晏嬰所引述的傳說在這個故事中並非重要關節，作者沒有必要假。針對本文所論「汨常移質，習俗移性」的說法，《晏子春秋》記載了晏嬰有名的「橘化為枳」的比喻（見吳則虞：《晏子春秋·內篇雜下》，下冊，頁392），說的正是習俗移性的道理。必須注意的是，這個傳為晏嬰所講的「橘化為枳」的比喻也見於《周禮·考工記》。〈考工記〉總序云：「天有時，地有氣，材有美，工有巧，合此四者，然後可以為良。材美工巧，然而不良，則不時不得地氣也。橘踰淮而北為枳，……此地氣然也。」見《周禮注疏》，收入阮元：《十三經注

與孔子的立場相似，傳統的說法也認為可以移性者乃「習俗」。
《尚書・太甲上》：「伊尹曰：『茲乃不義，習與性成。』」孔《傳》：
「言習行不義，將成其性。」[65]「習與性成」不啻聲明天生之
「性」只是一種尚未完成的質性，必須加以人為的「習」方能
「成性」。晏嬰所聞「汩常移質，習俗移性」的傳說應該由此
淵源而來。在這個意義上，孔子的性論的確如他本人所說是「述
而不作」了。

　　《大戴禮記・保傅》引孔子曰：「少成若天性，習貫之為
常。」[66]據此，孔子注意的並非「天性」到底如何，更不必說
是否以善、惡來認識其本質，他關心的是自少能培養出有若「天
性」的「習慣」。這是他說的「少成」。孔子說「學而時習之」
（《論語・學而》），其中「習」即指雛鳥數飛的情況。雛鳥數
飛也是取其「少成若天性，習貫之為常」之意。《大戴禮記》
的引文與孔子「性近習遠」的看法完全一致，雖然未必真的出
自孔子之口，但無論如何應該是孔門後學準確的傳述。由於精
神一致，引文所反映的應該是孔子思想的原貌。記文又謂「習
與智長，故切而不攘；化與心成，故中道若性。」[67]這是孔門
後學對孔子思想的發揮，深得孔子性論的精神。「習與智長」

　　疏》，卷39，第3冊，頁595。可見「習俗移性」的觀念相傳已久。〈考工
　　記〉此處所講的「材」與本文下一節論性中之「才」若合符節，決非偶然。

65　《尚書注疏》，收入阮元：《十三經注疏》，卷8，第1冊，頁117。

66　王聘珍：《大戴禮記解詁》（北京：中華書局，1983年），頁51。這兩句話
　　漢初賈誼引作「少成若天性，習慣如自然」。見閻振益、鍾夏：《新書校注》
　　（北京：中華書局，2000年），頁184。此後引文又變作「少成若天性，
　　習慣成自然」。

67　王聘珍：《大戴禮記解詁》，頁53。

是資質的發展，「化與心成」是德性的培育；「中道若性」是天人合一，不啻就是孔子所講求的「下學上達」的境界。

　　上文指出，孔子的再傳弟子世碩以為人性有善有惡，但他特別提倡「養性」之說。通過「養」的功夫，人性得以滋長發皇。視乎「養」的功夫得當與否，人性的發展結果於是可以用善和惡來概括形容。世碩的「養性」說不知是否與孔子雷同，但無疑與孔子「習相遠」的說法前後一致。郭店楚簡〈性自命出〉曰：「凡性，或動之，或逆之，或交之，或厲之，或絀之，或養之，或長之。」又說：「四海之內，其性一也。其用心各異，教使然也。」[68]作者顯然注意到「養性」的問題，同時又指出「心」的關鍵作用。稍後的孟子也講究「養性」的功夫，他說：「盡其心者，知其性也。知其性，則知天矣。存其心，養其性，所以事天也。夭壽不貳，修身以俟之，所以立命也。」（《孟子·盡心上》）孟子的講法比現存世碩的講法深刻精細，他提出「養性」需要以「存心」為前提，當然，這個說法已經隱隱然見於〈性自命出〉。上文說過，孔子大概認識到天性難知，所以他只說性相近，而更強調後天的學習。〈性自命出〉也說：「養性者，習也。」又說：「習也者，有以習其性也。」[69]「習其性」亦即孔子性可由習得移之說。〈性自命出〉的作者重習而講求「養性」。孟子則求知性，所以他「道性善」，而同時又指出「盡心」乃「知性」的先決條件。職是之故，孟子強調「養性」，同時又提倡「養心」。他說：「養心莫善於寡欲。

其為人也寡欲，雖有不存焉者，寡矣；其為人也多欲，雖有存焉者，寡矣。」(《孟子‧盡心下》) 所謂「存焉」與「不存焉」，對孟子而言，乃指性中之善而言。可見養心即是養性，而關鍵則在於寡欲。[70] 孔門後學如《中庸》的作者後來提出「盡性」的主張，追源溯流，其實正是本於孔子「性近習遠」的說法。

如果我們從孟子「盡性」的角度考量，孔子大概認為要「盡性」，必須先「知性」。孟子的「知性」功夫在於「盡心」，也即是擴充人性中仁、義、禮、智四端，而孔子的「知性」功夫則必須要其人能盡其習，所謂「學而時習之」。孔子屢屢強調人必須要自知，[71] 自知無疑必須知性。能盡其習，則能知性之所能以及性之所限，而要「盡性」，則又必須擴充性之所能，至其極限，如此，性方能夠得以圓滿。[72] 孔子曾經語重心長地說過：「苗而不秀者有矣夫，秀而不實者有矣夫。」(《論語‧子罕》)。朱《注》曰：「穀之始生曰苗，吐華曰秀，成穀曰實。蓋學而不至於成，有如此者。」[73] 此外，朱熹在《論語精義》卷五上又引范純夫曰：「五穀之生，苗而不秀者有之，秀而不實者有之。人性質雖美而不能學，則如苗而不秀，雖學而不能

---

[70] 孔子也講寡欲，多欲則不得剛。他說：「吾未見剛者。」或對曰：「申棖。」子曰：「棖也慾，焉得剛？」(見《論語‧公冶長》)。

[71] 子曰：「不患莫己知，求為可知也。」見《論語‧學而》。

[72] 《韓詩外傳》卷 1 載孔子言曰：「君子有三憂。弗知，可無憂與？知而不學，可無憂與？學而不行，可無憂與？」見許維遹：《韓詩外傳集釋》(北京：中華書局，1980 年)，頁 18。所載未必即孔子原話，但想法與《論語》所見相同。孔子強調知、學、行三合一。相對於知與學，行即是習，而相對於性而言，知、學、行三合一即是孔子所說「習相遠」之「習」。

[73] 朱熹：《四書章句集注》，頁 114。

成德，則如秀而不實。苗必至於實，然後可食；學必至於穀，然後為賢。萬物皆然。有生而不長，有長而不成者。人之學必求成就，不可如苗而不秀，秀而不實。」[74]孔子用的是植物比喻，人必須如禾苗一般「盡性」發展，然後才能吐華結實。范說則顯然以禾苗喻人的「性質」。這是程、朱道學話語中不期然流露出來，但卻吻合孔子原意的見解。其實，孔子的禾苗比喻早就得到董仲舒精要的詮釋了。他說：「善如米，性如禾，禾雖出米而禾未可謂米也。性雖出善而性未可謂善也。米與善，人之繼天而成於外也，非在天所為之內也。天所為，有所至而止，止之內謂之天，止之外謂之王教。王教在性外，而性不得不遂，故曰性有善資而未能為善也……以性為善，此皆聖人所以繼天而進也，非情性質樸之能至也，故不可謂性。」[75]董仲舒繼承孔子從天、人之分來論性，指出性是「善資」，同時又強調後天之「習」的關鍵作用，繼天成性。[76]

要「盡性」自然必須「養性」。根據現存文獻，孔子並未直接提出「養性」說，但他也主張「寡欲」。[77]可以說，孟子的

---

74 朱熹：《論孟精義》，卷 5 上，收入朱傑人、嚴佐之、劉永翔主編：《朱子全書》，第 7 冊，頁 337。

75 蘇輿：《春秋繁露義證・實性》，卷 10，頁 311。

76 《周易・繫辭上》：「一陰一陽之謂道，繼之者，善也。成之者，性也。」見《周易注疏》，收入阮元：《十三經注疏》，第 1 冊，頁 148。《易傳》作者到底是否孔子本人，目前尚有爭議，但無論如何，《易傳》的性論與本文所分析孔子的性論可說相同，甚至完全一致。

77 剛是一種難得的美德，孔子說：「剛、毅、木、訥近仁。」見《論語・子路》。孔子認為要剛毅者必須寡欲。申棖不能算「剛」正因為他多欲。見《論語・公冶長》。孔子又說人年老血氣既衰之時，必須「戒得」。

「盡性」和「養性」說都可以由孔門後學如漆雕開、宓子賤、世碩等人,上溯至孔子,但孔、孟的性論有一個重要的不同,就是孔子並未以「善」來定「性」,而主要原因則在於他根本沒有以善、惡範疇來論性。孔子所認識的「性」,其內涵超出道德範疇以外。用孔子的禾苗比喻來說,禾苗能夠生長,開花結果,自然是一件美事,也可以是天地間的一種「善」,但孔子偏偏不從「善」的角度考慮,也不談禾苗的本質如何,他更願意強調禾苗滋長的可能以及禾苗應該滋長結實才算「盡性」這一事實。

三、性中之知

後人深受孟子、荀子以善惡論性的影響,往往忽略人性中其他內涵。學者習慣以善惡論性,也許會覺得血氣和心知並不屬於人性的範疇,其實這只是後人的偏見。《禮記‧樂記》云:「民有血氣、心知之性。」[78]作者對人性的認識顯然並不限於道德範疇。〈樂記〉的說法清楚說明戰國以前儒家對性的認識並不局限於其道德屬性。告子或許可算一個例子。

告子主張「生之謂性」(《孟子‧告子上》),東漢趙岐《注》曰:「凡物生同類者皆同性。」[79]據此,告子認為人性盡同。這一「盡同」的觀點跟荀子一樣。孟子也說過:「故凡同類,舉相似也。」(《孟子‧告子上》)。「舉相似」則非盡同,而與孔

---

[78] 《禮記注疏》,收入阮元:《十三經注疏》,第 5 冊,頁 679。
[79] 《孟子注疏》,同前註,卷 11 上,第 8 冊,頁 193。

子「性相近」的說法一致。至於告子所認識的「生」或「性」
的內容，朱熹解釋說：

> 「生」指人物之所以知覺、運動者而言。告子論性，前
> 後四章，語雖不同，然其大指不外乎此。[80]

告子所說的「生」當指生理本能而言，而朱子的解釋大致不誤。
「知覺、運動」固然可謂人性中所有，所以，告子認為「食、
色，性也。」（《孟子·告子上》）告子又主張，「性，猶杞柳也。
義，猶桮棬也。以人性為仁義，猶以杞柳為桮棬。」（《孟子·
告子上》）告子「性猶杞柳」的比喻間接透露了他所認識的人
性內容。趙岐說：「告子以為人性為才幹，義為成器。」[81]這個
說法合理正確，告子此處所謂「性」，其實是指人的資質而言；
「杞柳」之比喻所取正是木材之意。他認為人的資質本身，正
如木材一般，並無所謂善不善的問題，[82]資質並不能夠決定本
身如何由人發展、被人使用，所以，告子說「義」是「外」的。
（《孟子·告子上》）[83]「杞柳」的「義」之所在，為桮為棬，
只能由人來決定。

---

80 朱熹：《四書章句集注》（北京：中華書局，2003 年），頁 326。

81 《孟子注疏》，收入阮元：《十三經注疏》，卷 11 上，第 8 冊，頁 192。

82 《孟子·告子上》：「告子曰：『性無善無不善。』」見朱熹：《四書章句集
注》，頁 328。告子這個觀點與荀子的「性惡」論不同。趙岐認為，告子
以湍水喻人性，「善惡隨物而化，無本善不善之性也」。見《孟子注疏》，
卷 11 上，收入阮元：《十三經注疏》，第 8 冊，頁 192。依此解釋，告子
論性其實並非從善惡著眼，孟子於是非之，但告子這個觀點卻與孔子的性
論相符。

83 孔門後學中恐怕也有主張「義外」說者，郭店楚簡〈語叢一〉曰：「仁生
於人，義生於道。或生於內，或生於外。」（見李零：《郭店楚簡校讀記》，

　　總而言之，告子的「性」包括生理本能如知覺、運動和資質才幹，「性」含括「生」而並非即是「生」。從孟子開始，告子的性論雖然一直受到儒門中人的批評，但告子的說法跟儒家的立場並非截然不同。[84]「性猶杞柳」的比喻顯然預設了天人之分際。這是孔子的立場。告子以人性為資質的說法又與上文所分析孔子性論相似。當然，孔子對資質的認識則與告子迥異其趣。按照趙岐的解釋，告子「兼治儒墨之道者，嘗學於孟子，而不能純徹性命之理」。[85]不管告子是否真的「嘗學於孟子」，如果說他的性論在一定程度上受到儒家傳統的影響，應該是可以成立的。誠然，告子性論與孔子以下的儒家立場到底異多於同，而其中一種重要的區別在於儒家認為「義」非由外鑠，而本生於內。

　　孔子固然承認人人皆有知覺、運動的天生本能，這是他與告子共同的看法。孔子曰：「君子有三戒，少之時，血氣未定，戒之在色。及其壯也，血氣方剛，戒之在鬥。及其老也，血氣既衰，戒之在得。」（《論語・季氏》）孔子注意到人性中有「色」的本能，而且他更懂得知覺、運動的根據。「血氣」是凡人類

頁 160）又曰：「天生百物，人為貴。或由中出，或由外入。」（頁 158）。

[84] 告子以「食色」為性，《禮記・禮運》也有相類的說法，云：「飲食男女，人之大欲存焉。」見《禮記注疏》，收入阮元：《十三經注疏》，卷 22，第 5 冊，頁 431。又告子曰：「性猶湍水也，決諸東方則東流，決諸西方則西流，人性之無分於善不善，猶水之無分於東西也。」這種情況，孟子稱之為「勢」。《孟子・告子上》。見朱熹：《四書章句集注》，頁 325。郭店楚簡〈性自命出〉曰：「善不善，性也。所善所不善，勢也。」命意與告子的性論相類。參看本文註 82。

[85] 《孟子注疏》，收入阮元：《十三經注疏》，卷 11 上，第 8 冊，頁 192。

皆有的氣稟,這是人類知覺、運動的本原和資藉。《禮記・樂記》謂「民有血氣、心知之性」更是直接明白。《孔子家語・五帝德》載孔子對宰我曰:「顓頊,黃帝之孫,昌意之子,曰高陽,淵而有謀,疏通以知遠,養財以任地,履時以象天,依鬼神而制義,治氣性以教眾。」[86]姑勿論這段對話是否歷史事實,但「氣性」一詞與孔子講血氣之性可謂不謀而合。上文所引《大戴禮記・保傅》轉錄孔子「少成若天性,習貫之為常」兩句話,北周盧辯《注》引《周書》曰:「習之為常,自氣血始。」[87]盧《注》顯然以「氣血」幫助讀者了解「少成」一語。這說明了孔子對血氣和人性的認識不但有其淵源,同時也證明孔子認識到血氣在人性中所產生的非道德性的作用。

必須指出,三戒對應於人生中不同的血氣發展階段。所謂色、鬬、得,指的並非人生中的個別階段獨有的特點,而毋寧說是人性所共有,只不過是在特殊階段中畸輕畸重的表現。換言之,孔子注意到人有血氣之性,而血氣的盛衰可以影響到人的行為。三戒中除「色」戒外,還有「鬬」戒和「得」戒,孔

---

[86] 《孔子家語》,卷5,收入《景印文淵閣四庫全書》,第696冊,頁87b。按:「氣性」一詞在漢代文獻中最早見於王充《論衡》,共有九處。比如,〈無形〉篇云:「人以氣為壽,形隨氣而動,氣性不均,則於體不同。」見黃暉:《論衡校釋》,第1冊,頁65。王充別有所指,其義與孔子不同。

[87] 王聘珍:《大戴禮記解詁》,頁51。又按:《晏子春秋・內篇雜上》:「嬰聞:『汩常移質,習俗移性。』不可不慎也。」(見吳則虞:《晏子春秋集釋》,卷5,下冊,頁347)晏嬰年長於孔子,而其所聞當然來源更早。他話中的「質」無疑正是孔子所講的「性」。是書雖非晏嬰本人著作,但書中保留了大量的先秦傳說。在這個意義之下,書中「嬰聞之」一類的記載應該是當時相當普遍的說法。

安國《註》曰:「得,貪得也。」[88]可見孔子認識到人性中尚有知覺、運動以外的內涵。郭店楚簡〈語叢一〉曰:「凡有血氣者,皆有喜、有怒、有慎、有莊。」[89]〈性自命出〉則曰:「喜、怒、哀、悲之氣,性也。」[90]可見性中有血氣的內涵,而其中所言的「喜、怒、哀、悲」之情固然是知覺、運動以外的本能。這個看法應該上承自孔子。[91]〈性自命出〉又曰:「好、惡,性也。」[92]好、惡似乎是貪欲的基礎,有所好才會起貪念。孔子要人戒得,大概是由於他認識到人性中有好、惡之情。好、惡本身並無道德意義,但如果好、惡失當則可以變為貪得。職是之故,如果說三戒所針對的行為具有道德意義,那麼,作為三戒的根本的血氣則只是一種自然的稟賦,本身並無道德性格。即使宋儒如程頤也贊成這個說法。他說:「生之謂性,性即氣,氣即性,生之謂也。人生氣稟,理有善惡。」[93]顯然,可以善惡論者只是「理」而不是「氣稟」。程頤此處所說的「氣稟」,當即是《孔子家語‧五帝德》所記孔子所言的「氣性」。

除「氣性」外,孔子所認識的性尚有其他內涵。習慣以善惡論性的學者往往不知如何認識孔子論人的智愚問題。北宋歐

---

[88] 皇侃:《論語集解義疏》,下冊,頁 585。朱熹《注》同。見朱熹:《四書章句集注》,頁 172。

[89] 見李零:《郭店楚簡校讀記》,頁 160。

[90] 同前註,頁 105。

[91] 《荀子‧正名》:「性之好、惡、喜、怒、哀、樂為之情。」見王先謙:《荀子集解》,下冊,頁 412。荀子的說法無疑也是源自孔子以下的儒家傳統。

[92] 見李零:《郭店楚簡校讀記》,頁 105。

[93] 見《河南程氏遺書》,卷 1,收入《二程集》,第 1 冊,頁 10。

陽修就曾有此困惑：

> 永叔嘗問劉敞曰：「人之性必善，然則孔子謂上知與下愚
> 不移，可乎？」劉敞答曰：「可。愚智非善惡也。雖有下
> 愚之人，不害于為善。善者，親親、尊尊而已矣。孔子
> 謂子貢曰：『女與回也，孰愈？』對曰：『賜也聞一以知
> 二，回也聞一以知十。』然則其亦有聞十而知一，聞百
> 而知一，聞千而知一者矣。愚智之不可移如此。」[94]

歐陽修的困惑歸根究底乃由於他誤會孔子所講的性只有善惡
的道德屬性。

孔子說：「唯上知與下愚不移。」（《論語・陽貨》）「知」
與「愚」乃謂智能，而顯然不指知覺與運動而言；孔子無疑認
為智能乃人性中一種內涵。孔子認為，知覺與運動的本能也許
盡人皆同，但人性中其他內涵卻不必都盡同，人的智能就是一
個明顯的例子，所以他說人有「上知」與「下愚」之別。智能
不同又可再分兩方面而言。首先，人的智能不獨限於一種。哈
佛大學心理學家 Howard Gardner 提出多元智能（multiple
intelligences）的理論，早已得到教育學者的廣泛認同。[95]孔門

---

[94] 劉敞：《公是弟子記》，卷 4，收入《景印文淵閣四庫全書》，第 698 冊，
頁 466b。

[95] Howard Gardner 的學術專業為心理學，他於 1983 出版 *Frames of Mind: The
Theory of Multiple Intelligences* (London: Fontana, 1983)一書，首倡多元智
能理論，其時他任職於哈佛大學教育研究學院。根據他對創傷後的大腦研
究，他認為智能並非只有一種，同時亦非都可以用數據來量度。他指出，
當時通行的智能測驗主要是測度語言、邏輯推理、數學等方面的智能。根
據他的研究，他提出人類的才能（human capabilities）尚有其他方面的智
能，其中包括視覺、動感、音樂、人際互動以及通靈等方面的智能。

四教：德行、言語、政事、文學，而每一門都有不同的佼佼者
（《論語・先進》），[96]可見孔門弟子之間智能各有特異之處，這
是人性中多元智能的體現和例證。皇侃《義疏》引王弼曰：「此
四科者，各舉其才長也。」[97]智能是人的「才」的表現。《論語・
先進》特別記載「柴也愚，參也魯，師也辟，由也喭」，用意
正在說明孔門弟子的才性不同。《論語》中記載弟子所問相同
而孔子的回答各異，我們也可以從此看出孔子在經驗層面上認
識到人性中多元的智能。[98]事實上，如果我們仔細從文字上推
敲，「性相近」一語本身似乎就預設了人性並非純粹是單一
（unitary）整齊的存在。換言之，「性相近」中的「性」字應
該指的是眾數而非單數。正因為如此，我們才有可能說人性相
近。孟子說：「物之不齊，物之情也。」（《孟子・滕文公上》）
此話用來形容孔子所認識的多元異樣的人性，其實最為恰當。
必須強調，孔子並不以靜態而凝定的善、惡本質來了解人性，
他更關注人性的獨異之處及其發展，而發展當然是「習」的結
果。孔子以因材施教見稱，良有以也。其次，儘管不同的智能
難以比較優劣，但在同一智能範圍之內，人的智能卻可以有高
下之別。子貢自謂能夠「聞一知二」而顏回則「聞一知十」，
因此自嘆不如。（《論語・公冶長》）這顯然是智能的比較。此

---

[96] 子貢是「言語」科的表表者，但孔子又說「賜不受命，億則屢中」（《論語・
先進》），可見子貢除了「言語」的本領，還有投機貨殖的見識。

[97] 皇侃：《論語集解義疏》，下冊，頁 368。

[98] 程頤早發此意。他說：「《論語》問同而答異者至多，或因人材性，或觀人
之所問意思而言及所到地位。」見《河南程氏遺書》，卷 1，收入《二程
集》，第 1 冊，頁 246。

外，孔子說：「知之者不如好之者；好之者不如樂之者。」《論語・雍也》）苞氏《註》曰：「學問，知之者不如好之者；篤好之者又不如樂之者深也。」[99]孔子所說的應該是同一智能範圍之內造詣和境界的高低，因此，孔子認為人類有「上知」和「下愚」的差異。最重要的是，「知之者」與「樂之者」的高下似乎更是後天人為「下學」的「習」所致，這也就是孔子所說的「移」的效果。

依何晏《集解》本，《論語・陽貨》篇的「性相近」章與「唯上知與下愚不移」章本為一章，前後呼應，如此，所謂「上知」與「下愚」是針對「性」而言的，而「可移」的必然也是「性」。「移」的關鍵則在於「習」。由於《集解》本以西漢張禹的《張侯論》為祖本，可見《張侯論》的章句同時反映了上文所分析的漢代性論。[100]相反，朱熹的《章句》本則將「子曰唯上知與下愚不移」獨立成為一章，[101]目的在於重新闡釋孔子「性相近，習相遠」中「性」的看法。在程、朱「性即理」的道學觀點中，「性」是先驗的絕對至善，因此，「性」不可移，

---

[99] 皇侃：《論語集解義疏》，上冊，頁 199。

[100] 儘管何晏所見的《張侯論》早經漢代人如鄭玄又再改編，但何晏所見依然為漢代的版本。根據朱維錚的說法，張禹編訂《張侯論》的原則是「調和諸本，唯從主觀出發決定是非取捨……對於差別頗大的各種傳本，不是求同存異，而是存同去異。」見朱維錚著：〈《論語》結集脞說〉，收入所著《中國經學史十講》（上海：復旦大學出版社，2002 年），頁 113-114。據朱說，則今傳何晏《集解》本〈陽貨〉篇的〈性相近〉章與〈唯上知與下愚不移〉章本為一章，更是漢人所見《魯論》、《齊論》和《古論》三個不同版本的共同的章句情況。

[101] 張岱年亦持此說。他認為上知下愚所論乃「才智的差別，而性本不可以智愚來說。」見氏著：《中國哲學大綱》，頁 181。

但孔子卻明明說「唯上知與下愚不移」，所以，朱熹必須先將
此節文字獨立成章，然後再重新闡釋孔子的「性」論。朱熹的
新章句其實間接反映出程、朱道學中「氣質之性」與「義理之
性」的兩性論在闡釋上的內在困難，[102]而新章句更顯然暴露出
兩性論缺乏堅實的文獻證據。

按照孔子的說法，雖然智能有「上知」與「下愚」之不移，
但大多數人乃處於這兩個不可移的極端之間，這即是「性相近」
的道理。只要努力，每個人都可以在一定程度上改變自己的智
能，所以，孔子性習並言。根據《大戴禮記・保傳》，他又相
信「習與智長」。由此可見，性與「智」必然有密切的關係。
事實上，孔子認為「智」出自性。《禮記・樂記》「民有血氣、
心知之性」的宣言，更可謂孔子「智」出於性之說的張本。但
「心知之性」乃指性之相近者而言，而就不相近者而言，孔子
則相信有些人的天性中即有「智」。他說：「生而知之者，上也。
學而知之者，次也。困而學之，又其次也。困而不學，民斯為
下矣。」（《論語・季氏》）所謂「生而知之」，其實就是天性中
有智的意思，因為生、性在此語脈中可以互訓。「生知」者只
屬於少數，孔子自己坦言，「我非生而知之者，好古，敏以求
之者也。」（《論語・述而》）[103]「生知」以外的其他人絕大多

---

102 這個內在困難，程頤自己應該是意識到的。他說：「善固性也，然惡亦不
可不謂之性也。蓋『生之謂性』、『人生而靜』以上不容說，才說性時，
便已不是性也。凡人說性，只是說『繼之者善』也。孟子言人性善是也。」
見《河南程氏遺書》，卷1，收入《二程集》，第1冊，頁10。

103 孔子又說：「蓋有不知而作之者，我無是也。多聞，擇其善者而從之，多
見而識之，知之次也。」見《論語・述而》。孔子大概自認是「知之次」
的人。孔安國註此章曰：「如此，次於生知之者也。」見皇侃：《論語集

數都屬於可移之類，而其所以移的途徑和動機又可以各不相同。「學而知之者」和「困而知之者」在在說明「知」基本上也是靠後天努力而得的。這也就是孔子所說的「習相遠」的道理。孔子又說：「中人以上，可以語上也。中人以下，不可以語上也。」(《論語·雍也》) 王肅《注》曰：「上謂上知之所知也。兩舉中人，以其可上可下。」[104]「中人」雖然並非「生而知之者」，但通過努力「下學」，仍然有「可以語上」的可能，這是孔子所講的「移」的道理。「移」的道理也就是「習相遠」的道理。孔子「性相近」與孟子「同類舉相似」的說法其實都是要強調人為努力的空間和重要，所以，孔子堅持「學」與「習」，而孟子則務求「擴充」性中的仁、義、禮、智四端。

　　根據《史記·仲尼弟子列傳》，子貢少孔子三十一歲，[105]他慨嘆不可得聞夫子之言性與天道，這必然是他追從孔子多年以後的事。假設他二十歲開始受業於孔子門下，而慨嘆出自師從孔子十年以後，則其時孔子已經六十一歲，早已邁過「知天命」之年而上達耳順之境了。[106]孔子言「性相近，習相遠」大概是子貢慨嘆以後的事。如此看來，孔子的性論大概是根據他本人數十年豐富的生活經驗和廣泛的閱歷觀察而來的。他對人性中智能不同，各有特長的看法尤其如此。他畢生鍥而不捨，發憤

解義疏》，上冊，頁 246。

[104] 皇侃：《論語集解義疏》，上冊，頁 200。

[105] 瀧川龜太郎：《史記會注考證》，卷 67，頁 858。

[106] 孔子自言「加我數年，五十以學《易》，可以無大過矣。」見《論語·述而》。《易》言天道，則孔子對天道並及人性的體悟，大概也是五十歲左右的經驗，所以，他自言「五十而知天命」(《論語·為政》)。

忘食的學習讓他體會到人人天賦之智能的確各有差異,而並非可以全憑人為的努力而改變;提升是會因天賦不同而有一定的限制的。他的性論本於觀察和經驗,而非先驗的哲學宣言。子貢「億則屢中」(《論語·先進》),他的這種「智能」並非其他孔門弟子可以強求而得的本事,這是人生無可奈何的事實,孔子的判斷無疑是根據他長期的觀察而來的,所以,他承認有「上知」與「下愚」的存在。在〈季氏〉篇中討論「生知」與「學知」的時候,針對「學而知之者」以下,孔子不再說「知之」而只說「學之」和「不學」,這是因為智能本身並未能保證個人必然得到「知」的緣故。有些人的確在「困而學之」的時候仍然不能得「知」。至於那些「困而不學」的人,自然就更與「知」無緣了。

四、「才」的意涵

牟宗三先生嘗謂:「『才性』者自然生命之事也。此一系之來源是由先秦人性論問題而開出。但不屬於正宗儒家如孟子與〈中庸〉之系統,而是順『生之謂性』之『氣性』一路而開出。」[107]所謂「才性」指「自然生命之事」,而源於先秦人性論問題而開出,這個說法可靠而又有根據。誠如牟先生所言,告子「生之謂性」的說法固然是「自然生命之事」,而上文所辨疏的以生釋性以及性為生之質的字義界定和概念分析,其實無一不可

---

[107] 牟宗三:《才性與玄理·序》(香港:人生出版社,1970年),頁 2。

支持牟先生的論斷。[108]必須指出,「才性」一詞基本上不見於現存先秦文獻,目前僅見者乃《荀子》書中一個孤例。按:《荀子‧修身》云:「故蹞步不休,跛鼈千里;累土不輟,丘山崇成;厭其源,開其瀆,江河可竭。一進一退,一左一右,六驥不致。彼人之才性之相懸也,豈若跛鼈之與六驥足哉?然而跛鼈致之,六驥不致,是無他故焉。或為之,或不為之耳。道雖邇,不行不至;事雖小,不為不成。」[109]根據荀子所舉的例證,他所說的「才性」無疑屬於天賦資質的範圍,也就是「自然生命之事」。然而,正如上文所言,春秋、戰國時人論及「自然生命之事」,一般都只用一個「性」字而不是複合詞「才性」;「性者,生也」,即是此意。另一方面,孔子所說的不可移的「上知」與「下愚」固然可說是「自然生命之事」,但孔子所關心的「中人」卻在可移之列,而所謂「移」卻不能說純粹是「自然生命之事」了。「上知」、「下愚」與「中人」應該就是針對「才」而作的區別。[110]荀子說「才性」大概是由於他察覺到才出於性的緣故,因此,「才性」指的其實只是「才」而已,但由於「才」出於「性」,故又可稱作「才性」,其理與上文傳稱孔子所說的「氣性」一樣。「才性」和「氣性」是分別針對「性」中不同性質的資稟而設定的名稱。這類的名稱一方面反映了孔子性論的細緻,同時又可以反證孔子所認識的「性」,

---

[108] 「正宗」的問題對本文分析孔子的性論並無幫助,而且亦不相關。

[109] 王先謙:《荀子集解》,上冊,頁32。

[110] 程頤也如此理解孔子所說的「上知」與「下愚」。有人問他:「上知與下愚不移是性否?」他答道:「此是才。須理會得性與才所以分處。」見《河南程氏遺書》,卷18,收入《二程集》,第1冊,頁207。

其內涵複雜,而並非只有以善惡來概括的道德屬性,[111]因此,孔子所講的「性」基本上是「質性」義,而他並不以善惡言性。

「才」雖屬天生,但卻可移可事,因此,「才」可算是一個天人合一的概念。荀子認為「性者天之就,不可事,不可改」,但他堅持「才」可以通過「偽」而得以改變提升。大概由於這個緣故,他便使用「才性」這一個複合詞,因為「性」作為「生之質」是由先天決定的,不可改變,而「才」卻可事,憑「偽」而得以變化。荀子「才性」一詞雖然在西漢並沒有人繼續使用,但「才性」所表達的天人合一的概念其實與西漢人如董仲舒所講的「性者,生之質」可謂相近。作為「生之質」的「性」可事可變,荀子認為人性惡,但他並未以善、惡論「才性」。董仲舒雖然以為性可以為善,但他也並未以善、惡來界定性的本質。性可以為善,不啻是一個「才性」的問題。以西漢人為代表的「性」的概念,下至東漢末經學大師鄭玄就正式用「才性」一詞來表達了。《詩經・邶風・匏有苦葉》:「匏有苦葉,濟有深涉,深則厲,淺則揭。」鄭玄《箋》云:「既以深涉記時,因以水深淺喻男女之才性,賢與不肖及長幼也,各順其人之宜,為之求妃耦。」[112]「才性」既然指的是賢、不肖和長幼,其意涵與荀子所言就完全相合了。此下魏晉人講「才性」雖然遠承先秦,但直接的導因應該是東漢以來不以善惡為本質的「才性」觀念。

---

[111] 參看本文註 129 論「德性」。

[112] 《詩經注疏》,收入阮元:《十三經注疏》,第 2 冊,頁 87。

按：《說文解字》卷六上：「才，艸木之初也，从丨上貫一，將生枝葉，一，地也。」[113]許慎的說法應該可信。李孝定《甲骨文字集釋》認為「契文才字變體頗多，然以作 ✝ 為正，象 ✝ 在地下初生之形。」[114]然而，根據于省吾《甲骨文字詁林》，甲骨文釋 ✝ 作「才」，但卻通假作「在」。《詁林》認為「自許慎以來，說解『才』字皆迂曲難通……『才』字無由『象艸在地下初生之形。』」[115]《詁林》的判斷看來純屬主觀，而且並未提出任何證據。最近，徐復、宋文民二氏研究《說文》部首，列舉甲骨文、金文、下至戰國文字，證明許慎和李孝定的說法。[116]更重要的是，「才」字在古文獻上的使用情況與《說文解字》的說法完全相符。「才」原指「艸木之初」，這個實義在使用時常常借作比喻。孔子以禾苗喻人，其實禾苗正是「才」的意思。宋戴侗《六書故》卷二十一釋「才」曰：

> 季曰：「斬木支根，取其才以為用也。」按：李陽冰已有此說：「在地為木，伐倒為才，象其支根斬伐之餘。」[117]
>
> 凡木陰陽、剛柔、長短、大小、曲直，其才不同而用各有宜謂之才，其不中用者，謂之不才。引之則凡人物之

---

113 許慎撰，徐鉉校定：《說文解字》，頁 126。

114 見李孝定：《甲骨文字集釋》，頁 2094，引自于省吾：《甲骨文字詁林》（北京：中華書局，1999 年），第 4 冊，頁 3397。

115 于省吾：《甲骨文字詁林》，第 4 冊，頁 3396-3397。

116 徐復、宋文民：《說文五百四十部首正解》（南京：江蘇古籍出版社，2003年），頁 169-170。

117 徐灝《說文解字注箋》謂：「李陽冰解字多穿鑿，此說獨優。才、材古今字，因才為才能所專，故又加木作材也。」引自徐復、宋文民：《說文五百四十部首正解》，頁 170。

才質，皆謂之才。人受天地之中以生，其才皆可以為堯
舜，故孟子曰：「非天之非降才爾殊也。若夫為不善，
非才之罪也。或相倍蓰而無算者，不能盡其才者也。」
此以天之降才論者也。然孰其稟賦之差殊而言之，則其
降才亦有知、愚、賢、不肖之不同焉。就其學問之所成
者而品別之，則其才又有差等焉，故孔子謂「才難」而
有才不才之言，孟子亦有英才之稱。後世之論浸差，直
以知術、技能、勇力為才。[118]

戴侗的解釋很有說服力，既合《說文》原義，又能結合文獻中
的使用情況，對於我們認識「才」字的思想內涵極有啓發。比
如，《大戴禮記・保傅》引孔子「少成若天性，習貫之為常」
二語中「少成」二字頗為關鍵。從概念上而言，「少成」強調
成長的時間應該在人生的初期，而「才」既然象艸在地下初生
之形，可見「少成」其實隱含著「栽培幼才」之意。「才」之
完成即是「習與智長」。一旦「化與心成」，更能夠「中道若性」。
如此說來，「才」與「性」的關係實在密切。由於「才」乃「地
下初生」之「艸」，因此，「才」是潛藏的資質。另一方面，正
如上文所分析，「性」本字作「生」。《說文解字》卷六下：「生，
進也。象艸木生在土上。」「生」乃「生在土上」之「艸木」，
既已生在土上，即可見其端倪了。從字形上比較，「才」與「生」
（性）的區分，正在艸在土上土下之別，即使在甲骨文也早已
如此，此亦可證于省吾「『才』字無由『象艸在地下初生之形』」

---

[118] 戴侗：《六書故》，見《景印文淵閣四庫全書》，第 226 冊，頁 386a-b。

一說之謬。[119]「才」與「性」的關係在於一隱一顯。育「才」不啻就是盡「性」。

事實上,「才」與「性」的字形構造的確反映了中國古人的思想信念。《尚書‧召誥》載召公語成王曰:「若生子,罔不在厥初生,自貽哲命。」孔《傳》曰:「言王新即政,始服行教化,當如子之初生,習為善則善矣。自遺智命,無不在其初生。」[120]「初生」即天生之「性」,召公無疑並不相信人性中有先驗的善惡,而毋寧重視「初生」後之「習」。孔《傳》謂「無不在其初生」,目的在於強調「初生」之後必須講「習」,愈早愈好。「自遺智命」則指作為修習結果的智愚在於人的努力。召公在此所言並非有意識的哲學論述,他發於自然的勸勉無疑是淵源長遠的智慧。召公謂「哲命」(孔《傳》曰「智命」),指的正是孔子所言可移的「才性」和「智能」。由此可見,孔子講「性近習遠」,又謂人性可移,可謂遠有所承,但《論語》中並未有直接記錄孔子強調早習之語,[121]而此意在戰國儒家則有明言。郭店楚簡〈語叢三〉:「天形成人,與物斯理……地能含之生之者,在早。」[122]所言似亦是此理。地所含所生者應該就是「才」。「才」之生長重在其初,所以簡文曰「在早」。

---

[119] 有關「才」與「生」的甲骨文字形,可參看徐仲舒:《漢語古文字字形表》,頁 232、235。

[120] 《尚書注疏》,收入阮元:《十三經注疏》,卷 15,第 1 冊,頁 223。

[121] 孔子自謂「十有五而志於學」(《論語‧為政》),或許可算強調早習之證。又互鄉童子登門拜師求學,門人不悅而孔子納之(《論語‧述而》),來者不拒。此亦可見孔子獎掖早學之證。

[122] 見李零:《郭店楚簡校讀記》,頁 148。

　　《論語》中「才」字一共在六章中出現了七次，次數不算多，[123]但「才」的概念在孔子對人性的認識中卻顯然有重要的意義。在這六章中，「才」字出自孔子之口佔了五章，其餘一章則出自孔子的高弟顏回的自述。六章所討論的內容牽涉到周公、顏回和孔鯉之才、周代之德以及政治上舉賢才的措施，如此種種，無一不是孔子平生所關心的大事。然而，研究《論語》的學者對於「才」字的意義及其哲學內涵從來都鮮加措意。從上文討論智能的角度來考量，「上知」、「下愚」、「生知」、「學知」各色人品的區分顯然都跟其人的「才」有密切的關係。事實上，智、愚的差異根本就是「才」的一種重要體現和指標。

　　子曰：「如有周公之才之美，使驕且吝，其餘不足觀也。」（《論語・泰伯》）朱熹《注》曰：「才美，謂智能技藝之美。」[124]朱子的解釋應該精確無疑。最值得注意的是，孔子這番話目的在於對比「才」與「驕吝」，從而強調「才」並非論人的最重要考慮。何謂「驕吝」？朱熹《注》曰：「驕，矜夸。吝，鄙嗇也。」[125]「驕吝」無疑指的是人的德行。[126]在「才」與「德」的對比中，孔子寧願取德。[127]朱子說：「才者，德之用也。」[128]

---

[123] 正如上文所言，《論語》中孔子言命（作天命解者）也有七次，分見於六章。

[124] 朱熹：《四書章句集注》，頁 105。

[125] 同前註。

[126] 子曰：「君子泰而不驕，小人驕而不泰」（《論語・子路》）。「驕」、「泰」無疑都是道德修養，關乎德行，無與才智。

[127] 即使與「兵」和「食」相比，孔子仍然認為「信」最重要。他說：「民無信不立。」「信」當然是德行。見《論語・顏淵》。

[128] 《論語・泰伯・舜有臣章》註，見朱熹：《四書章句集注》，頁 107。

換言之，「德」是「才」之體。體用之間，孔子更重視作為根本的體。孔子所認識的「性」內涵雖然複雜豐富，但孔子對「性」的內涵顯然並非等而視之。他說：「吾未見好德如好色者也。」（《論語‧子罕》）好色乃由於「血氣」之性，好德則出於「德性」。[129]「德」重於「才」與「血氣」，這種思想對於弟子門人後來專以善惡論性應該有相當關鍵的影響。

　　周公是否「上知」，周公之才是否由於「生知」，我們不知孔子有何看法，但是，我們知道孔子認為「才」不易得，而他曾經有「才難」之嘆。當他的弟子仲弓為季氏宰，向他問政，孔子答道：「先有司，赦小過，舉賢才。」（《論語‧子路》）這裡，「才」應該也是指趙岐所說的「才幹」而言，朱熹《注》曰：「才，有能者。」[130]然而，徒有才幹，不足為政。正如孔子所說，縱使具備周公之才之美，如果德有所闕，依然是「不足觀也」，因此，孔子特別強調所舉者乃「賢才」。賢指德言；由「賢才」的說法，我們可以推論「才」乃相對於「德」而言，基本上指的是偏重「智能技藝」的概念。

　　然而，「才」的概念有時也可以涵蓋「德」的內容。孔子好古敏求，在總結古代政治成績的時候，他讚揚周代政治，說：

---

[129] 《禮記‧中庸》云：「君子尊德性而道問學。」此乃現存文獻中「德性」一詞最早的記錄。鄭玄《注》曰：「德性謂性至誠者。」「德性」的本質顯然與「才性」所指的智能技藝不同，然而，「德」同樣出於「性」，故曰「德性」。鄭《注》見《禮記注疏》，頁897。按：「德性」一詞雖非出自孔子本人，而或許為〈中庸〉作者首創，但其意涵與孔子的性論所言吻合。

[130] 朱熹：《四書章句集注》，頁141。

「才難，不其然乎？唐、虞之際，於斯為盛。有婦人焉，九人而已。三分天下有其二，以服事殷。周之德，其可謂至德也已矣。」（《論語‧泰伯》）由於孔子在此關注的是政治，他所說的「才」大概主要還是針對「智能技藝」而言的，但「才難」之「才」必然也包含「德」在內，即上文所指的「賢才」，所以，廣義的「才」應該是才、德兼備的。值得注意的是，孔子這番論才難的話裡，「才」、「德」並言，「周之德」之所以稱為「至德」，正因為周武王有幸得到「亂臣十人」。（《論語‧泰伯》）西周一代之有「德」，正由「才」來，可見廣義的「才」可以包涵「德」的內容。只有狹義的「才」才專指人的才幹、才具而言。[131]

　　《論語》所載孔子論「才」的記錄似乎都是針對人的實際表現而言的。「舉賢才」所舉當然是有實際表現的人。周武王的「亂臣」自然都是在政治上有顯赫成績的「賢才」。至於周公之「美才」必定也是從他的實際政績而得到證明的。換言之，針對實際表現而論的「才幹」指的是狹義的「才」。這種從實際表現顯露出來的「智能技藝」，理應屬於孔子所講的「可移」範疇，雖然我們不能排斥在這個「可移」的範疇裡，仍然可以有不可移的「上知」和「下愚」的存在。換言之，孔子說「唯上知與下愚不移」，所指乃人的「才」，而並非其「德」。這個

---

[131] 狹義之「才」後來則常常以「材」字表示，大概「才」既長成木，則已成材，故字形作「材」。此意清徐灝《說文解字注箋》已言之。見本文註117。有關先秦兩漢文獻用例，可參看高亨纂著，董治安整理：《古字通假會典》（濟南：齊魯書社，1989 年），頁 418。作者承蒙張高評教授惠告高亨著作，特此致謝。

「才」也就是孔子稱讚周公之「才」。正因為這個緣故,孔子在此形容不同人品時所用的乃「知」與「愚」二字,而他比較中人以上以下時用的是「語」字。能「語」與否當視乎其人的「知」的水平而言,而不關乎其人之「德」。

「智能技藝」之「才」,優越可取者孔子以「美」稱之,孔子就嘗以「美玉」自喻,求售於諸侯。(《論語・子罕》)所謂「美玉」應該是指他自己的幹才。反之,理當稱為「惡」。[132]孔子曾讚嘆周武王之〈武〉樂為「盡美」而大舜之〈韶〉樂則「盡美」又「盡善」。(《論語・八佾》)對於「美」和「善」的區別,朱熹有精闢的解釋。他說:「只就世俗論之,美如人生得好,善則其中有德行耳。以樂論之,其聲音節奏與功德相稱,可謂美矣。善則是那美之實。」[133]又說:「美者,聲容之盛。善者,美之實。」[134]換言之,「美」是技術上的完美無瑕,而「善」則是技術所表現的道德內涵。可見「才」的確是針對「智能技藝」而言的。子張曾問孔子何謂「五美」,師徒之間的對答可以進一步釐清「美」的意義。

> 子曰:「君子惠而不費,勞而不怨,欲而不貪,泰而不驕,威而不猛。」
>
> 子張曰:「何謂惠而不費?」
>
> 子曰:「因民之所利而利之,斯不亦惠而不費乎?擇其可勞而勞之,又誰怨?欲仁而得仁,又焉貪?君子無眾

---

[132] 子曰:「君子成人之美,不成人之惡。小人反是。」見《論語・顏淵》。

[133] 黎靖德編、王星賢點校:《朱子語類》,卷 25,第 2 冊,頁 636。

[134] 《論語・八佾》朱熹注,見朱熹:《四書章句集注》,頁 68。

寡，無小大，無敢慢，斯不亦泰而不驕乎？君子正其衣
冠，尊其瞻視，儼然人望而畏之，斯不亦威而不猛乎？」
（《論語‧堯曰》）

孔子所形容的「五美」無一不牽涉到巧妙得體的斟酌、拿捏和
安排，其中的心思和舉措，在在都是「智能技藝」的體現，亦
即是君子的「才」的表現。孔子又說過：「君子成人之美，不
成人之惡。小人反是。」（《論語‧顏淵》）朱熹《注》曰：「成
者，誘掖獎勸以成其事也。」[135]「美」、「惡」指「事」而言，
所謂「事」亦即「五美」一類的事情，乃「才」之表現。舉措
得當為「美事」，反之則為「惡事」。

　　孔子以「美」稱「才」，因為「才」指資質，資質可以美、
惡來概括形容，而「美」、「惡」卻是非道德性的概念。[136]另一
方面，孔子很可能以「善」稱「德」。他稱讚大舜的〈韶〉樂
既「盡美」又「盡善」。朱熹《注》曰：「美者，聲容之盛。善
者，美之實也。舜紹堯致治，武王伐紂救民，其功一也，故其
樂皆盡美。然舜之德，性之也，又以揖遜而有天下。武王之德，
反之也，又以征誅而得天下，故其實有不同者。」[137]朱《注》

---

[135] 朱熹：《四書章句集注》，頁 137。

[136] 《河南程氏遺書》卷 19 記程頤語曰：「性出於天，才出於氣。氣清則才
　　清，氣濁則才濁，譬猶木焉，曲直者，性也；可以為棟梁，可以為榱桷
　　者，才也。才則有善與不善，性則無不善。惟上知與下愚不移，非謂不
　　可移也，而有不移之理。」收入《二程集》，第 1 冊，頁 252。伊川分辨
　　性與才本來十分清晰，但他說「非謂不可移」，無疑強要曲解孔子原意。
　　至於他說「才有善與不善」，乃因為他堅持以善、惡論性的結果。孔子只
　　以「美」否論才。

[137] 見朱熹：《四書章句集注》，頁 68-69。

謂「德」以「善」言，甚有見地。「聲容之盛」即是「智能技藝」之「才」，而「美之實」即是「德」。孔子又說：「德之不修，學之不講，聞義不能徙，不善不能改，是吾憂也。」(《論語‧述而》) 修德正所以成善，孔子以「善」稱「德」，應無異議。

郭店楚簡〈語叢一〉載「有美有善」，[138]意謂有美然後有善，一方面清楚區分了「美」與「善」為兩個不同的概念範疇，另一方面又明確指出先有「美」的培育，然後才有「善」的境界。這個說法與孔子論〈武〉樂、〈韶〉樂前後相符而又有新的發展。〈語叢一〉的作者同樣強調「習」的重要，所以，作者又說：「有物有容，有盡有厚。」[139]有盡而後有厚；「盡」，竭人力，盡天才之意。此意承自顏回 (詳下) 而又與孟子後來所講的「盡性」一脈相承。荀子主張「起偽化性」，同樣是強調「習」的重要，所以，他也以「性」為可以塑造的資質。既然「性」是資質，所以，荀子也以「美」來形容「性質」。《荀子‧性惡》：「夫人雖有性質美而心辯知，必將求賢師而事之，擇賢友而友之，得賢師而事之，則所聞者堯、舜、禹、湯之道也。得良友而友之，則所見者忠、信、敬、讓之行也。身日進於仁義而不自知也者。靡使然也。」[140]荀子在此使用「性質」一詞尤堪注目。對他來說，「性質」有「美」、「惡」，而「性」則有「善」、「惡」，「性質」與「性」兩個概念並不相同；以「美」、

138　見李零：《郭店楚簡校讀記》，頁158。
139　同前註。
140　王先謙：《荀子集解》，下冊，頁449。

「惡」論者其實即是「才」，亦即資質，荀子又稱之為「才性」。
必須指出，根據現存文獻，孔子也並未以「美」稱「性」。如
果事實的確如此，此又可以輔證孔子所認識的「性」並不限於
「智能技藝」的「才」而已。

顏回是孔子的高弟，他追隨孔子，亦步亦趨，然而，他始
終感到力不從心，有所不及。他曾經喟然而嘆曰：

> 仰之彌高，鑽之彌堅。瞻之在前，忽焉在後。夫子循循
> 然善誘人，博我以文，約我以禮，欲罷不能。既竭吾才，
> 如有所立卓爾。雖欲從之，末由也已。(《論語‧子罕》)

顏回鑽仰云云，形容的是孔子的人格，而不是孔子的學問或「智
能技藝」。另一方面，孔子對顏回博文約禮的誘導雖然也有培
育美才的用意，但歸根究底，無疑更是修德方面的功夫，因此，
顏回說的「末由也已」應該指的是成德之道，而不是孔子的「多
能鄙事」(《論語‧子罕》)，[141]所以，顏回說「如有所立卓爾」。
「立卓」乃指人格的提升而言，亦可謂之立德。[142]由是觀之，
顏回所說的「既竭吾才」應該不是指「智能技藝」而言。他所
讚嘆的是孔子的德行，而不是他的才藝。如果我們的分析能夠
成立，則顏回所講的「才」所指的並非實際的表現或政績，而
不啻是人天生的稟賦和資質。這天生的稟賦似乎兼包才、德而
言，亦即上文所謂廣義的「才」。或者，我們至少可以說，顏

---

[141] 孔子同時又說：「君子多乎哉？不多也。」(《論語‧子罕》) 顯然，君子
之為君子並不在乎「才」之多寡。

[142] 顏回能夠做到「其心三月不違仁」(《論語‧雍也》)，這便是他的立德的
成就。

回在此語脈中所說的「才」指的主要是可以成德的資質，也就是《禮記‧中庸》所講的「德性」。

顏回所用的「竭」字十分吃緊。首先，從語法上講，「竭」的主語雖指孔子，但義理上卻應兼顧顏回本人而言。孔子多方指導，循循善誘，他企圖激發的無疑是顏回在可「移」的「才」上所作的人為努力，所以，顏回形容夫子的教導為「博我以文，約我以禮」。顏回的努力是不可置疑的，孔子對之可謂讚不絕口。他說：「語之而不惰者，其回也與！」（《論語‧子罕》）又說：「惜乎！吾見其進也，未見其止也。」（《論語‧子罕》）夫子關注的全是顏回鍥而不捨的認真和奮進。[143]這是顏回過人之「習」。另一方面，顏回竭盡一己之力，孜孜不倦，欲罷不能，這固然也是在可「移」方面的奮鬥。從孔子的立場而言，顏回的奮進難以預知其所底止，而孔子也並未在這方面作任何推測，但是，作為進德路上的學生，顏回本人所體驗到的決不止於自己在可「移」的「才」上施加的努力，他更領略到竭才盡性以成德的艱難。顏回既然竭盡己力，他應該深切地認識到自己資質稟賦上的所長及其限制。《論語》所載孔門弟子各言其志，可見其他弟子中也有能夠意識到自己資質稟賦所長的人，但他們未必也認識到自己的限制。這也許又是顏回勝過其他同門的另一個方面。資質稟賦是純然的天才，人力無可奈何。顏回「雖欲從之，末由也已」的喟嘆所反映的正是這種人生的無

---

143 根據孔子自己的判斷，孔門弟子中只有顏回可以臻至「三月不違仁」的修養境界，「其餘日月至焉而已」。見《論語‧雍也》。

可奈何。[144]換言之，我們從顏回自道的一個「竭」字，也可以
間接看出「才」的概念確實包含天生稟賦這一層意涵，而天生
稟賦是兼具才、德的整合體。這種才、德整合的天賦資質正是
孔子所講的「性」。當然，孔子所講的「性」中尚有上文提及
的「血氣」之性。才、德的區別只是針對「性」在個人身上不
同的具體體現所作的概念分析。[145]

　　根據顏回的個人經驗，也許我們可以對孔子所理解的「才」
和「性」作如下的認識。孔子相信人有天生的稟賦，從共同的
本原上說，稱作「性」。因為是本原，「性」的內涵是廣義的「才」
（艸木初生之貌），兼指才智與成德的稟賦。從個人的資質而
言，則稱作「才」，指的是狹義的「才」（具體個別之「材」）。

---

[144] 本文初稿論顏回竭才之義，自信有一得之見，及會後修訂論文時，讀北
宋劉敞《公是弟子記》，始知先儒先得我心。劉敞反對孟子「人之性皆可
以為堯舜」之說，他認為人性分九品，曰：「性不同也而善均，善不同也
而性均，故人不可以為堯舜，猶堯舜不可為人也。壽莫如召公，不能至
乎聖而止；天莫如顏子，亦不能至乎聖而止。使召公而天，使顏子而壽，
其材亦若是而止矣。此性之不可過也人，何可為堯舜哉？」見《公是弟
子記》，卷 1，收入《景印文淵閣四庫全書》，第 698 冊，頁 446a。劉敞
的人性九品說雖然孔子並無明言，但他所謂的「性不同也而善均，善不
同也而性均」，其實頗合孔子性論的精神。又竭才之義，孔子本人亦應有
體會。他比對顏回之「才」和自己兒子孔鯉之「不才」，亦無可如何（《論
語・先進》）。又朱熹嘗言：「聖人教由、求之徒，莫不以曾、顏望之。無
奈何他才質只做到這裡，如可使治其賦，可使為之宰。他當初也不止是
要恁地。」見黎靖德編、王星賢點校：《朱子語類》，卷 84，第 6 冊，頁
2180。

[145] 程頤亦認為「才」與「德」只是相對而言的概念，而並非確指人性中兩
種不同的物事。他說：「人生氣稟，理有善惡，然不是性中元有此兩物相
對。」「氣稟」指「才」而言，而「理」則指「善性」（也就是本文所論
的「德」）而言。見《河南程氏遺書》，卷 1，收入《二程集》，第 1 冊，
頁 10。

作為廣義的「才」的「性」既是同源，所以是相近的。通過後天的努力，「性」得以變化，一方面可以藉著後天的「習」加以培育而成為種種的「智能技藝」，這是狹義的「才」的發展。另一方面，「性」也可以通過修養而成「德」。孔子嘗言：「德之不修，學之不講，聞義不能徙，不善不能改，是吾憂也。」籠統言之，講學是育才之努力，而修德則是成德的功夫。合而言之，可謂「盡性」之事。《論語》首章載：

> 子曰：「學而時習之，不亦說乎？有朋自遠方來，不亦樂乎？人不知而不慍，不亦君子乎？」（《論語‧學而》）

孔子強調「學而時習之」，這是對「才」的培育。通過學習，「才」可以發展成為「智能技藝」。[146] 至於朋來可樂，人不知而不慍，這顯然不獨是「智能技藝」的問題，而不啻更是道德的修養和提升。「時習」是「下學」，「不慍」是「上達」。能「上達」之「下學」方是有體有用。能成德之「才」方是孔子所喟嘆的「才難」之「才」。具體而言，孔子心中能有所卓立的「才」大概就是智、仁、勇三德。他說：「仁者不憂，知者不惑，勇者不懼。」（《論語‧憲問》）[147]「不憂」、「不惑」、「不懼」顯然都不是指「智能技藝」而言。孔子說：「見義不為，無勇也。」（《論語‧為政》）朱熹《注》曰：「知而不為，是無勇也。」[148]「知」和「勇」是「才」與「德」之別。孔子說：「有德者必有言，有言者不必有德。」（《論語‧憲問》）道理正在於此。

---

[146] 孔門的課程包括禮、樂、射、御、書、數所謂六藝。

[147] 引文又見《論語‧子罕》。

[148] 朱熹：《四書章句集注》，頁60。

上文引述《晏子春秋‧內篇雜上》，謂晏嬰聽聞古代「汩常移質，習俗移性」這一傳說。其中，「性」與「質」對舉，應該是兩個不同的概念。「質」相應於孔子觀念中狹義的「才」，而「性」則似乎就是孔子「性相近」的「性」。當然，孔子以前的傳統性論相信「習俗」能夠「移性」，更是不膺出自孔子本人之口了。《晏子春秋‧問下》又記載了下面一段對話。

> 景公問晏子曰：「人性有賢、不肖，可學乎？」晏子對曰：「《詩》云：『高山仰止，景行行止。』行之者，其人也。故諸侯並立，善而不怠者為長，列士並學，終善者為師。」[149]

齊景公亦與孔子同時，根據《論語》所載，兩人並曾相見，景公對人性的看法不但流行於當時，而且實屬常識，料想孔子當時應無異議。值得注意的是，景公是以「賢、不肖」而不是以「美、惡」來概括人性，同時，「賢、不肖」也並非從本質上論定人性，而毋寧是強調「習」的結果，因此，景公問「人性有賢、不肖，可學乎」。此處「學」字吃緊。「賢、不肖」形容的並非「智能技藝」而是人的德性。上文已經指出，孔子以「美」、「惡」論「才」，而並未以之論性。文獻不足，但如果說孔子同樣以「賢、不肖」來概括通過人為培養後而顯現的人性，應該是可信的推測。顏回自嘆「雖欲從之，末由也已」，他感慨的是自己「不肖」，不如孔子之「賢」；他講的是德性。

---

[149] 吳則虞：《晏子春秋集釋》，上冊，卷4，頁251。

五、結語

本文的根本立場認為以善、惡論性是孔門後學提倡的觀點，現存文獻並不足以證明孔子本人也抱持同樣的看法。另一方面，孔門後學中也有不盡以善、惡論性的弟子。郭店楚簡〈語叢二〉謂「情」、「欲」、「愛」、「喜」、「惡」、「慍」、「懼」、「智」、「強」、「弱」皆生於性，[150]顯然作者也並未專以善、惡論性，而其中「智生於性」一說尤堪注意。這正是孔子「生而知之」和性中有才的論調。善、惡是道德價值判斷，如果我們在具體分析以前，預先選取某一立場，給人性定性，這種先驗立場不但限制了我們的研究視野，同時又會歪曲我們對孔子性論的認識。本文在論證過程中往往引述先秦儒家以及漢儒對人性的看法，目的在於證明這些後來的性論雖然跟孔子性論有別，但在個別細節上卻可以追溯到孔子的觀點。[151]至於《尚書》所載以及晏嬰和齊景公的言論，則又足以說明孔子的性論本身有其更早的淵源，而在孔子當時不啻為時人的廣泛共識。限於篇幅關係，本文並未深入討論郭店出土楚簡以及上海博物館藏戰國楚竹書等有關文獻，然而，根據本文初步的分析，這批戰國末年的新資料基本上支持上述的疏證和結論，至於具體深入的研究工作則只能期諸他日了，希望前輩專家可以導乎先路。

---

[150] 見李零：《郭店楚簡校讀記》，頁 169。

[151] 本文初稿在 2005 年 8 月 26 至 27 日臺灣大學東亞文明中心主辦的〈觀念字解讀與思想史探索〉國際學術研討會發表，當時的結語部分根據漢儒各家論性文字，討論孔子性論在漢代的承傳，從追溯的角度，檢證孔子性論的原貌，文長近六千字，今刪去別成一文。

　　總而言之，孔子所認識的「性」，其基本意涵為天生的資質（漢儒所謂「質性」），而內容複雜，包括血氣之性（「氣性」）、智能技藝的潛質（「才性」、「心知之性」）以及成德之資（「德性」）。正因為性的內容如此豐富多面，所以，孔子並未以善惡簡單地概括其全部內涵而將其化約為道德屬性而已。「性」只是天之所生的資質，人人大約相同，非人力所能事先干預。事實上，「性」如初生地下之艸木，可以培植灌溉，所以，孔子強調後天人為之「習」。積力日久，持之以恆，「習」可以移「性」以至成「性」，原來初生人人相近的天性最終由於人為的學習而日益相遠。這就是孔子「性相近也，習相遠也」二語的正解。

早期儒家仁義說的研究[**]

王　博[*]

　　仁義說可以說是早期儒家思想的核心。《漢書‧藝文志》認為儒家「游文於六藝之中，留意於仁義之際」，我一直覺得是很恰當的概括。前一句話強調其與經典的關係，認為儒學是經典解釋之學，著眼於形式。後一句話描述的是其主要關注，認為儒家的核心價值是仁義，偏重在內容。這種概括不僅在儒家文獻中可以得到驗證，[1]而且也體現在其他學派對儒家的看法中。《莊子‧天地篇》：「孔子往見老聃，繙十二經以為說。老聃曰：『願聞其要。』孔子曰：『要在仁義。』」就是從經典和仁義兩方面描述孔子。《韓非子‧外儲說右》：「子路曰：『所學於夫子者，仁義也。』」明顯是以仁義為儒家思想的要義。

[*] 北京大學哲學系教授。

[**] 不同作者使用「早期」一詞時的含義也許並不相同，因此需要略做解釋。馮友蘭在上個世紀三十年代前後曾經把整個的中國哲學史分成子學時代和經學時代，子學時代大約對應於先秦百家爭鳴時代的儒家，經學時代則從漢代尤其是董仲舒開始，一直到清代。這裡所謂的早期儒家，約略相當於子學時代的儒家，即成為官方意識形態之前的儒學。如果以人物為標誌的話，是指從孔子到董仲舒的時期。

[1] 譬如《孟子‧梁惠王上》：「王何必曰利，亦有仁義而已矣」，〈盡心上〉：「何謂尚志？曰：仁義而已矣。」《易傳》：「立人之道曰仁與義」，以及《荀子‧榮辱》：「仁義之統」等說法，都表現出對仁義核心地位的肯定。孟子極言仁義禮知，四者之中，又以仁義為根本，所以〈離婁上〉說：「仁之實，事親是也。義之實，從兄是也。知之實，知斯二者弗去是也。禮之實，節文斯二者是也。」郭店竹簡〈語叢一〉也有「仁義為之桌」之說。

　　本文主要想處理早期儒家的仁義說，需要說明的是，這並不是一個關於仁義說的全面研究，而只是著眼於一個特殊的角度——「仁義之際」。如上所述，「仁義之際」的提法已見於《漢書‧藝文志》。此種說法頗值得玩味，這裡不僅有仁義，更重要的是仁義之間的關係。事實上，正是由於把仁義置於一個內在的關係之中，它們各自的意義才得到更深入的發掘和更明確的界定，儒家思想也才呈現出更透徹、全面和均衡的性格。因此，本文的重點只是仁義說中仁義關係的方面，而不是分別地描述和分析仁與義觀念各自的起源和意義，雖然這方面的內容有時候不可避免地會被涉及到。

　　在做這個研究的時候，我們不能不提到龐樸先生。他在《儒家辯證法研究》[2]中的有關論述，構成了本研究的基礎。在那裡，龐樸明確地把仁義作為一對既對立又統一的關係範疇加以研究。他提到了一些重要的資料，表明古人對此種關係的認識，以說明這種研究的合理性，譬如：

　　　立天之道曰陰與陽，立地之道曰柔與剛，立人之道曰仁與義。[3]

　　　齏萬物而不為義，澤及萬世而不為仁。[4]

　　　所謂仁者，同好者也；所謂義者，同惡者也。[5]

2　龐樸：《儒家辯證法研究》（北京：中華書局，1984 年）。其部分內容後收入當代學者自選文庫《龐樸卷》（安徽：安徽教育出版社，1999 年）。據我所知，龐樸近些年曾經以「探仁索義」為題進行過多次講演。

3　《周易‧說卦傳》。

4　《莊子‧大宗師》。

（諸子之學）辟猶水火，相滅亦相生也；仁之與義、敬
之與和，相反而皆相成也。[6]

當然更重要的是，龐樸先生提供了一個從關係的角度深入理解
仁義問題的思路。他說：

> 仁義是儒家學說兩個最基本的範疇，它們的政治倫理方
> 面的含義，人們已經說得夠多了；現在，我們將指出它
> 們還是一對相反相成的範疇，揭示出其辯證法方面的含
> 義──正是這一方面，還幾乎是一種拓荒的工作。[7]

仁義之間相反相成的關係，早已經存在於早期儒家的大量論述
之中。但由於各種各樣的原因，研究者也許會忽略或者漠視這
樣的論述，因此從研究的立場來看，接近於一種拓荒的工作。
龐樸先生重新提出這個問題，當然是一個重要的貢獻。令人興
奮的是，近幾十年來新出土的文獻對該問題的研究提供了更多
的資料，使我們對仁義關係有更深入和細緻的瞭解。以下，本
文擬在龐樸先生有關研究的基礎之上，從幾個方面對早期儒家
的仁義說進行探討。

一、情與理

作為一個追求中庸的學派，儒家思想總是追求著某種均衡
感，這種均衡感表現為「執兩用中」的主張，即在各種各樣的

---

5 《鶡冠子·學問》。

6 《漢書·藝文志》。

7 龐樸：《儒家辯證法研究》，頁532。

對立之中發現和運用「中」。就情與理而言，它不是單純的主情或者主理，而是崇尚情與理的平衡與交融，成就所謂合情合理的理想境界。因此作為儒家秩序象徵的禮就被看作是「義之理」和「人之情」的結合。[8]應該指出的是，這種均衡感並不是一開始就能夠很好地被把握，它表現為一個動態的發展過程。具體而言，孔子由於想為秩序（禮樂）提供堅實的基礎，因此針對著此前過分重視天道的態度，更多地表現出向內心發掘的傾向。很自然地，在他的思想中，情就得到了特別地強調。這種態度當然會對稍後儒學的發展產生影響，但就在重情的趨勢看來要走向極端的時候，理就適時地出現在儒家思想的視野中，並與情達到了某種均衡。本文的主題不是關於情和理的討論，我們只是關注其與儒家仁義說的關聯。在這個視角中，可以發現早期儒家對於仁義的規定和解釋，與情和理有密切的關聯。大體來說，仁是偏重在情的，義則是理的象徵。我們先來看一下《莊子‧天下篇》中的說法：

> 以仁為恩，以義為理，以禮為行，以樂為和，薰然慈仁，謂之君子。

在這個顯然是對儒家思想的描述中，仁被規定為恩，義則被規定為理。同時提到的還有禮和樂，對於一個君子來說，這些都是不可或缺的。可以肯定的是，這個描述顯然不是莊子學派的創造，而是對儒家說法的轉引。在《禮記‧喪服四制》中，我們可以發現如下的記載：

8　《管子‧心術上》：「禮者，因人之情，緣義之理，而為之節文者也。」

> 凡禮之大體，體天地，法四時，則陰陽，順人情，故謂
> 之禮。有恩有理，有節有權，取之人情也。恩者仁也，
> 理者義也，節者禮也，權者知也。其恩厚者，其服重，
> 故為父斬衰三年，以恩制者也。門內之治恩掩義，門外
> 之治義斷恩。資於事父以事君，而敬同，貴貴尊尊，義
> 之大者也。故為君亦斬衰三年，以義制者也。

這裡具體討論的是喪服問題。雖然為父和為君都是斬衰三年，但是其依據卻是不同的。父子之間的關係屬於門內，處理這種關係的原則是恩而不是義，即所謂恩掩義，出於父親對自己的厚恩，所以要有三年的重服。君臣之間的關係屬於門外，處理這種關係的原則是義而不是恩，即所謂義斷恩，出於君主之尊貴，也要有三年的重服。很顯然，恩和義是兩個不同甚至對立的原則。恩也就是仁，義也就是理，兩者在上述的語境中似乎可以互相置換。所以既說「恩者，仁也；理者，義也」，恩與理對，仁與義對。但後文卻又直接地把恩和義對立了起來。

　　恩是什麼？《說文》：「恩，惠也。」「惠，仁也。」「仁，親也。」這似乎是繞了一個圈子，又在說著「恩者仁也」的話。但是，就對「恩」字意義的理解而言，顯然是有幫助的。無論是「惠」還是「親」，表達的都是與愛相關的某種行為或情感，尤其是情感。如我們所知，「恩」字在《孟子》那裡是經常使用的，如「推恩足以保四海，不推恩不足以事父母」，[9]「內則父子，外則君臣，人之大倫也。父子主恩，君臣主義」[10]等，

9　《孟子・梁惠王上》。
10　《孟子・公孫丑下》。

其意義均與親或者愛有關。於是我們又回到了那個對於仁來說也許是最重要的規定上面來，這就是「愛人」。[11]無論如何，愛首先是一種情感，〈禮運〉中所說的七情之一。[12]所以研究者多肯定孔子之仁和人的內在情感之間的關聯。《論語》中對仁的說明很多顯然是直接訴諸於情感的，譬如孔子所說的：

> 唯仁者能好人，能惡人。[13]

這是從好惡的角度來描述仁，好惡當然是情感，相當於〈禮運〉七情中的「惡欲」。《左傳‧昭公二十五年》云：

> 民有好惡喜怒哀樂，生於六氣。是故審則宜類，以制六志。哀有哭泣，樂有歌舞，喜有施捨，怒有戰鬥。喜生於好，怒生於惡。是故審行信令，禍福賞罰，以制死生。生，好物也；死，惡物也。好物，樂也；惡物，哀也。哀樂不失，乃能協於天地之性。

六志也就是六情，指的是好惡和喜怒哀樂。在郭店竹簡〈性自命出〉中，好惡被認為是性，所謂「好惡，性也；所好所惡，物也。」[14]實際上，這和以好惡為情的說法並不矛盾。因為按照〈性自命出〉的說法，「情生於性」，作為性的「好惡」只是抽象的存在，而具體的好惡（譬如好人、惡人）已經屬於情的層面了。

---

[11] 《論語‧顏淵》：「樊遲問仁。子曰：『愛人。』」

[12] 《禮記‧禮運》：「何謂人情？喜怒哀懼愛惡欲，七者，弗學而能。」

[13] 《論語‧里仁》。又〈大學〉：「唯仁人為能愛人，能惡人。」

[14] 本文所引與郭店竹簡有關的資料以李零《郭店楚簡校讀記》（北京：北京大學出版社，2002 年）為主，同時參考《郭店楚墓竹簡》（北京：文物出版社，1998 年）。

　　孔子主張把禮建立在仁的基礎之上，故有「人而不仁，如禮何？」[15]的說法。在具體說明禮之依據的時候，仁的原則就表現為內在的情感。如我們在《論語》中看到的關於三年之喪的討論，〈陽貨篇〉記載：

> 宰我問「三年之喪，期已久矣！君子三年不為禮，禮必壞；三年不為樂，樂必崩。舊穀既沒，新穀既升。鑽燧改火，期可已矣。」子曰：「食夫稻，衣夫錦，於女安乎？」曰：「安。」「女安則為之。夫君子之居喪，食旨不甘，聞樂不樂，居處不安，故不為也。今女安，則為之。」宰我出，子曰：「予之不仁也！子生三年，然後免於父母之懷。夫三年之喪，天下之通喪也。予也有三年之愛於其父母乎？」

作為禮的三年之喪，其依據不在鑽燧改火所代表的天道，而是內心的感覺，即心安與否。這裡顯然表現出把內在的情感視為秩序終極基礎的態度。因此，雖然孔子還沒有明確提出「情」的概念，但他的思想的確體現出了明顯的重情特徵。這個特徵在稍後的儒者那裡得到了繼承和發展，最突出的仍然是〈性自命出〉，它認為「道始於情」，給予「情」以根本的地位，並且說：

> 凡人情為可悅也，苟以其情，雖過不惡。不以其情，雖難不貴。苟有其情，雖未之為，斯人信之矣。

15　《論語·八佾》。

> 凡聲，其出於情也信，然後其入撥人之心也厚。聞笑聲，
> 則鮮如也斯喜。聞歌謠，則陶如也斯奮。聽琴瑟之聲，
> 則悸如也斯歎。

情的可貴是因為它直接和人心相通，因此也最真實無妄。〈性自命出〉對於「偽」是極端反感的，有「凡人偽為可惡也。偽斯吝矣，吝斯慮矣，慮斯莫與之結矣」。但就在這種「美情」傾向近於極端的時候，作為它的平衡者的理和義出現了。孔子雖然也提到了義，但它的地位顯然不足以和與情相關的仁相提並論。以前梁啟超曾認為仁義對舉始於孟子，張岱年則根據《墨子》和告子之說，推測「可能始於孔門再傳弟子」。[16]現在來看，張先生的說法或許接近於事實。在孔孟之間，仁義確已經成為一個相對或並列的範疇，並廣泛地見於郭店竹簡文獻之中。[17]〈性自命出〉以情和義對舉：

> 道始於情，情生於性。始者近情，終者近義。知情者能
> 出之，知義者能入之。

一端是情，另一端是義，兩者相對卻又相成，共同構成了所謂的道。仁顯然是在情一端的，所以有「仁，性之方也，性或生之」的說法。義則屬於「屬性者」，即砥礪性的因素，相對於性而言是外在的。在〈性自命出〉看來，情固然是「雖過不惡」者，但仍然需要有義來加以節制。該篇說：

---

16 張岱年：〈中國古典哲學概念範疇要論〉，《張岱年全集》（石家莊：河北人民出版社，1996年），第4卷，頁617。

17 〈六德〉認為「仁與義就矣」，以仁義為一對關係概念。仁義對舉，大量見於〈五行〉、〈忠信之道〉、〈唐虞之道〉、〈性自命出〉等篇中。

> 禮作於情，或興之也，當事因方而制之，其先後之序則
> 宜道也。又序為之節，則文也。致容貌所以文，節也。
> 君子美其情，貴〔其義〕，善其節，好其容，樂其道，
> 悅其教，是以敬焉。

這裡強調對於情的制和節，而節制情折就是義。因為義是「群善之薀」，也就是善的依據和標準，所以才有節制的資格。該篇說：

> 敏（？），義之方也。義，敬之方也。敬，物之節也。
> 篤，仁之方也。仁，性之方也，性或生之。……愛類七，
> 唯性愛為近仁。智類五，唯義道為近忠。惡類三，唯惡
> 不仁為近義。

義是和敬相關的，可以成為「物之節」。仁的表現則是忠厚篤實，和情密不可分。仁體現為真誠的愛，即與性有關的愛，義則是對不仁者的厭惡。這倒有些像孟子「惻隱之心，仁也；羞惡之心，義也」的說法。仁義的這種差異也就給人們帶來完全不同的感覺，〈性自命出〉將之描述為：

> 惡之而不可非者，達於義者也。非之而不可惡者，篤於
> 仁者也。

不可非是因為合理，不可惡是因為合情。這裡雖然沒有把理和義直接地聯繫起來，但在郭店竹簡中，我們的確可以看到「義，天道也」的說法。與仁是發自於內心者不同，義是自天而降的道理，它代表著行為的合理性。〈語叢三〉說：

> 喪，仁也。義，宜也。愛，仁也。義，處之也。

用來規定「義」的宜是適宜，處是各得其所，這都是理而非情。相反，規定「仁」的喪和愛卻是和情密不可分。《禮記·表記》也用道來規定義：

> 仁者右也，道者左也。仁者人也，道者義也。

孟子則直接地把理和義聯繫在一起。〈告子上〉：

> 心之所同然者何也？謂理也、義也。聖人先得我心之所同然耳。理、義之悅我心，猶芻豢之悅我口。

荀子中也是如此，譬如〈議兵〉云「仁者愛人，義者循理」，〈大略〉稱「仁，愛也，故親；義，理也，故行」，另外《樂記》有「仁近於樂，義近於禮。樂也者，情之不可變者也。禮也者，理之不可易者也」之說，也包含著以仁為情，以義為理的想法。可以看出，以情、理來解釋仁義應該是儒家學派的共同傾向。

二、柔和剛

從情和理過渡到柔和剛是很自然的事情。情主柔而理主剛，因此仁義就分別地和柔、剛聯繫了起來。《禮記·鄉飲酒義》：

> 天地嚴凝之氣，始於西南，而盛於西北，此天地之尊嚴氣也，此天地之義氣也。天地溫厚之氣，始於東北，而盛於東南，此天地之盛德氣也，此天地之仁氣也。

這裡雖然沒有出現剛柔的辭彙，但天地嚴凝之氣、尊嚴氣和天地溫厚之氣、盛德氣的提法，卻讓人感受著剛柔的存在。〈樂

記〉：「春作夏長，仁也。秋斂冬藏，義也」之說也與此類似。
比較明顯地把仁義和剛柔聯繫起來的是《周易・說卦傳》，其
中有如下的文字：

> 立天之道曰陰與陽，立地之道曰柔與剛，立人之道曰仁
> 與義。

這三句並列的話其實應該看作是一句話，因為天道、地道和人
道本質上就是一個道。只不過道在天是陰陽，在地是柔剛，在
人是仁義。這種說法當然有為作為人道的仁義提供依據的意
味，但本文的重點並不在此，姑存而不論。我們關心的是這只
是偶然的說法，還是體現在《易傳》中的普遍的主張？材料看
來是支持著後者，《繫辭傳》以仁義對舉，「小人不恥不仁，不
畏不義」，又云：

> 天地之大德曰生，聖人之大寶曰位，何以守位曰仁，何
> 以聚人曰財，理財正辭，禁民為非曰義。

仁代表的是生生之德，義代表的則是令行禁止。這很像〈樂記〉
中所說的「仁以愛之，義以正之」，一柔一剛，一生一殺，氣
象之異溢於言表。馬王堆帛書〈易之義〉看來也有類似的看法。
該篇認為「易之義，唯陰與陽，六畫而成章。曲句焉柔，正直
焉剛。」這是對卦象和爻象的解釋。同時它認為剛柔各有所失，
所以需要的是「分陰分陽，迭用柔剛」。相應地，人道也就需
要仁義的交互運用，所謂「仁□者而義行之耳」。[18] 人道是效法

---

[18] 帛書〈要〉，缺字似可補為「守」。此引馬王堆帛書《易傳》文字據《道家
文化研究》第 3 輯（上海：上海古籍出版社，1993 年）。

地道和天道的,「本生(性)仁義,所行以義(儀)剛柔之制也。」仁義是模仿著剛柔之制的。這種看法,當然明確地把仁義和剛柔連接在一起。

從剛柔角度論述仁義最系統的是〈五行篇〉。這篇早已經失傳的文字先是發現於上世紀七十年代的馬王堆漢墓帛書,然後又見於九十年代發掘的戰國楚墓竹簡。帛書和竹簡〈五行〉之間存在著若干的差異,最主要的是帛書有經有說,而竹簡有經無說,[19]但這不太影響我們此處的討論。竹簡〈五行〉說:

> 不變不悅,不悅不戚,不戚不親,不親不愛,不愛不仁。
> 不直不肆,不肆不果,不果不簡,不簡不行,不行不義。

很多文字比較簡單,意思也比較晦澀,但把仁義置於相對的位置上進行討論的意思卻是明確的。後文有對這段話的解說,可以讓我們清楚地瞭解其意義:

> 顏色容貌溫,變也。以其中心與人交,悅也。中心悅旃,遷於兄弟,戚也。戚而信之,親〔也〕。親而篤之,愛也。愛父,其繼愛人,仁也。中心辯然而正行之,直也。直而遂之,肆也。肆而不畏強禦,果也。不以小道害大道,簡也。有大罪而大誅之,行也。貴貴,其等尊賢,義也。

仁義雖然都和中心有關,但其趨向是不同的。一是悅戚之柔,一是簡直之剛。前者發而為情感,後者放而為道理。如果借用

---

[19] 詳細的情形,可以參看龐樸:《竹帛五行篇校注及研究》(臺北:萬卷樓圖書有限公司,2000 年)。

帛書〈五行〉中「仁氣」和「義氣」的說法，仁氣是溫潤，義氣則是正直。〈五行〉繼續說：

> 不簡，不行。不匿，不辯於道。有大罪而大誅之，簡也。有小罪而赦之，匿也。有大罪而弗大誅也，不行也。有小罪而弗赦也，不辯於道也。簡之為言猶練也，大而晏者也。匿之為言猶匿匿也，小而軫者也。簡，義之方也。匿，仁之方也。強，義之方。柔，仁之方也。不強不絿，不剛不柔，此之謂也。

這是對仁義的進一步申說，並直接地把它們和剛柔聯繫在一起。仁主柔，表現出來便是匿，也就是《論語》中討論過的「父子相隱」。[20]並不是所有的東西都是可以隱的，〈五行篇〉給出了一個限制，就是該局限於小罪的範圍。小罪當隱，這是仁的要求，不隱則有背於道。但大罪則當誅，這就是與仁相對的義。義主剛，表現出來便是簡。簡就是簡直，就是果決，就是有大罪則誅之的勇氣和魄力。帛書〈五行〉把這層意思講的非常明確：

> 簡，義之方也。匿，仁之方也。言仁義之用心之所以異也。義之盡，簡也；仁之盡，匿。大□加大者，大仁加小者，故義取簡而仁取匿。

仁義的用心是不同的，所以其表現也有異。一為隱，一為直。不過儒家對仁義之異的強調並不導致追求二者之間的衝突，相

---

20 《論語・子路》：「葉公語孔子曰：『吾黨有直躬者，其父攘羊，其子證之。』孔子曰：『吾黨之直者異於是。父為子隱，子為父隱，直在其中矣。』」

反，其終極目標則是仁義的和諧。在解釋《詩・商頌・長髮》
「不強不絿，不剛不柔」句的時候，帛書〈五行〉說：

> 非強之也，非急之也，非剛之也，非柔之也，言無所稱
> 焉也。此之謂者，言仁義之和也。

不是單純的剛和柔，而是剛柔仁義的和諧與互補，這才是儒家
追求的理想境界。《禮記・表記》：「仁有數，義有長短小大。
中心憯怛，愛人之仁也；率法而強之，資仁者也。」仁是愛人
之柔，義是率法之剛。偏於剛或者偏於柔都是不可取的，同樣
是〈表記〉說道：「厚於仁者薄於義，親而不尊；厚於義者薄
於仁，尊而不親。」[21]理想的情形是仁義之和，剛柔之合，親
尊各得其所。

　　以剛柔來解說仁義顯然更加突出了仁義內涵的差異和對
立，並將此前某些模糊的東西清楚地呈現出來。它同時也意味
著儒家思想自身的豐富和完善。一般而言，如學者經常道及
的，孔子強調仁更甚於義，相應地，柔情也勝過義理。所以論
三年之喪，則歸之於心安；述吾黨之直，則明之以相隱。但是
在面對現實的罪惡和理論上的法家的挑戰的時候，其局限性也
是顯而易見的。於是，在儒家思想發展的過程中，作為剛的表
現的義理的角色逐漸地上升到和仁同樣的地位。

---

21 類似的文字也見於〈語叢三〉：「〔厚於仁，薄〕於義，親而不尊。厚於義，
　薄於仁，尊而不親。」〈尊德義〉有「仁為可親也，義為可尊也」之說。

三、親親與尊賢

就仁義之氣而言，前者表現為親，後者表現為尊。其在政治上的體現，則是親親和尊賢。後者本是古代社會中行之已久的兩種治國原則，《呂氏春秋·長見》記載一則有關周公和太公的故事說：

> 呂太公望封於齊，周公旦封於魯，二君者甚相善也。相謂曰：「何以治國？」太公望曰：「尊賢上功。」周公旦曰：「親親上恩。」太公望曰：「魯自此衰矣。」周公旦曰：「魯雖削，有齊者必非呂氏也。」其後齊日以大，至於霸，二十四世而田成子有齊國。魯日以削，至於僅存，三十四世而亡。

其實周天子之於周公和太公的倚重，就可以說是親親和尊賢的極好例證。這則故事指出，周公主親親，太公主尊賢，都有偏頗。親親則異姓賢人不得進，故而走向衰弱。尊賢則同姓之親不能用，久之則末大不掉，被彼取而代之。理想的情形也許是親親和尊賢的結合，這倒很符合儒家的理想。儒家很強調兩者的結合和平衡，並把它們看做是仁義原則的體現。〈中庸〉云：

> 仁者，人也，親親為大。義者，宜也，尊賢為大。

「仁者，人也」，強調的是仁以人為主，確切地說是以人情為主，所以表現出來是親親。義則不同，其核心的考慮是「宜」，即是否適宜，所以表現出來是尊賢。〈中庸〉認為，親親和尊賢應該並重，它們都是實際的政治秩序——禮——的基礎，所

以有「親親之殺，尊賢之等，禮所生也」之說，並且把二者安置在治國的九經之列：

> 凡為天下國家有九經，曰：修身也，尊賢也，親親也，敬大臣也，體群臣也，子庶民也，來百工也，柔遠人也，懷諸侯也。修身則道立，尊賢則不惑，親親則諸父昆弟不怨，敬大臣則不眩，體群臣則士之報禮重，子庶民則百姓勸，來百工則財用足，柔遠人則四方歸之，懷諸侯則天下畏之。

類似的想法同樣體現在〈五行篇〉中：

> 愛父，其繼愛人，仁也。……貴貴，其等尊賢，義也。

仁的基本規定是愛人，而愛父是愛人之始，所以從孔子開始，儒家就特別強調孝之於仁德的重要性。有子「孝悌也者，其為仁之本與？」之說，明白指出了對父母兄弟的愛乃是行仁的根本。換言之，親親乃是仁的根本要求。由親親之愛，才有對他人的愛。〈五行篇〉這裡叫做「繼」，孟子中則稱為推或者擴充。義的基本規定是宜，即適宜的處理，如貴者貴之，賢者則依其賢而尊重之。按照孟子的說法，「用下敬上，謂之貴貴。用上敬下，謂之尊賢。貴貴尊賢，其義一也」，但〈五行篇〉對尊賢的理解似乎更加複雜，它對此進行了區分，有所謂舉之和事之的不同：

> 君子知而舉之，謂之尊賢；知而事之，謂之尊賢者也。
> 後，士之尊賢者也。

帛書〈五行〉「說」部分的論述則更加詳細：

貴貴，〔其〕等尊賢，義也。貴貴者，貴眾貴也。賢賢、長長、親親、爵爵，選貴者無私焉。其等尊賢，義也。尊賢者，言等賢者也，言選賢者也，言足諸上位。此非以其貴也，此其義也。貴貴而不尊貴，未可謂義也。

能仁義而遂達於〔君子道〕，謂之賢也。君子知而舉之，謂之尊賢。君子知而舉之也者，猶堯之舉舜〔也，湯〕之舉伊尹也。舉之也者，誠舉之也。知而弗舉，未可謂尊賢。君子從而事之也〔者〕，猶顏子、子路之事孔子也。事之者，誠事之也。知而弗事，未可謂尊賢也。前，王公之尊賢者也。後，士之尊賢者也。

這裡的要點在於說明尊賢乃是「義」的要求。同時又進一步地把兩種尊賢歸結為王公之尊賢和士之尊賢。

不過比較起來，郭店竹簡中的〈唐虞之道〉更集中地論述了親親尊賢和仁義的關係。它說：

堯舜之行，愛親尊賢。愛親故孝，尊賢故禪。孝之放，愛天下之民。禪之傳，世無隱德。孝，仁之冕也。禪，義之至也。六帝興於古，皆由此也。愛親忘賢，仁而未義也。尊賢遺親，義而未仁也。古者虞舜篤事瞽盲，乃戴其孝；忠事帝堯，乃戴其臣。愛親尊賢，虞舜其人。

這裡先是把堯舜的行為歸結為愛親和尊賢，愛親所以有舜對瞽叟的孝，尊賢所以有堯對舜的禪讓。孝是仁之核心，禪是義之極至。兩者都很重要，因為孝的推廣，是愛天下之民。禪之所及，則是天下無隱才。〈唐虞之道〉認為，愛親和尊賢不能偏

廢,偏重於尊賢而忽視親親,是有義而無仁。專注於親親而遺忘尊賢,則是有仁而無義。應該像虞舜那樣既愛親(篤事瞽瞍)又尊賢(忠事帝堯),既仁又義,才是所謂的堯舜之道。和〈五行篇〉一樣,這裡對尊賢的理解,也可以區分為舉之和事之兩種。舜的忠事帝堯,是尊賢的表現。堯舉舜於草茅之中,同樣是尊賢。後一種尊賢也被稱做「上德授賢」,其表現則是禪。「上德則天下有君而世明,授賢則民舉效而化乎道」,從而造就一個儒家的理想社會。

我們還可以在孟子和荀子那裡找到類似的說法。《孟子·梁惠王上》:「未有仁而遺其親者也,未有義而後其君者也。」〈離婁上〉:「仁之實,事親是也;義之實,從兄是也。」〈盡心上〉:「親親,仁也;敬長,義也。」《荀子·大略篇》云:「親親故故庸庸勞勞,仁之殺也;貴貴尊尊賢賢老老長長,義之殺也。」考慮到孟子和荀子之間以及他們和〈五行〉等篇之間可能屬於儒家內部不同的派別,因此可以把這看作是儒家各派都承認的一個看法。把親親尊賢歸結為仁義,可以把儒家的政治原則與其最核心的價值聯繫起來,從而給其提供更堅實的依據。

四、內與外

仁義內外的問題,曾經是戰國時期儒家內部討論的一個重要問題,並波及到其他的學派。根據《孟子》中的記載,告子曾經有過這樣的主張。〈告子上〉云:

告子曰：「食色，性也。仁，內也，非外也；義，外也，非內也。」

此外，《管子》和《墨子》中也有與此相關的線索。前者見於〈戒〉篇，其說法是：

仁從中出，義從外作。

表面上看來，與告子的主張是近似的。[22]後者見於〈經下〉：

仁義之為外內也內，說在仵顏。

這裡的意思不甚清楚，但解釋〈經下〉的〈經說下〉所說卻是明白的：

仁，愛也。義，利也。愛利，此也；所愛所利，彼也。愛利不相為內外。所愛利亦不相為外內。其為仁內也，義外也，舉愛與所利也，是狂舉也。

與告子和〈戒〉篇的傾向相反，《墨經》的作者從邏輯上對「仁內義外」的說法提出批評，認為仁義不相為內外，而是各有其內外。比如愛是仁的內，愛的物件是仁的外；利是義的內，義的對象是義的外。在晚近發現的郭店竹簡中，也有涉及到「仁內義外」說的材料，為我們討論此問題提供了新的線索。郭店竹簡中「仁內義外」的說法可以在不同的文獻中發現，其意義並不相同。一種見於〈六德〉：

---

22 《管子》一般認為是和稷下學宮有關的一部論文彙編，其思想傾向不一，包括法家、道家、儒家、陰陽家等的文獻。〈戒〉篇有較強的儒家色彩。

> 仁，內也。義，外也。禮樂，共也。內立父子夫也，外
> 立君臣婦也。⋯⋯門內之治恩掩義，門外之治義斬恩。

這裡所謂的「內外」，從後文來看，應該是門內和門外的簡稱。
門內和門外區別的關鍵在於血緣關係的有無以及遠近，有血緣
關係且較近者，為門內；無血緣關係或雖有但遠者為門外。
「仁，內也」，是說「仁」是適用於門內（父子夫）的原則，
即「門內之治恩掩義」。譬如父子主恩，或者主仁，他們之間
的關係是以情為主的，所以如孔子所說，父子可以相隱。同樣，
「義，外也」，是說「義」是適用於門外（君臣婦）的原則，
即「門外之治義斬恩」，如君臣主敬，或者主義。對內外的這
種理解在「禮樂，共也」的說法中得到進一步的證實，「共」
即是通內和外而言。這是認為，仁義的適用物件和範圍雖然不
同，但它們都需要禮樂秩序來規定和表現，禮樂秩序是普遍適
用於門內和門外者。〈六德〉後面所說「疏斬布垤杖，為父也，
為君亦然」等，表達的就是這個意思。父是屬於門內的，君是
屬於門外的，適用的德目不同，但在某些情況下（如喪服）為
父和為君之禮可以是共同的。這種意義上的內外，不同於一般
理解的以己為內以人為外，或者以心為內以形為外等。我們在
考察歷史上出現的仁內義外說時，應該特別注意此種說法。

另一種見於〈尊德義〉、〈語叢一〉等篇，也可以叫做「仁
中義外」。〈尊德義〉說：

> 故為政者，或論之，或議之，或由中出，或設之外，論
> 列其類。

這裡指出要區分由中出者和設之外者，但沒有具體說明其內容。〈語叢一〉的如下說法也許可以幫助這裡的理解：

　　由中出者，仁、忠、信；由□□□□□□。

遺憾的是，這裡出現了缺文。但根據句子的語氣以及其他地方的論述，補出缺文的可能性還是很大的。李零將缺字補為「外入者，禮、樂、刑」，[23]是考慮到該篇中對禮樂刑的論述，當然有一定的道理。但是，我覺得如果缺文中少了「義」這一項，無論如何是有問題的。同樣是〈語叢一〉說：

　　仁生於人，義生於道。或生於內，或生於外。

應該與上述的說法有關。仁與義相對，但來源不同。一個生於內（人），可以與「由中出者，仁、忠、信」的主張參看。一個生於外（道），在缺文中應該是有體現的。這樣的考慮，若再結合〈尊德義〉：「或由中出，或設之外」以及〈六德〉中關於「仁義、忠信、聖智」的說法，也許更合適的補字是「外設者，義、聖、智」。如此，那段話就變成了：

　　由中出者，仁、忠、信；由〔外設者，義、聖、智〕。

這是在說明「六德」的不同的來源，正屬於〈尊德義〉所說「論列其類」的做法。所謂的中（內）、外，是相對於人而言的，似乎以是否可以從人自身產生出來為標準進行的區分。人自己可以生發出來的叫做「中」（或「內」），反之叫做「外」。「由中出者」，或者說「生於內者」，依照〈語叢一〉的說法，有仁、忠、信。這也可以在〈性自命出〉中得到驗證：

---

23 李零：《郭店楚簡校讀記》，頁158。

> 篤，仁之方也；仁，性之方也，性或生之。忠，信之方
> 也；信，情之方也，情出於性。

性當然是人固有的東西，這裡的「方」，應該讀作「放」，[24]有
外推或者引申的意思。仁是可以從性中引申出來的，所以說「性
或生之」。忠的基礎是信，而信的基礎則是情，情又可以歸結
為性。這樣，仁、忠、信都可以追溯到性，正是「由中出者」
的確切內涵。[25]至於「由外設者」，雖然沒有論述得這樣明顯，
但還是有蹤跡可循。譬如聖智，〈五行〉說：

> 見而知之，智也。聞而知之，聖也。

無論如何，聖和智是作為兩種不同性質的知識被規定的。而知
識的成立，除了能知的主體以外，另一個不可缺少的因素就是
外物。〈五行〉認為聖智建立在不同的認知基礎之上，聖的基
礎是聞，而智的基礎是見。重要的是，無論見聞，總是以外物
為其對象的。正是這一點，決定了聖智「外設」的性質。「義」
的情形要複雜一些。但從本文第一部分所討論〈性自命出〉中
的有關說法來看，義明顯是在性情之外，用來約束和提升性情
的東西。和「仁」的角色不同，它不是某種可以從性中生發者。
所以，雖然沒有使用「義外」的字眼，但〈性自命出〉無疑是
主張「義外」的。但這個「外」進一步地可以與天道聯繫在一
起，於是才有「義，天道也」的說法。

---

[24] 詳見拙著：〈論郭店楚墓竹簡中的「方」字〉，《簡帛思想文獻論集》（臺北：
臺灣古籍出版社，2001 年），頁 273-286。

[25] 比較而言，〈唐虞之道〉對忠信的討論明顯與此不同。在那裡，忠信相對
而且各自可以歸結為仁和義。

郭店竹簡中與「仁內義外」有關的兩種說法顯然是不同的，不能混為一談。〈六德〉是集中在仁義和門內門外的關係上，有其特殊的背景和意義。[26]〈語叢一〉等則是在仁義的來源和根據上進行討論。所以雖然字面上相同或近似，但意義迥異。可是，似乎也不能說這兩種說法之間全無關係。畢竟，當我們追問門內的關係為什麼是仁而非義的時候，「血氣之親」的概念就不可避免的出現了。而如我們知道的，「血氣之親」也是〈性自命出〉中解釋仁之內在性的依據。同樣，門外的關係由於缺乏血氣之親，所以只能用外設的道德原則來規範，這正是「門外之治義斬恩」的基礎。

告子主張的「仁內義外」，如果和郭店竹簡所見的兩種說法來比較的話，與前一種的不同是顯然的，與後一種似乎也不能等量齊觀。因為，雖然告子這裡也涉及到仁義的不同基礎和根據的問題，但與郭店所說並不能歸結為一個問題。換言之，即便它們是可以相容的，但是關注的角度仍然不同。我們看告子的具體說法，《孟子·告子上》：

> 告子曰：「食色，性也。仁，內也，非外也；義，外也，非內也。」孟子曰：「何以謂仁內義外也？」曰：「彼長而我長之，非有長於我也。猶彼白而我白之，從其白於外也，故謂之外也。」曰：「異於白馬之白也，無以異

---

[26] 這種意義上的「仁內義外」就是孟子也表示同意。《孟子·盡心下》：「仁之於父子也，義之於君臣也」。又〈公孫丑上〉：「景子曰：『內則父子，外則君臣。父子主恩，君臣主義。』」後者雖非孟子之言，但孟子似乎並不反對。

> 於白人之白也。不識乎馬之長也，無以異於長人之長
> 與？且謂長者義乎，長之者義乎？」曰：「吾弟則愛之，
> 秦人之弟則不愛，是以我為悅者也，故謂之內。長楚人
> 之長，亦長吾之長，是以長為悅者也，故謂之外也。」
> 曰：「耆秦人之炙，無以異於耆吾炙，夫物則亦有然者
> 也，然則耆炙亦有外乎？」

看起來孟子和告子對於仁義內容的認識並沒有太大的分別，仁主要是指愛親，義則是敬長。他們論辯的核心在於「義」是否屬於外，其具體的論題則是「我長之」這樣一種道德行為是如何發生的。告子在回應孟子的問題時，對此給出了兩個說法。一個是「彼長而我長之，非有長於我者」，也就是說，因為長者年長，所以我產生了「長之」（即「敬長」）的情感和行為。這裡，對長者「敬」的情感和行為是由外在的「長」的事實來引起的，而不是出自「我」，所以作為敬長的義是外而不是內。告子用了一個比喻，好比是白的東西，因為其本身是白的，所以我認為它是白的。很明顯，白並不是我強加於白的事物上面的，並不是我認為它是白的，它才是白的。因此白並不在我之內，而只在白的事物之內。告子是想說，在「義」的行為中，「我」完全是被動的，並不構成這個行為的積極的依據。義的依據只在我之外，也就是長者之長的事實。這裡的「外」，是指其來源和依據在「我」之外。另一個是通過比較對待兄弟和長者的態度上的不同，來說明「愛」（仁）和「敬」（義）的不同基礎。譬如同樣是弟弟，我的弟弟我就愛，秦人的弟弟則不愛，這裡，愛的情感和行為不取決於對象是否為「弟弟」，而

取決於是「誰」的弟弟。「我」的弟弟我就愛，秦人的弟弟就不愛，這種愛和不愛完全是根據物件與「我」的關係而決定的。這裡無疑有「我」的參與，是「以我為悅者也」，所以是「內」。但對長者的態度就不同，長兄固然要敬，楚之長者也要敬，這裡，敬之與否的關鍵不在於我，或者與我的關係，而在於物件是否年長，是「以長為悅者也」，所以是「外」。

告子「仁內義外」的主張，顯然是由於看到了仁和義的區別，「愛」和「敬」的不同，所以力圖對其發生的基礎進行說明。對比郭店竹簡〈語叢一〉中所說的「仁生於人，義生於道」，那裡已經包含著義外的看法。因為「道」很顯然是在人性之外，所以才被看作是「長性者」。[27]從這個意義上說，告子「義外」的說法是由來有自的。[28]

問題是，在郭店的材料中，從中出的「中」很顯然可以和性聯繫起來。那麼告子這裡的所謂內外，是不是可以和郭店的中外等同？從告子的話來分析，其所謂「內」，都和「我」有關，可以理解為「我」之內在具有者。譬如告子用「非有長於我者」來論證義外的時候，就包含著如果有某物於「我」，則某物為「內」的意思。所以，所謂的「內」實際上就是「我之內」，「仁內」是指「仁」的依據是我之內的因素。相應的，「外」也就是「我之外」，「義外」是指「義」的基礎是我之外的因素。

---

[27] 〈性自命出〉：「長性者，道也。」
[28] 在郭店的〈語叢二〉中，有「愛生於性」的說法。〈性自命出〉也可以看作是具有這樣的想法。但是，敬從來沒有被看作是可以從性之中發展出的東西。

　　但是，所謂的「我之內」和「我之外」究竟是什麼意義？這仍然是有待考慮的問題。在郭店的材料中，當講到仁生於人因此是由中出者的時候，所謂的「內」和「性」是不可分的。所以，「仁生於內」最後可以落實為「仁，性之方也，性或生之」。那麼，告子所說的「內」是否也可以理解為與「性」有關呢？

　　告子談到內外的時候，確實曾經涉及到「性」，如本文最初已經引到的，〈告子上〉說：

> 告子曰：「食色，性也。仁，內也，非外也；義，外也，非內也。」

這段話可以看做是涉及到了兩個問題，一個是對性的看法，告子認為食色是性，或者至少屬於性。另一個是仁義內外的問題，告子主張仁內義外。但真正的問題是：這兩個問題之間是什麼關係？它們出現在一起，是純粹偶然的，還是另有意義？

　　從《孟子》的轉述中，我們知道告子關於人性的主張，還有「生之謂性」和「性無善無不善」的說法。這些說法和「食色，性也」的表述是一致的，突出的都是「性」的生物學的方面。所以，學者們一般認為，此種人性觀也就意味著，無論仁還是義，作為善的東西，都不存在於「性」之中。也就是說，「仁內義外」中的內外，和「性」的問題無關。「義外」固然意味著「義」在「性」之外，「仁內」的說法也不意味著「仁」存在於「性」之內。因為，如果認為仁存在於性之中的話，就會與「性無善無不善」的說法相矛盾。這樣的話，一個問題就

出現了：所謂的「我之內」如果不是指「性之內」的話，究竟意味著什麼？

如前所述，在郭店竹簡中，當說到仁生於內的時候，所謂的「內」最後一定會歸結為「性」。在孟子那裡，似乎也是同樣的意思。譬如「仁義禮智，非由外鑠我也，我固有之也」[29]的說法，意味著仁義禮智不是我之外者，而是我之內的東西，這同時也就是我的性之內的東西。仔細思考「內」的內容，除了「性」之外，很難再找到任何堅實的東西。[30]所以，也許我們可以換一個角度來考慮問題。即便我們承認「仁，內也」是指仁存在於人性中，是否也不必然導致和「性無善無不善」的說法相矛盾呢？

這裡的關鍵就轉到了對「善」的理解上，即究竟什麼是「善」？這樣提問的時候突然會發現，對於這個經常使用的概念，我們其實很少追問它的意義。在郭店的材料中，〈五行〉曾經討論到「善」的問題，認為「四行和，謂之善。善，人道也」，以與「德之行五，和謂之德。……德，天道也」相對照。善和德的區別主要集中在兩點：其一，善為不形於內的仁義禮知諸行之和，德則為形於內的仁義禮知聖五行之和。其二，形於內是指有內心的依據，所以為德；不形於內是指徒有其行而

---

29 《孟子‧告子上》。

30 當然也可以像〈五行〉那樣，把「內」理解為心。根據孟子的說法，告子曾經討論過「不動心」的問題，表明他對心的關注。但是，如果「仁內」是說仁存在於心之中的話，那麼這是人心固有的，還是得自於外的。如果是前者，又會回到性的問題。如果是後者，又從根本上與「仁內」的說法相衝突。

無內心的依據，所以為善。可以看出，這裡的「善」有特殊的意義，主要是為了突出與德的分別，我們暫時可以將其放在一邊。就這裡的討論而言，〈性自命出〉中有一個非常值得注意的說法：

> 義，群善之蕝也。

這裡的「群」，在我看來，與後文「群物之道」的「群」一起，都應該做動詞來理解。「蕝」字，見於《說文》，許慎說是「朝會束茅表位」也，在文獻中常與「表」字通用。[31]「義，群善之蕝也」的意思，就是說義是聚集善的尺規。通俗地說，合於義的就是善的，不合乎義的就是不善的。因此善與不善，就在於看其是否合乎義，而和仁無關。與此類似的，〈語叢三〉中有「義，善之方也」的說法。如果把這個看法推展開去的話，也許可以認為，「仁」並不構成「善」的根本前提。換言之，仁並不等於善，而只是如〈語叢一〉所說的「愛善」。[32]「愛善」只是追求善的傾向，不等於「善」本身。譬如愛父母兄弟可以看作是善的，但不愛秦人的兄弟就不能說是善的，雖然也不能用惡來定義。這樣的話，即便承認告子所說「仁，內也」是指仁是人性中固有的東西，也不必和「性無善無不善」的主張相衝突。[33]因此，告子的「仁內義外」之說所包含的一個重要內

---

[31] 郭店〈緇衣〉有「民之蕝也」，《禮記》本作「民之表也」。

[32] 〈語叢一〉：「愛善之謂仁」。

[33] 需要處理的是〈告子上〉中記載的告子的如下說法：「性，猶杞柳也；義，猶桮棬也。以人性為仁義，猶以杞柳為桮棬。」起初，告子只是提到義，這與我們的分析可以一致。但是，稍後的時候，告子又以仁義並稱，似乎認為仁也是人性以外的東西。當然，可能的解決方案是把這裡的「仁義」

容，是把善理解為性之外的東西。這無疑和孟子的性善論正相反對，也是孟子不遺餘力批評告子的主要原因。

到此為止，我們可以發現三種不同角度的「仁內義外」的說法。其中第一種說法偏重在強調處理門內和門外關係的不同。第二種和第三種說法都涉及到仁義的根據問題，但討論的層次和角度有異。如就「義外」而言，第二種說法把「義」歸結為人之外的天道，這可以幫助說明雖然「義」是人之外者，但人為什麼仍然需要其以為行為的依據。把義歸結為天道，實際上給「義」的追求提供了合法性。第三種說法的「義外」顯然不具有這樣的意義，它只是強調「義」的行為的實際發生是由我之外的因素引起，而不是我自身固有的東西。這裡沒有涉及到「義」的合法性的問題，但從邏輯上來說，它不排斥這個問題，換言之，第三種說法可以相容第二種。也許，第二種看法已經作為第三種看法的前提存在著，後者只是進一步說明此論題而已。

圍繞著「仁內義外」進行的討論，在我看來，主要體現了孔子之後儒家為道德原則尋找根據的努力。這種尋找是在內外兩個方向上進行的，這也是兩個可能的向度。向內的尋找導致對人本身的關注，從而發展出人性、人情以及人心等論題，並著力探討從人性、人情以及人心中引申出道德原則的可能性。其實真正說來，這種向內的尋找中又包含不同的進路，譬如〈五

理解為古代漢語中常見的偏正結構，雖然「仁義」並稱，但其意義仍然只是偏重在「義」的上面。

行〉一再強調的「形於內」和「不形於內」的區別,所偏重在道德原則和人心的關聯,而不涉及人性。〈性自命出〉等沿著性與情的思路討論,所偏重在人性,但一定不離開人心。我們可以分別稱之為人性的進路和人心的進路。在人性的進路中,首先是仁,然後才是其他的德目被納入到人性之中。向外的尋找最後一定會歸結到天道,因為只有這樣,外在的東西才有追求的合法性。看來,建立在天道基礎上的道德原則最初主要是「義」。在郭店竹簡中,有「義,天道也」的說法。[34]然後,其他的德目也漸漸地和天道發生了關係。最後的結果則是內向和外向兩個方向的合流。

因此,就較早的情形來看,內外的問題,在一定意義上可以轉化為子貢所說「性與天道」的問題。但如同內和外的區別所顯示的,這裡的人性和天道之間有著明顯的界限。屬於人性的就不可能是屬於天道的,反之亦然。這種區分,提醒我們正視早期儒家在同一個「天」的概念之下所包含的不同意義。因為如〈性自命出〉中「性自命出,命自天降」所表示的,人性也是從天而降的。顯然,作為人性基礎的天與以義為內容的天道是不同的。後者無疑是善的,道德性的,而前者則更像是自然性的。[35]但是,一方面,同一個「天」字仍然為它們的可能

---

[34] 李零說這可能是屬於〈語叢一〉或者〈語叢三〉的殘片。見《道家文化研究》17 輯,頁 542。

[35] 如果從性的內容上看,作為性的根據的「天」很難說是道德性的。「喜怒哀悲之氣,性也」和「好惡,性也」的說法,讓人想起古已有之的「天有六氣」之說以及人情與六氣的關聯。《左傳・昭公二十五年》說:「民有好惡、喜怒、哀樂,生於六氣,是故審則宜類,以制六志。哀有哭泣,樂

聯結創造了條件。另一方面,「天」之中的內在緊張也為後來的思想家們提出要解決的問題。這正是稍後孟子提出「盡心、知性、知天」的思路,[36]欲以貫通天道和人性的前提。

從儒家學說發展的傾向以及和其他學派區別的角度著眼,其向內尋找道德依據的努力是最值得注意的。墨子批評孔子和儒家「以天為不明,以鬼為不神」,[37]實際上是在表達對儒家向內尋找道德依據的不滿。墨子認為仁義來源於天,是天的意志,所以人們應該遵守。[38]這是典型的外向型的思路。仁內義外說的提出,從內向尋求的角度說,已經把仁和人性聯繫了

有歌舞,喜有施捨,怒有戰鬥;喜生於好,怒生於惡。是故審行信令,禍福賞罰,以制死生。生,好物也;死,惡物也。好物,樂也;惡物,哀也。哀樂不失,乃能協於天地之性,是以長久。」這裡的天地之性,一方面固然是自然的天和地之性,另一方面,似乎也和人性有關。人作為「受天地之中以生者」(《左傳‧莊公十三年》),這種命運決定了天地對於它而言並不是絕無關係的東西。天地的性同時也就構成了人的性,這正是較早的對人性的一種瞭解。所以,天有六氣,體現於人就有六志。六氣是天之性,六志是人之性,而人之性歸根到底來源於天之性。當〈性自命出〉用「喜怒哀悲之氣」或者「好惡」來說明「性」,並說「性自命出,命自天降」的時候,《左傳》中「民有好惡、喜怒、哀樂,生於六氣」的說法,正好可以成為其立說的背景。可以作為參考的還有文章開始時提到的《管子‧戒》中的記載:「滋味動靜,生之養也;好惡、喜怒、哀樂,生之變也;聰明當物,生之德也。是故聖人齊滋味而時動靜,御正六氣之變,禁正聲色之淫。」文中的六氣,直接是指好惡、喜怒、哀樂而言,這更能說明它們與自然之天的關係。

36 《孟子‧盡心上》:「孟子曰:盡其心者,知其性也。知其性,則知天矣。」
37 《墨子‧公孟》。
38 《墨子‧天志中》云:「今天下之君子之欲為仁義者,則不可不察義之所從出。既曰不可不察義之所從出,然則義何從出?子墨子曰:義不從愚且賤者出,必自貴且知者出。……然則孰為貴,孰為知?曰:天為貴,天為知而已矣。然則義果自天出矣。」

起來。這當然已經是一個很大的成就，但是，由於太過於強調仁義的區別，如仁是愛親，義是尊賢（或敬長）；仁是情，義是理；仁是「非之而不可惡者」，義是「惡之而不可非者」[39]等，從而只能把「義」排斥在人性之外。這種排斥，表現出到此為止的儒家對「內」的瞭解仍然是很單薄的。一直到孟子出來，以「四心」的說法，大大豐富了儒家對內在資源的認識。不同的道德原則，因而都可以在人性和內心中找到依據。

五、人與我

在先秦的儒家中，我們也能夠發現一些從人和我的角度討論仁義的零星片段。但系統地從人與我的角度來討論仁和義，是董仲舒在《春秋繁露·仁義法》中的貢獻。該篇開始就說：

> 《春秋》之所治，人與我也。所以治人與我者，仁與義也。

這是把《春秋》的問題歸結為人與我，而治人與我依據的是仁義。根據董仲舒的看法，仁義分別對應著人和我：

> 以仁安人，以義正我。故仁之為言人也，義之為言我也。
>
> 言名以別矣。仁之於人，義之與我者，不可不察也。

具體而言，仁是用來安人的，義是用來正己的。董仲舒進一步以字形來解釋字義，用仁字從人，義字從我來證明他的看法。該篇繼續說：

---

[39] 〈性自命出〉。

> 是義與仁殊。仁謂往，義謂來。仁大遠，義大近。愛在
> 人謂之仁，義在我謂之義。仁主人，義主我也。故曰仁
> 者人也，義者我也，此之謂也。君子求仁義之別，以紀
> 人我之間，然後辨乎內外之分，而著於順逆之處也。是
> 故內治反理以正身，據禮以勸福。外治推恩以廣施，寬
> 制以容眾。

義和仁是不同的。愛在人是仁，是外向的，所以「謂往」。義
在我是義，是內向的，所以「謂來」。人則遠，我則近，君子
之所以要辨別仁義的區別，是為了瞭解處理人我關係的基本原
則。內義外仁，順而不逆。因此對自己要以義（理）正身，對
他人要以仁容眾。

　　但實際的情形往往相反，人們常見到的是「以仁自裕，而
以義設人」，嚴於律人而寬以待己，於是導致社會的混亂。在
董仲舒看來，孔子正是針對此種情形，才在《春秋》中發明仁
義法，其內容是：

> 仁之法在愛人，不在愛我；義之法在正我，不在正人。
> 我不自正，雖能正人，弗予為義。人不被其愛，雖厚自
> 愛，不予為仁。

仁的實質不在於愛，義的實質不在於正，而在於這種愛和正指
向哪裡。愛指向人而不是我就是仁，正指向我而不是人就是
義。從名義上來說，仁就是「愛人之名」，義就是「宜在我者」。
合人與愛，才是仁。合我與宜，才是義。

　　以人我來說仁義，雖然是董仲舒的發明，但他以為是淵源

有自,「《論》已見之」。「《論》」即《論語》,〈雍也〉有「先難後獲」之言;〈子路〉有「先富後教」之說;〈衛靈公〉有「躬自厚而薄責於人」之句,均為該篇引用並發揮。又〈顏淵〉記:「子曰:『君子攻其惡,不攻人之惡。』」〈仁義法〉解釋說:

> 不攻人之惡,非仁之寬與?自攻其惡,非義之全與?此謂之仁造人,義造我,何以異乎?

〈八佾〉中有「居上不寬,為禮不敬」的話,也被〈仁義法〉所發揮:

> 是故以自治之節治人,是居上不寬也;以治人之度自治,是為禮不敬也。為禮不敬,則傷行而民弗尊;居上不寬,則傷厚而民弗親。

可以看出,董仲舒提出仁義法的目的,表面上雖然強調仁義之異,其實在解釋的趨向上,突出的卻是仁義之同。其核心則是君主愛民的德政主張。仁者愛人姑且不論,原本在先秦儒學中廣泛存在的以「惡」來解釋義的精神消失了。因為這種「惡」很容易推出「刑」的合理性,這顯然不適合於漢初儒家由於反省秦之暴政因此推崇德政的時代精神。

六、仁義之和

以上本文從情與理、柔與剛、親親與尊賢、內與外、人與我等幾個方面討論了早期儒家的仁義說。也許我們還可以找到更多的角度,譬如忠和信,在郭店竹簡的〈忠信之道〉中,這

兩個觀念被特別地突出了。其云：「不訛不孚，忠之至也。不
欺弗知，信之至也。忠積而可親也，信積而可信也。忠信積而
民弗親信者，未之有也。至忠如土，化物而不伐。至信如時，
畢至而不結。……大忠不說，大信不期。不說而足養者，地也。
不期而可遇者，天也。似天地也者，忠信之謂此。」這是以忠
信比天地。從本文來說，尤其值得注意的是忠信和仁義的聯繫：

> 忠，仁之實也；信，義之期也。

其實，從「忠積而可親也，信積而可信也」的說法與《論語‧
學而》「信近於義，言可復也」和〈尊德義〉「仁為可親也」等
的比照中，我們就能夠感受到忠信與仁義的關聯。這句話無非
更明確地指出了這一點：忠的本質是仁，信的本質是義，於是，
忠信就可以歸結為仁義。其實，當儒家從情與理等幾個對立的
方面來解釋仁義的時候，也是在有意識地豐富和擴大仁義的內
涵，從而強化著仁義說在儒家思想中的核心位置。

　　在《孟子》中，我們經常可以發現從相對的方面對仁義進
行的規定。除了我們熟悉的「惻隱之心」和「羞惡（或辭讓）
之心」外，還有諸如「仁，人之安宅也；義，人之正路也」，[40]
「仁，人心也；義，人路也」，[41]「人皆有所不忍，達之於其所
忍，仁也；人皆有所不為，達之於其所為，義也」[42]等。從人
性的角度來講，孟子認為仁義是人人所固有。從實際的生活而
言，它們也都被君子認為是不可或缺。雖然孟子討論著「由仁

40　《孟子‧離婁上》。
41　《孟子‧告子上》。
42　《孟子‧盡心下》。

義行」和「行仁義」的不同，[43]但重要的是「居仁由義，大人
之事備矣」[44]的宣示。孟子肯定著仁義的差異，這種差異有時
會導致嚴重的後果，使人陷入尷尬的處境，但他追求的仍然是
仁義的和諧。〈盡心上〉記載：

> 桃應問曰：舜為天子，皋陶為士，瞽瞍殺人，則如之何？
> 孟子曰：執之而已矣。然則舜不禁與？曰：夫舜惡得而
> 禁之？夫有所受之也。然則舜如之何？曰：舜視棄天
> 下，猶棄敝蹝也。竊負而逃，遵海濱而處，終身欣然，
> 樂而忘天下。

這裡假設的就是情和理、忠和孝，也就是仁和義之間的衝突。
舜不執瞽瞍則不義，執之則不仁，面對這個兩難處境，孟子提
供了一個先義後仁的解決辦法，力圖在仁義的衝突之中追求二
者的統一。

事實上，在把仁義規定為某種相對之物的同時，儒家也就
在追求著它們的和諧和統一。從〈五行〉的「仁義之和」，到
董仲舒的「仁義法」，莫不如此。在這個過程中，儒家漸漸地
發現，這種統一不應該是外在的一致，仁義應該被看作是有內
在關聯之物。在這種內在的關聯中，仁義都可以在對方那裡獲
得自己的本質規定性。於是我們看到《荀子·大略》中的如下
說法：

---

[43] 《孟子·離婁下》：「孟子曰：人之所以異於禽獸者幾希，庶民去之，君子
存之。舜明於庶物，察於人倫。由仁義行，非行仁義也。」由仁義行指天
性如此，行仁義則是勉力而行。

[44] 《孟子·盡心上》。

仁，愛也，故親；義，理也，故行。……推恩而不理不
成仁，遂理而不敢不成義，審節而不知不成禮，和而不
發不成樂。故曰：仁義禮知，其致一也。君子處仁以義，
然後仁也；行義以禮，然後義也；制禮反本成末，然後
禮也。三者皆通，然後道也。

如果說孟子偏重從推恩的角度來看待仁的話，那麼荀子進一步
地認為，推恩如果不和理結合在一起的話，那麼也不能夠叫做
仁。也就是說，合乎義的仁才是仁，即「處仁以義，然後仁也」。
沒有義的限制，仁或許會流於墨家式的兼愛。反之，如果沒有
仁作為基礎，義也許要成為法家式的刻薄寡恩。所以義也要以
仁作為根本，〈禮運〉云：

義者藝之分，仁之節也。協於藝，講於仁，得之者強。
仁者，義之本也，順之體也，得之者尊。

藝指才而言，義是對才和仁的節制，仁則是義的根本。在這種
理解之下，仁義就不再是簡單的對立，而是互相蘊涵的統一
體。這個統一體的表現，就是儒家所謂的秩序——禮。在孟子
那裡，禮就被看作是節文仁義者，[45]也就是仁義的調和者。《禮
記》中就更多這樣的文字，如〈禮運〉稱：

孔子曰：「夫禮，先王以承天之道，以治人之情。」

禮是天道與人情的統一，在〈性自命出〉中，禮被叫做道，是
所謂情和義的統一。在某種意義上講，也就是仁義的統一。所
以〈禮運〉又說：

---

45 參註 2 所引《孟子·離婁上》文字。

> 故治國不以禮，猶無耜而耕也。為禮不本於義，猶耕而
> 弗種也。為義而不講之以學，猶種而弗蓐也。講之以學
> 而不合之以仁，猶蓐而弗獲也。

由禮而義，由義而學，由學而仁，可以看出仁義對於禮而言的
基礎地位。又〈郊特牲〉云：

> 祀帝於郊，敬之至也。宗廟之祭，仁之至也。喪禮，忠
> 之至也。備服器，仁之至也。賓客之用幣，義之至也。
> 故君子欲觀仁義之道，禮其本也。

正由於禮建立在仁義的基礎之上，所以反過來也可以成為觀仁
義之道的所在。

古代文獻中的「德」及其分化
——以先秦儒學為討論中心[**]

林啟屏[*]

一、前言

　　從比較的眼光來看，中國思想所凸顯出的道德色彩，的確是一個相當引人注目的面向，事實上不僅在抽象的思想表現上如此，即使是具體的生活、風俗習慣上，中國文化也都能充分體現「道德」影響下的作用。因此，我們可以說組構中國人認識存在世界的重要視域，便是「道德」的視角。而且值得注意的是，強調道德優位的思考，早在今日可見的最古的相關文字記載，便可窺見端倪。是故，要直探中國文化思想的核心，捨「道德」視域一途，則難以深究其全貌。然而，人類精神文明的發展，自是在歷史的進程中展開，是以挾歷史江河日下的結果是，異時異代的心靈，將各自的意義（創生）活動，雜糅入一共同使用的「論域」之中，此舉固然使得內涵更形豐富，但同樣地，也會因此而帶來複雜難別的情形。「道德」一詞背後

[*] 國立政治大學中國文學系教授。

[**] 本文曾於 2004 年 11 月 19-20 日宣讀於臺灣大學東亞文明研究中心舉辦之「東亞語文學與經典詮釋學術研討會」，並經審查刊於《清華學報》新 35 卷第 1 期（2005 年 6 月，頁 103-129），感謝蔣秋華教授與兩位匿名審查人所提供的修改意見。

所載賦的豐富意涵，便是在歷史時間中，透過時代心靈所催生出來的成果。於是當我們必須通過「道德」概念以切入中國思想研究時，釐清「道德」概念的變化及其內涵所反映的意義，就成為一項重要的課題。職是之故，本文乃將以古代文獻中的「德」為研究對象，試圖經由「德」字之義的分化過程，論說其間的意義。本文將分成以下三部分進行討論：首先，本文從「受命」的角度切入，論述「德」義與政治權力間的關係；其次，則透過「心性」的視野，剖析孔孟為「德」所灌注的新義；最後，將以「天」與「內在精神意識」的觀點，彰明思孟及思孟後學中的新「德」義。

二、命與德

　　「德」字一義，在一般的理解之中，解者通常喜歡引用《說文解字》釋「直心」為「德」的說法，並以「外得於人，內得於己也」的解釋，[1]引申出全套的道德學說。基本上，這個處理的方式，大抵合於多數人的看法，而且運用到某些先秦文獻的釋讀，不止可以通讀無礙，甚至可以深入抉發其間透顯的義理型態，是以廣為學者所用。[2]其實，「德」字在造字之時的用

---

[1] 許慎著，段玉裁注：《說文解字注》（臺北：藝文印書館，1997 年），頁 507 上。其實，以「得」釋「德」，並非是漢人的自創，在相關的先秦舊籍之中，便有類似的用法。例如：《韓非子・解老》即云：「德者，內也。得者，外也。……德者，得身也。」請參陳奇猷校注：《韓非子集釋・解老第二十》（臺北：河洛圖書出版社，1974 年），卷 6，頁 326。

[2] 請參楊儒賓：〈德之行與德之氣〉，《儒家身體觀》（臺北：中央研究院中國文哲研究所籌備處，1996 年），頁 269-271。

意,是否必然如同許慎此一巧妙的解釋一樣,就今日的相關考古成果來看,恐怕仍然存在著爭論。[3]不過,值得深思的是,就「德」的解釋來說,道德價值式的型態或許是其中最重要的部分,但就其原始的意義來看,也許僅是選項的其中之一而已。說明了這一點,底下即可提出相關文獻史料,作為討論的起點。

《國語・晉語》曾記有一段論及「德」的文字,以道德價值的理解模式,則難得確解,其文曰:

> 公子欲辭,司空季子曰:「同姓為兄弟。黃帝之子二十五人,其同姓者二人而已,唯青陽與夷鼓皆為己姓。青陽,方雷氏之甥也。夷鼓,彤魚氏之甥也。其同生而異姓者,四母之子別為十二姓。凡黃帝之子,二十五宗,其得姓者十四人為十二姓。姬、酉、祁、己、滕、箴、任、荀、僖、姞、儇、依是也。唯青陽與蒼林氏同于黃帝,故皆為姬姓。同德之難也如是。昔少典娶于有蟜氏,生黃帝、炎帝。黃帝以姬水成,炎帝以姜水成。成而異德,故黃帝為姬,炎帝為姜,二帝用師以相濟也,異德之故也。異姓則異德,異德則異類。異類雖近,男女相及,以生民也。同姓則同德,同德則同心,同心則同志。同志雖遠,男女不相及,畏黷敬也。黷則生怨,怨亂毓災,災毓滅姓。是故娶妻避其同姓,畏亂災也。故異德合姓,同德合義。義以導利,利以阜姓。姓利相更,成

---

[3] 詳細討論,請參李孝定編述:《甲骨文字集釋・第二》(臺北:中央研究院歷史語言研究所,1982 年),頁 563-569;581-582。

而不遷，乃能攝固，保其土房。今子於子圉，道路之人
也，取其所棄，以濟大事，不亦可乎？」[4]

在這段事涉「逼婚」的文獻中，揭露了兩個難解的問題，其一
是為「姓」義，該當何解？其二則關乎本文討論的課題，「德」
義又當何釋？此二問題又相交涉，形成糾結難解的局面。尤其
是，當我們將「德」視為是道德意義下的觀念來處理時，其不
通之處，更是明顯。因為，我們如果認為「道德」應當具有「普
遍」性質的話，則「同姓」與「異姓」之間的「德」為何會有
不同呢？準此，則通行以「道德」釋「德」的作法，無法施用
於此，必須另尋方向。

　　當代學者李宗侗曾將「姓」與「圖騰」聯繫，逕稱這段古
文獻中的「姓」與「馬那」（Mana）接近，而「德」又是得「姓」
的重要條件，是故「德」、「姓」意同而近於「馬那」之意。[5]李
說從人類學的角度提供了一條古代社會史的理解途徑，使得其
後的學者可以由此而論「德」之義，乃是一種「神聖屬性」的
觀點，[6]的確是相當有創見。基本上，本文也接受此一觀點，

----

[4] 左丘明撰，韋昭注：《國語‧晉語四》（臺北：漢京文化事業有限公司，1983
年），重耳婚媾懷嬴，卷 10，頁 356。

[5] 李宗侗認為「德」的初義與指涉圖騰原質的「姓」，在意義上有相通之處，
並引美拉尼西亞人的「Mana」來作為說明。詳細論證，請參李宗侗：《中
國古代社會史》（臺北：中國文化大學出版部，1987 年），頁 37-40。

[6] 請參王健文：《奉天承運——古代中國的「國家」概念及其正當性基礎》（臺
北：東大圖書公司，1995 年），第三章〈有盛德者必有大業——「德」的
古典義〉，頁 85。值得注意的是，王健文對於李宗侗將「圖騰」與「德」
劃上等號的作法，仍有未安。不過，擺開其引人類學例證的對比方式，「德」
從文獻脈絡中所能呈現的意義，又不致與「神聖屬性」之說相悖。因此，
在王健文的論說裡，仍然是接受「神聖屬性」的說解方向。關於這個部分

不過我認為此一神聖屬性——「德」，更值得注意的是其與「政
治權力」的關聯性部分，因為出現在文獻脈絡中的「德」，是
有著「政治權力」的針對性，而不是一泛稱的「神聖屬性」而
已。當然，這點必須要配合「姓」的理解來看。基本上，這段
文脈中的「姓」，恐怕也很難以今日血緣關係下的「姓」來思
考，[7]因為光是黃帝二十五子，卻分得有十四「姓」，其同「姓」
者又只有二人，委實與一般的因血緣而得姓的方式，差距過
大。是以從顧炎武開始，便注意到「姓」與「封國」的密切關
係，[8]其後杜正勝便是發揮此義，強調「姓」在統治階級所獨
有的政治事實，[9]而「德」便是其擁有土地與人民的一種表徵。
王健文則是建立於杜正勝的基礎，深入論析「德」之古典義，
其說甚詳而審，並引《尚書・堯典》「克明俊德，以親九族」
為據，申說：

> 克，能；俊，大。能明其大德，而後能親其同姓族群。
> 此處的「德」顯然是特屬於某一族群的共同神聖屬性，
> 而不是道德善行之義。同族者同德，德有大有小，能彰

的說明，請見同書，頁 91，註 6。

[7] 杜正勝指出新石器時代晚期之後，由於族群間的來往複雜，內部亦產生結
構分化，使得原本以「旌旗」識別同異族群的功能喪失，「姓」乃應運而
生。所以使用今日血緣關係架構下的「姓」觀念，是無法釐清古代「姓」
之風貌。請參杜正勝：〈傳統家族試論（上）〉，《大陸雜誌》第 65 卷第 2
期（1982 年 8 月），頁 60。

[8] 顧炎武考實氏之由時，嘗引《路史》之說：「古之得姓者，未有不本乎始
封者也。」請參顧炎武：《原抄本顧亭林日知錄》（臺北：文史哲出版社，
1979 年），「氏族相傳之訛」條，卷 23，頁 652。杜正勝於〈傳統家族試論〉
一文，即取此說，並推論「沒有封土就沒有姓」（頁 61）。

[9] 杜正勝：〈傳統家族試論（上）〉，頁 60-61。

> 明其大德者，自然是族群中的領導權威。而同德之族
> 人，親親為尚，故曰：以親九族。[10]

其說甚有意思，尤其是引《尚書》將「同德」之中，又分出「大」
「小」，能彰明其中「大」者，則為族中領袖，取得支配的位
置。是以〈晉語四〉中的黃帝與炎帝，即是其族群中能彰明「大
德」者。說明至此，我們大概可以明白「德」―「姓」／「姓」―
「德」之間的古典關係了。「姓」作為政治權力架構下的產物，
其實是要凸顯出族群中的領袖位置，誰能佔據領袖位置，誰就
能得「姓」，而此一族群的成員，也因領袖的得「姓」，乃成為
「同姓」的關係，司空季子即稱「同姓為兄弟」。既然是「同
姓」才為「兄弟」，那麼「兄弟」未必是「同姓」，所以「姓」
的政治意義其實高於血緣意義。[11]此外，得「姓」的重要條件
是「德」，「德」是促使族群凝聚的「神聖屬性」，並為全體成
員所共享，但德分大小，能彰明其大者，即為族群領袖。

　　以上所述，大抵對於〈晉語四〉所透露「德」之古義，有
一定的釐清作用。雖然「德行」、「德性」之義，在許多先秦文
獻之中，仍然被豐富地使用，但這並不妨礙我們從文獻之中勾
勒出某一被忽略的意涵。而且，此一古義的使用，亦與周文所
透顯的人文化精神，密切相關，因此，本文不得不辨明此義。
如上所言，「德」與政治權力相關，這在古代文獻的使用上，
便是與「命」字相關，底下試引幾條重要的文獻，再行分析。

---

[10] 王健文：《奉天承運──古代中國的「國家」概念及其正當性基礎》，頁
　　71。
[11] 杜正勝：〈傳統家族試論（上）〉，頁61。

《詩・大雅・文王》：

文王在上，於昭于天，周雖舊邦，其命維新。有周不顯，帝命不時。文王陟降，在帝左右。 亹亹文王，令聞不已。陳錫哉周，侯文王孫子。文王孫子，本支百世。凡周之士，不顯亦世。 世之不顯，厥猶翼翼。思皇多士，生此王國。王國克生，維周之楨。濟濟多士，文王以寧。穆穆文王，於緝熙敬止。假哉天命，有商孫子。商之孫子，其麗不億。上帝既命，侯于周服。 侯服于周，天命靡常。殷士膚敏，祼將于京。厥作祼將，常服黼冔。王之藎臣，無念爾祖。 無念爾祖，聿修厥德。永言配命，自求多福。殷之未喪師，克配上帝。宜鑒于殷，駿命不易！ 命之不易，無遏爾躬。宣昭義問，有虞殷自天。上天之載，無聲無臭。儀刑文王，萬邦作孚。[12]

《詩・大雅・蕩》：

蕩蕩上帝，下民之辟。疾威上帝，其命多辟。天生烝民，其命匪諶。靡不有初，鮮克有終。 文王曰：「咨！咨女殷商。曾是彊禦，曾是掊克；曾是在位，曾是在服。天降慆德，女興是力。」 文王曰：「咨！咨女殷商。而秉義類，彊禦多懟。流言以對。寇攘式內。侯作侯祝，

---

12 基本上，以下所舉五例並非個人獨見，多數討論周初建國的相關論文，常常引用。由於論者甚夥，因此對於相關文章，茲不一一列舉，僅註明原始出處。當然，我在以下的分析觀點，主要是受到前引杜正勝與王健文的說法所啟發。〈大雅・文王之什・文王〉，參屈萬里：《詩經詮釋》（臺北：聯經出版事業公司，1984年），頁451。

靡屆靡究。」 文王曰:「咨!咨女殷商。女炰烋于中
國。斂怨以為德。不明爾德,時無背無側。爾德不明,
以無陪無卿。」 文王曰:「咨!咨女殷商。天不湎爾
以酒,不義從式。既愆爾止。靡明靡晦。式號式呼。俾
晝作夜。」 文王曰:「咨!咨女殷商。如蜩如螗,如
沸如羹。小大近喪,人尚乎由行。內奰於中國,覃及鬼
方。文王曰:「咨,咨女殷商。匪上帝不時,殷不用舊。
雖無老成人,尚有典刑。曾是莫聽,大命以傾。」 文
王曰:「咨!咨女殷商。人亦有言:『顛沛之揭,枝葉未
有害,本實先撥。』殷鑒不遠,在夏后之世。」[13]

《詩·周頌·維天之命》:

維天之命,於穆不已,於乎不顯,文王之德之純,假以
溢我,我其收之,駿惠我文王,曾孫篤之。[14]

《尚書·召誥》:

……嗚呼!皇天上帝,改厥元子茲大國殷之命。惟王受
命,無疆惟休,亦無疆惟恤。嗚呼!曷其奈何弗敬?天
既遐終大邦殷之命。茲殷多先哲王在天,越厥後王後
民,茲服厥命;厥終智藏瘝在。夫知保抱攜持厥婦子,
以哀籲天;徂厥亡、出執。嗚呼!天亦哀于四方民,其
眷命用懋,王其疾敬德。相古先民有夏,天迪從子保;
面稽天若,今時既墜厥命。今相有殷,天迪格保;面稽

---

13 〈大雅·蕩之什·蕩〉,同前註,頁 511-512。
14 〈周頌·清廟之什·維天之命〉,同前註,頁 557。

天若，今時既墜厥命。今沖子嗣，則無遺壽耇；曰，其
稽我古人之德，矧曰其有能稽謀自天。……我不可不監
于有夏，亦不可不監于有殷。我不敢知曰，有夏服天命，
惟有歷年；我不敢知曰，不其延，惟不敬厥德，乃早墜
厥命。我不敢知曰，有殷受天命，惟有歷年；我不敢知
曰，不其延，惟不敬厥德，乃早墜厥命。今王嗣受厥命，
我亦惟茲二國命，嗣若功。[15]

《尚書・君奭》：

公曰：「君奭！在昔、上帝割申勸寧王之德，其集大命
于厥躬。惟文王尚克修和我有夏，亦惟有若虢叔，有若
閎夭，有若散宜生，有若泰顛，有若南宮括。又曰，無
能往來茲迪彝教，文王蔑德降于國人。亦惟純佑秉德，
迪知天威，乃惟時昭文王；迪見冒聞于上帝，惟時受有
殷命哉。」[16]

在以上所引的《詩》、《書》文獻，均可見到「命」與「德」在
文脈中的參互使用。當然，相關的文獻非僅於以上五條，但以
上的材料，主要是集中敘述周初文王建國過程的歷史，這對於
本文想要討論的課題，直接相關。因為，不管是《詩》或《書》
均提及了「德」與「命」的關係，而後世儒者釋讀此段歷史，
便是將此一「德」字，置於「道德」的脈絡下，於是「天命有

---

15 〈周書・召誥〉，參屈萬里：《尚書集釋》（臺北：聯經出版事業公司，1986
年），頁 174-177。

16 〈周書・君奭〉，同前註，頁 208。

德」的理解，便是凸顯了周人之所以可取代大邑商而有天下的主因，乃是由於文王的「道德人格」所致。於是，「道德」成為決定「政治」的首要條件。後世儒者的此種道德化解釋，能否真正彰明此一涉及「政權轉移」的事件，其實是令人懷疑的。不過，儒者的這種解釋方式，倒是使「德」字的「道德性」成為日後訓讀的主流，這點將在下文再行分析，此處本文仍然試圖從「德」的政治性意涵切入分析。

從前引的五條文獻，我們可以輕易地發現，古代文獻認為古代政權的取得，可以以「受命」稱之，也就是說，只有取得「天命」，人間才有政權。殷人之有政權，也是由於受有「天命」。但是，「天命」也並非可以永久保持，上帝仍然可以重新命予「天命」給他族，周之代殷而起，即是由此而解。這種想法，在古代人的思維裡，並非難理，即使今日，相信許多人也是持有相同的信念。勞思光便曾分析古代中國人對於「天」的想像時指出：

> 就中國古代觀念而論，言「天」言「帝」，固皆表示對「人格天」之信仰。但中國人似只以人力所不能決定之問題，歸於天意。……據此再推一步，即可知何以詩書中之「人格天」，主要作用在於決定政權之興廢；蓋政權興廢之間，原有許多因素為人力所不能掌握者。早期中國民族，對於此種因素，即只好歸之於「天」。[17]

---

[17] 事實上，中國古來對於「天」的想像，正如勞思光所指出的情形，而且春秋時期的各個思想家乃針對此種對「天」的超越想像，進行思想的改造工作。下文所論的儒家之「德」義，其中一部分便涉及此問題之解決。勞說

其言甚是。是以,周人以「小邦周」取代「大邑商」而有天下,此事實乃出乎人們所能想像之事,因為此「商」之大,而「周」之小,無論如何周是不可能取代商,但事情卻真實發生了,揆究其因,時人自然認為是「天」或「上帝」所主導的結果。然則,「天」或「上帝」使「命」流轉的依據,如文獻所云,均主於「德」,那麼「德」的內涵,該當何解呢?尤其是,有關「道德義」的解釋模式,可能只是後世儒者的「新觀點」時,我們如何從前述「神聖屬性」的角度,提供一個合理的答案,就成為本文的重要任務了。

其實,從所引資料來看,不管是追述文王之德,或是假文王之口以告誡後世君王,或是由周、召二公追述文王事蹟,其所明之「德」,雖云是「天」評判受不受予「命」的依據,但此「德」之所以有「神聖屬性」之義,乃基於一個有人格意志、並超乎人們想像的超越者,以看似無法理解的方式,不僅「革」前代之「命」,也開啟承繼後王受「命」之可能,使時人湧發「天命靡常」的喟嘆!因此,「德」的「神聖」在於「它」是「天」、「帝」的「神聖意志」抉擇時的標準,人們似乎無能介入,故此而有「神聖」之意。不過,如果一新的「受命王」的出現,只要宣稱其得有「天」、「帝」所認可的「德」,便能取代前期之「命」,人們也就必定欣然接受的話,那也委實叫人驚異了。因為「天」之意志,如何得知,在古代文獻的記載,也並不是如此地無跡可尋。相反地,《尚書》中的〈皋陶謨〉、

請見氏著:《新編中國哲學史(一)》(臺北:三民書局,1998年),第二章〈古代中國思想〉,頁93。

〈泰誓〉、〈酒誥〉均有記錄類似「天視自我民視,天聽自我民聽」的文字,凸顯出「天意」當自「民意」觀察的路子。[18]因此,「德」之有神聖屬性之義,應該是由「天」之決定政權取予時的角度言;至於「德」的內涵,或許上述「天視」／「民視」,「天聽」／「民聽」的方向,才是應該值得深入思考的地方。當然,此時的「民」與今日的「民」,恐怕在內涵上未必相同。因為,前述「同姓同德」的時代,同姓的族群應當是一種「氏族共同體」的型態,[19]所以論「民」必須置於此一脈絡中,才能得其確解。否則說在春秋「國人」、「野人」的身分,尚是如此峻然有別的時代之前,便已有了平等概念的「全民」意識,未免也太忽略歷史進程的差異了。以是,我們當可從此一角度,釐清「德」的可能內涵了。

「德」既然是受「命」的依據,則從其「失德」的相關內容,或可相對地逼出「有德」的內涵。《詩》、《書》中對於周之代殷的敘述中,紂王的「失德」與文王的「敬德」,常是相

---

18 〈皋陶謨〉云:「天聰明,自我民聰明;天明畏,自我民明威」、〈泰誓中〉云:「天視自我民視,天聽自我民聽」、〈泰誓上〉云:「天衿于民,民之所欲,天必從之」、〈酒誥〉云:「古人有言曰:『人無於水監,當於民監。』」凡上種種,均可看出古人雖然對於「天」的神聖屬性,具有高度的想像,但真要落實於人間的生活世界時,「民」的意向,恐怕才是最後的判準。請見〈虞夏書·皋陶謨〉(屈萬里:《尚書集釋》,頁 34),〈泰誓中〉(頁 320),〈泰誓上〉(頁 319),〈周書·酒誥〉(頁 164)。另外,勞思光對此問題亦有討論,請見氏著:《新編中國哲學史 (一)》,頁 88。

19 此一氏族共同體當然是由「血緣因素」為其基礎而出現的人群組合方式,此時「氏族」與「氏族」之間的關係,常是建立在求生存的目的上,因此,族屬之間的權利義務與今日的「全民」觀念,甚至是春秋以來的「國野」之分,亦都不同。請參杜正勝:〈傳統家族試論(上)〉,頁 60-61。

伴對立的參照項，由此切入，當可提供一定的訊息。有關商紂
失德罪狀的載記，《尚書·牧誓》有生動地記載，其云：

> 王曰：「古人有言曰：『牝雞無晨。牝雞之晨，惟家之索。』
> 今商王受，惟婦言是用。昏棄厥肆祀，弗答；昏棄厥遺
> 王父母弟，不迪。乃惟四方之多罪逋逃，是崇是長，是
> 信是使，是以為大夫卿士；俾暴虐于百姓，以姦宄于商
> 邑。今予發，惟恭行天之罰。」[20]

後代儒者對於商紂的「失德」，常從「酒池肉林」與寵信妲己
的縱慾裡作文章，然而〈牧誓〉一文所載，雖也指出「婦言是
用」的問題，但更重要的是紂王作為一承「命」而有「國」的
統治者，對於權力正當性來源的「先祖宗廟」不加祭祀；又對
於輔弼國家的重要宗室（屈萬里先生云：「王父母弟，即紂之
兄弟」）[21]不加重用，反而起用了四方的來奔之人。如此重大的
過失，傷害了殷商的國祚，也傷害了殷商的人民。所以武王作
為承文王「新命」的後繼者，有責任「行天之罰」。從以上的
罪狀來看，杜正勝與王健文均指出，紂王實因於背離「族群傳
統」而「失德」，因此，「德」的內涵當與「族群傳統」有關。
[22]而此一「族群傳統」即指「……各族因應其生產方式、社會

---

20 〈周書·牧誓〉，屈萬里：《尚書集釋》，頁112-113。

21 同前註。

22 杜正勝在〈〈牧誓〉反映的歷史情境〉一文中指出周武王伐紂的主要藉口
即是「殷周之際人們心目中紂王最大的罪行莫過於背離宗族」，因此〈牧
誓〉的四大罪狀，殆是聚焦於此。王健文之說同乎上。杜說，收入氏著：
《古代社會與國家》（臺北：允晨文化實業股份有限公司，1992年），頁
319-321。王說，見氏著：《奉天承運——古代中國的「國家」概念及其正

型態、宗族意識等整體而產生的族群傳統」。[23]論述至此,我們
當可明瞭一個受命王之能「敬德」而為「天」所喜,其人間的
標準便在於反映「族群傳統」之「民意」的遵守。如此,則「天
命有德」的神聖化表述方式,結合上「同姓同德」所反映的氏
族共同體式之「族群傳統」,當可為我們說明古代中國政權興
替轉移的歷史,在思想內涵與政治內涵上的意義。

綜上所述,「德」作為一種族屬間認證的「神聖屬性」言,
是凝聚一族的重要因素,只有全族擁有同舟一命的認同感,此
一族群才有生路,也才有壯大的可能,周人興起的過程,「西
土意識」的摶成,或許正是此一古義的具體實例。[24]但擁有共
同體式的認同感,只是提供了壯大的可能,並不必然取得「有
天下」的保證,真正的決定者,仍然是那不可測度的「天」或
「帝」。不過,歷史的書寫,總歸是在「人」的筆上,歷史解
釋的發動,也脫離不了「人」的生活世界之影響,所以「誰是
有『德』者?」的問題,其最後的裁判,也許仍然是握在「民」
的手中。所以「命」與「德」,在撥開其神聖面紗的背後,「人」
恐怕才是最值得注意的焦點。

當性基礎》,頁66。

[23] 王健文再依斯維至認為「德」與民族傳統習慣法有關的觀點,進一步推說
了「德」必得與民族的生產方式、社會型態、宗教意識等相關。王健文:
《奉天承運——古代中國的「國家」概念及其正當性基礎》,頁75。

[24] 杜正勝分析「天命靡常」的周初觀點,認為其中各種的解釋,如果置於周
初環境理解,應可發現「天命」屬於政治口號層次,而西土意識才是對殷
戰爭的根本。此一意識的形成乃由文王摶造之,成功地在以宗族為主的時
代,凝結族群力量對抗東方部族。杜正勝:《古代社會與國家》,頁322-330。
尤其是頁329的討論,更值得注意。

三、「德行」與「德性」

誠如許多典籍與學者所指出的事實,周人的文化成就,帶來了「人文化」的氣象,[25]此一成就當是導源於克商過程的困難之體會,以及安邦定國時的艱苦之理解,方能轉出以「人」為中心的時代新思維。試觀在「艱大,民不靜」(《尚書·大誥》)的「憂患」之中,訴諸求天,恐怕不如求己求人,來得切實,周公當是深有體會。所以在如此壯闊的開國行動之後,「制禮作樂」以「永言配命」,反映的即是「人」的精神之灌注。然而,時移世變,當開國的精神磨蕩在「宗族相殘」的爭鬥下時,「安邦定國」的「禮樂」之義,也就無法為周王之子孫所能掌握了。「禮崩樂壞」成為時代的新局面。

儒者面對的世局,即是一個失去規範的新時代,「周文疲弊」是儒者亟想克服的一道「基源問題」,[26]孔子曾指出「周監於二代,郁郁乎文哉,吾從周」,[27]所以如何恢復其理想中的「周文」,乃成為他畢生學問的重點。就孔子的學說言,他實是認為周文之精華者在「禮」,而其恢復之道並非是「復古式」地返回周文的一切形式,相反地,他以「道德精神」為「禮」的

---

[25] 詳細討論,請參徐復觀:《中國人性論史(先秦篇)》(臺北:臺灣商務印書館,1987年),第二章〈周初宗教中人文精神的躍動〉,頁15-35。

[26] 孔子一生以「重建周文」為其職志,因此,其後的儒者在問題意識上,即是隨此軌跡而動。但是包括孔子在內的儒者,「重建周文」並非是單純地恢復周文的一切,其「重建」之中已涵了「新義」。相關討論,請參勞思光:《新編中國哲學史(一)》,頁102-107。

[27] 朱熹撰:《論語集注·八佾第三》,收入《四書章句集注》(北京:中華書局,2003年),頁65。

大根大本，雖未必符合周初的原貌，但此背後反映的即是一種「創新」的精神。是以，我們可以說孔子為原偏屬於制度意義的「禮」之儀文，注入了「道德」的生命，使得「周命」真的有了「惟新」的可能。基本上，孔子以降的儒者大抵均守著如上的大方向，於是「德」的意義，也就在儒門義理學說的提倡下，彰揚了「道德」的意涵，底下試就相關文獻，進行分析。

《論語‧顏淵》曾云：

> 子張問崇德，辨惑。子曰：「主忠信，徙義，崇德也。……」[28]

在這段話中，孔子很清楚地界定「崇德」的內容，便是「忠信」、「徙義」，這是相當有意義的一段對話。因為孔子思想雖然是以「道德思想」為其申說重點，但對於古來傳統中的各種具體「德目」的興趣，反倒是《論語》一書所呈顯出的重要特色，至於在《詩》、《書》中常見的「德」字的發揮，不若想像之多。[29]然而〈顏淵〉的此段文獻，卻涉及到「德」的內涵及其實踐。以忠信為主，見「義」而徙，即是崇隆「德」的行為。其中「忠」、「信」為具體德目，看似屬於外在的行為，但推求其為「主」之意，恐非只是「德行」而已，朱子釋此章，便有極深刻的見解：

---

[28] 《論語集注‧顏淵第十二》，同前註，頁 136。

[29] 胡止歸統計《論語》一書所使用之「德」約四十見，與《詩》、《書》相較，反似重要性稍減。不過，胡止歸也指出孔子對於「道」的關注，較諸以往，又更為重要。相關討論，請參胡止歸：〈孔子之「道」「德」思想體系探原〉，收入陳大齊等著：《孔子思想研究論集（二）》（臺北：黎明文化事業股份有限公司，1983 年），頁 50-53。

曰：「『主忠信』者，每事須要得忠信。且如一句話不忠
信，便是當得沒這事了。『主』字須重看。喚做『主』，
是要將這箇做主。『徙義』，是自家一事未合義，遷徙去
那義上；見得又未甚合義，須更徙去，令都合義。『主
忠信』，且先有本領了，方『徙義』，恁他便德會崇。若
不先『主忠信』，即空了，徙去甚處？如何會崇！『主
忠信』而不『徙義』，卻又固執。」[30]

朱子在此很敏銳地注意到孔門師生的對話，雖看似著落於外在
的「德行」，但此一「德行」恐非只著眼於外在行為的表現而
已，而應當「內」有「主」，才能在外在的行為上「徙義」而
為，所以在《論語集注》中，朱子便注云：「主忠信，則本立，
徙義，則日新」，[31]此一「本」立之語，當即道出「德行」的行
為，不能只是外在的表現，而必須中心有主，也就是說「德」
應先內在於人，則其外在見「義」而徙之事，方有真實的意義。
此一分判，甚為緊要，不能略去。因為此處所涉之關節，正是
在於「德行」與「德性」之別。前者，著眼於外在的客觀行為；
[32]後者，則立意於內在主體的價值性之探討。由是可見孔子的
道德思想已然探觸到「主體性」的課題，而不是只就外在合乎
道德的行為來判斷其價值意義。劉宗周發揮此義更是清楚，其
於《論語學案》即云：

---

30 黎靖德編、王星賢點校：《朱子語類》（臺北：華世出版社，1987 年），第
　3 冊，卷 42，頁 1086。

31 朱熹撰：《論語集注・顏淵第十二》，《四書章句集注》，頁 136。

32 勞思光指出「徙義即是從正當之理」，當是在行為的實踐上需依理而行。
　勞思光：《新編中國哲學史（一）》，頁 114。

忠信，德之本也；義，德之制也。「主忠信」，有其本矣；
「徙義」則日新而不窮，日新之謂盛德，故曰「崇德也」。
夫德木固有，而不能不受蔽於有生之情識，則辨惑要
焉。從情識用事時一勘即破，如大夢之獲醒，便覺本體
昭著，從此漸加培養，漸加省察，而天理造其極至矣。[33]

又云：

只是一心，而心所散見處便是義，便有無窮境界。我這
主之一心既葆得此理完固，足以為日用云為之本，由是
隨事精察而力行之，日新又新，轉徙無端，小而證之日
用飲食，大而察之綱常倫理，無不得其泛應之妙，所謂
徙義也。[34]

宗周認為德本固有，與朱子之說相侔，雖然兩人在「心性」的
觀點上，有著明顯的不同，[35]但於此「本」之德的主張，並無
太大的出入。而且宗周點出所本所主必須於「本體」、「心」上
求，顯然已深刻體會到孔子的「道德」思想不會只是一種外在
的行為而已，因為日用飲食綱常倫理的實踐，只有透過「本體」
與「心」的昭著，才能泛應曲當，才真正吻合孔子理想中的君

---

[33] 請見劉宗周著，吳光點校：《論語學案三·顏淵第十二》，收入《劉宗周全
集》（臺北：中央研究院中國文哲研究所籌備處，1997 年），第 1 冊「經
術」，頁 510。

[34] 同前註。

[35] 牟宗三指出宗周的心性論，不同於只存有而不活動或形而下的「氣質之靈」
的朱子說，因為宗周的說法是走向「歸顯于密」，主張「心性是一」，兩者
有著明顯的差別。詳細討論，請參牟宗三：《從陸象山到劉蕺山》（臺北：
臺灣學生書局，1990 年），頁 453-457。

子之教，這種說法實彰明了「德」的內在性意義。事實上，朱子與宗周的理解在《論語》中可以找到相應的文獻證據，例如在《論語·憲問》中，孔子說：「有德者必有言，有言者不必有德」，[36]也就是認為中心有「德」者，其發於外在的立論表現，必然會合乎道德的價值，孔子此說即是體現了「德」應當是內在於主體的觀點。關於「德」義如此的解釋，甚為重要。底下再進一步分析。

誠如前引許慎以「得」釋「德」的說法，「外得於人」是在於外在的客觀行為，可以獲得他人的首肯；「內得於己」則強調順合於個人內在的道德判準，便可稱為「德」。此二分正可區別孔子所建立的儒學典範是走上了著重「道德主體」的方面。因為從前文的討論裡，我們已經清楚地注意到孔子對於「內在」部分的著墨，「主忠信」一語絕非泛論，而是有所體會之後的發言，譬如勞思光先生便指出「忠」是「仁」表現的一面，[37]如是則以「仁」為「德」的內涵，正可突出道德主體優位的面向。事實上，在孔子其他論述「德目」的文獻中，重視「德性我」，強調意志純化工夫的養成，[38]無非也就是意識到「道德」不能只是一種行為的表現而已，更重要的是必須立足於「道德

---

36 朱熹撰：《論語集注·憲問第十四》，《四書章句集注》，頁 149。

37 勞思光認為「仁」是一種大公的意志狀態，雖然孔子對於如何臻至此狀態，尚無理論性的說明，可是從「忠恕」的討論中，他認為孔子對於實踐工夫已有朝「仁」方向性的說法了。是以，孔子雖然可能僅就某單一的「德目」進行申說，但在具體德行的實踐經驗底下，德性主體的方向，才是儒門在理論發展上的重點。請參勞思光：《新編中國哲學史（一）》，頁 133。

38 勞思光：《新編中國哲學史（一）》，頁 151。

主體」層次的深化，「道德」才是「真道德」。而且「道不遠人」，所以「仁，遠乎哉？我欲仁，斯仁至矣。」[39]只要是此一「德性」之我，能起而為主宰，則行為之如理，絕非難事。[40]孔子思想所揭示的這個方向，容或於「德性主體」之處，尚未有深入的理論表述，但他樹立了儒學道德主張的思想軌範，其後繼者多能持續發展「道德思想」的主體層次內涵。其中，以孟子最值得注意。

　　基本上，由於孟子喜言古事，是以在敘述周文之歷史時，一如《詩》、《書》之意，常是將「德」與「文王」、「禹」等聖王聯繫，因此，從字面而言，此時孟子眼中的「德」與「政治權力」之間的論述關係是相當密切的。然而，值得我們注意的是，「德」字的古典意義與政治權力的相關性，雖是《詩》、《書》中的事實，所以只要孟子使用相同的「語境」，則「德」義的古典面，自不可少。可是，孟子的使用亦正好凸顯儒者改造「德」字意義向度的努力。我們試觀孟子在將「德」與「聖王」聯結或論「王」的條件為「德」的脈絡，指向的正是「仁政」的內涵，而非如前一節所敘的「神聖屬性」與「族群傳統」。例如在《孟子・梁惠王上》回答齊宣王問「德何如，則可以王矣？」時，答以「保民而王」，並由宣王「以羊易牛」的事跡，逐步導向「仁術」之「心」的發動，正是宣王可以「王」的基本條件。其後孟子雖然從「推恩」角度，再具體地指出「仁政」的

---

39 朱熹撰：《論語集注・述而第七》，《四書章句集注》，頁 100。

40 勞思光認為此章乃論及純粹自覺之活動，「故此處乃見最後主宰性，而超越一切存有中之制約。人能夠立此公心，全由自主，故說：『我欲仁，斯仁至矣。』」請見勞思光：《新編中國哲學史（一）》，頁 199。

內容，但究其全文的關目，則「仁術」之「心」的發動，恐怕才是孟子此段長文的焦點。[41]是以「德」字與政治權力的關係，不再是《詩》、《書》傳統中的內涵，反而是統治者內「心」價值意識的發動，才足為權力正當性賦予的最終極保證。《孟子‧公孫丑上》所論，亦發揮此義：

> 孟子曰：「以力假仁者霸，霸必有大國，以德行仁者王，王不待大。湯以七十里，文王以百里。以力服人者，非心服也，力不贍也；以德服人者，中心悅而誠服也。如七十子之服孔子也。」[42]

朱注於此云：「假仁者，本無是心，而借其事以為功者也。……以德行仁，則自吾之得於心者推之，無適而非仁也。」[43]即是注意到此「德」與「心」的關係，所以此「心」絕不可能只是「心理」或「生理」意義下的「心」，當為「價值」意義下的「德」之「心」，其意實和論宣王之事，是若合符節。

事實上，孟子在以上所提出的觀點，雖是在政治的脈絡下發言，但如將此一論述，置於其「心性論」、「仁義說」的語境裡，亦無任何的扞格，甚至更能突出孟子打開「道德」與「政治」兩領域的企圖。[44]最明顯的論證在於〈公孫丑上〉的文字：

41 朱熹撰：《孟子集注‧梁惠王章句上》，《四書章句集注》，頁207-208。其實，在《孟子》一書之中，孟子特別著眼於「心」的能動性，不管是就一般人的道德行為或是統治者的政治行動，孟子均可從「心」的角度，提點應行的方向。
42 朱熹撰：《孟子集注‧公孫丑章句上》，同前註，頁235。
43 同前註。
44 黃俊傑申述孟子此說，指出：「孟子認為政治領域是一個道德的社區

> 孟子曰:「人皆有不忍人之心。先王有不忍人之心,斯
> 有不忍人之政矣。以不忍人之心,行不忍人之政,治天
> 下可運之掌上。」[45]

孟子在這裡進一步發揮由「心」而「政」的連鎖關係,他認為
「不忍人之政」的前提是建立在「不忍人之心」上,而「不忍
人之政」是「治天下」的要件,是以求治天下的政治事務,必
得返求治者之「心」,只有治者在「心」上做工夫,治天下才
有可能。其後,乃順勢提出孟子著名的「四端之心」的論述,
且申說「人之有是四端也,猶其有四體也。有是四端而自謂不
能者,自賊者也;謂其君不能者,賊其君者也。」[46]這一段話
中,孟子如此強烈地表明四端之心(價值意識)的「有」是「必
然」的狀態,即是基於其「心性論」的立場。由此,我們可以
發現「德」字的政治古義,已在孟子心性論的立場下,強化了
其道德價值的意涵,甚至我們可以說,「道德」已經凌駕於「政
治」之上了。此外,更有一點值得再加以申說,孟子由於重視
「心性」的主體層面,於是可分為「德行」與「德性」兩義並
行的文獻使用脈絡,其中仍有個「主從」關係,主為「德性」,
從為「德行」。也就是說,「德性」不止是治天下的基礎,更是
一切「德行」的基礎。

（moral community），它的道德性質依靠人心的價值自覺的普遍必然性
來保證」,其說甚當。請見氏著:《孟學思想史論》(臺北:東大圖書公
司,1991年),頁 170-171。

45 朱熹撰:《孟子集注‧公孫丑章句上》,《四書章句集注》,頁 237。
46 同前註。

其實，孟子的這個立場，與孔子是相同的，只是孟子的說法更為精緻，更為完整。《孟子‧告子上》指出：

> 仁義禮智，非由外鑠我也，我固有之也，弗思耳矣。故曰：「求則得之，舍則失之。」或相倍蓰而無算者，不能盡其才者也。詩曰：「天生蒸民，有物有則。民之秉夷（案：彝也），好是懿德。」孔子曰：「為此詩者，其知道乎！故有物必有則，民之秉夷，故好是懿德。」[47]

《孟子‧離婁下》：

> 孟子曰：「人之所以異於禽獸者幾希，庶民去之，君子存之。舜明於庶物，察於人倫，由仁義行，非行仁義也。」[48]

比觀以上兩條文獻，即可注意到孟子強調「仁義禮智」並非外在的道德行為表現，如果行為者只求其行為之符合客觀規範之要求，則此種所謂的「道德行為」，將不是孟子所許可的。所以孟子特別點出「非行仁義」，而是要由「四端」本身的價值意識發動下的道德行為（由仁義行），才是真道德。而且，更重要的是，孟子於此再次強調道德價值意識「內在於人」的事實，並且視之為「人禽」之辨的大關節，於是「德」（仁義禮智／價值意識）乃成為「人之為人」的本質性界定。如此一來，當然會將思考的焦點，導入道德主體性的考慮。這種對於「心性」主體的拓深工作，已較孔子定向儒學的工夫，更進一層。

---

[47] 朱熹撰：《孟子集注‧告子章句上》，《四書章句集注》，頁 328-329。
[48] 朱熹撰：《孟子集注‧離婁章句下》，同前註，頁 293-294。

是故勞思光乃言：「孔子立仁、義、禮之統，孟子則提出性善論以補成此一學說。無性善論則儒家內無所歸，故就中國之『重德』文化精神言，性善論乃此精神之最高依據。倘就哲學問題言，性善論亦為最早點破道德主體之理論。」[49]頗能點出其中關鍵。

當然，孟子為「德」義的主體層次建構理論的表述，仍然是從孔子定向下的發展，是以其彰揚「德性主體」的論述，實為儒門義理之必然。不過，比較有意思的是，孔子論「德」時，對於政治意涵的部分，雖也曾提出「為政以德」的說法，但多是原則性的泛論，可是孟子卻用相當多的篇幅來處理這個課題，並且也觸及了許多具體原則的處置之道，這實說明了孟子不僅在「性善論」的角度上，為「德」拓深了其「內在」層面的理論深度，同時，孟子面對外在社會政治環境的實踐欲求之興趣，亦同樣地重要，而影響了其相關的論說。因此，他不得不將思考的焦點，同時擺放在「政治脈絡」的相關課題上。雖然，「德」義與「政治」的聯繫，也僅是孟子政治思想的其中一部分而已，但由於孟子接續孔子的立說及發展，是以「道德」與「政治」兩領域的關係，自然較傳統時期的主張更為緊密而不可分了。[50]而此一關係若就統治者而言，孟子則從「君心」

---

[49] 勞思光：《新編中國哲學史（一）》，頁159。

[50] 其實，此種視「政治領域」與「道德領域」密切的主張，為儒家招致「化約論」的批評，尤其在「道德」支配「政治」的理論傾向上，更是容易為人指為是「封閉的、一元式的」思想模式。不過，此類批評，雖自有其理據，但若從「融貫性」的角度切入，則上述的責難，未必可以加諸孔孟。詳細討論：請參拙著：《先秦儒法思想中的血緣問題與國家》（臺北：國立臺灣大學中國文學研究所博士論文，1995年），頁157-166。

處，要求其向「德」，進而格去其非，再推恩行仁政，如此方有天下治的可能，「王」者業也才真能臻至，是以「德」是「政之良弊」的基礎。但是「德」也並非只能專屬於統治者，聖賢而有德者在孟子的論述中，依然是重要的討論課題，此時「德」與「政」的關係，又當如何呢？《孟子·萬章下》有一段文獻，正可透露孟子的主張，其云：

> 萬章曰：「敢問不見諸侯，何義也？」孟子曰：「在國曰市井之臣，在野曰草莽之臣，皆謂庶人。庶人不傳質為臣，不敢見於諸侯，禮也。」萬章曰：「庶人，召之役，則往役；君欲見之，召之，則不往見之，何也？」曰：「往役，義也；往見，不義也。且君之欲見之也，何為也哉？」曰：「為其多聞也，為其賢也。」曰：「為其多聞也，則天子不召師，而況諸侯乎？為其賢也，則吾未聞欲見賢而召之也。繆公亟見於子思，曰：『古千乘之國以友士，何如？』子思不悅，曰：『古之人有言：曰事之云乎，豈曰友之云乎？』子思之不悅也，豈不曰：『以位，則子，君也；我，臣也。何敢與君友也？以德，則子事我者也，奚可以與我友？』千乘之君求與之友，而不可得也，而況可召與？⋯⋯」[51]

在這段文獻中，我們看到了生存於古代社會結構下的孟子，雖無法預見日後有一「民主」的機制，得以抗拒統治者運用政治

---

[51] 朱熹撰：《孟子集注·萬章章句下》，《四書章句集注》，頁 322-323。王健文對於此條文獻亦有深入論述，可供參考。請參《奉天承運——古代中國的「國家」概念及其正當性基礎》，頁 87-88。

力量的干擾，但他卻也從「德」的立場，為士大夫階層立下一道「尊嚴」的門牆，以抗拒統治者可能的全盤影響。於是「以德抗位」、「道尊於勢」乃成為儒家人物在專制時代裡的精神武器，這不能不說是孟子在「道德」與「政治」的緊密關係中，另設的一道「緊張」關係。

綜合上述，孔孟對於「德」字內涵的理解與運用，已經與前此的意涵產生了變化，古典時期所強調的「政治」意義，雖然在此時仍有一定的連續，但在孔孟「道德思想」的籠罩下，政治的意涵已轉為從屬的地位，儒家理論的核心已經是集中在道德價值的討論。此一變化，使得「德」的道德倫理意涵成為思考重點，並因而深入探究「道德行為」與「道德主體」的問題，前者本文稱之為「德行」，後者則以「德性」示之。而且，孔孟也意識到判斷一個道德行為的表現，是否合於道德價值的判斷，並不在於行為的客觀層面，而應返歸於行為者的「內心」，充分表現了儒家的道德思想乃是一種「存心倫理學」。[52]當然，「德」作為一個擁有豐富意涵的觀念字而言，其意義的擴大，必然是在使用者不斷地「應用」（application）過程中而產生，[53]因此，孟子繼孔子而釋之，使其意義內涵不斷擴張，自屬必然

---

[52] 關於「存心倫理學」的相關討論，請參李明輝：〈存心倫理學、形式倫理學與自律倫理學〉，《國立政治大學哲學學報》第 5 期（1999 年 1 月），頁 1-18。

[53] 當代詮釋學論及「理解」（Verstehen / Understanding）時，常注意到「詮釋」、「理解」、「應用」三者互為環節，從而使得意義產生擴張的作用。此一說法既有方法論的趣味，又有導向存有的自身的可能，進而凸顯了「不同地理解」在「主體性」上的重要。詳細討論，請參張鼎國：〈「較好地」還是「不同地」理解〉，收入黃俊傑編：《中國經典詮釋傳統（一）通論篇》（臺北：喜馬拉雅研究發展基金會，2001 年），頁 32-34。

之事。然而,自孔子之後,至孟子前亦有百年左右的時間,孔門弟子及其後學者,是否也與孟子一般,對於孔子的思想,進行傳播與詮釋的工作呢?我想答案應該是肯定的,因此,底下將嘗試由出土文獻中的儒簡,探討「德」義的相關問題。

四、「德之行」

由於近年來的考古成績,迭有出人意表的收穫,因此對於古代中國思想的研究,產生了許多重大的衝擊。其中,郭店楚簡的出現,更是令人矚目的一件大事。因為,在郭店簡中有關儒、道兩家的文獻相當豐富,有第一次面世的材料,也有吻合已經出土的文本,從而影響了許多過去的研究成果。[54]底下本文即從相關的儒簡入手,分析其中的「德」義。

基本上,這批楚簡的年代問題,學界雖然仍存在著爭議,但將之定為戰國中期之作,則能為多數學者所接受。[55]若以此為點,則這批儒簡所反映的思想,當有可能是孔子之後,孟子

---

[54] 相關討論,請參杜維明:〈郭店楚簡與先秦儒道思想的重新定位〉,刊於《中國哲學》第 20 輯(瀋陽:遼寧教育出版社,2000 年),頁 1-6。此外,李學勤在同書亦有一篇:〈先秦儒家著作的重大發現〉討論相近課題,頁 13-17。

[55] 學者對於郭店簡年代的看法,大抵從郭店一號墓的墓葬形制及隨葬品來作分析,但看法不盡相同,此乃源於考古學的斷代,雖可指出一個可能的時段,但卻不能明確地指明年代,除非有極為堅強的證據。相關討論,請參王葆玹:〈試論郭店楚簡各篇的撰作時代及其背景──兼論郭店及包山楚墓的時代問題〉;劉宗漢:〈有關荊門郭店一號楚墓的兩個問題──墓主人的身份與儒道兼習〉;姜廣輝:〈郭店一號墓墓主是誰〉。三篇均收入《中國哲學》第 20 輯。

之前的相關主張。如是，則這批材料中的〈五行〉，便應為我們所格外重視了。

　　過去以來，討論「五行」相關問題者，若剔除以「金、木、水、火、土」的「五行說」外，荀子在〈非十二子〉中對於「思孟」的批評，最引人注目。《荀子・非十二子》云：

> 略法先王而不知其統，猶然而材劇志大，聞見雜博。案往舊造說，謂之五行，甚僻違而無類，幽隱而無說，閉約而無解。案飾其辭而祗敬之曰：此真先君子之言也。子思唱之，孟軻和之，世俗之溝猶瞀儒嚾嚾然不知其所非也，遂受而傳之，以為仲尼、子游（弓之誤）為茲厚於後世。是則子思、孟軻之罪也。[56]

荀子這一段批判力道十足的言論，以往並不好解，[57]然而在長沙馬王堆帛書出現之後，學圈咸認為帛書〈五行〉篇中的「仁、智、義、禮、聖」即是思孟的「五行」。[58]且推論「五行」之說，也應是思孟學派中的「後學」所創的一套觀點。[59]基本上，如

---

[56] 梁啟雄：《荀子簡釋》（臺北：木鐸出版社，1983 年），頁 62-64。

[57] 多數學者都意識到孟子於其書中，並未言及「五行」，即便以楊倞說法解「五行」，則「仁義禮智信」如何是「僻違」、「幽隱」、「閉約」？亦不易為人所理解。因此，乃產生了種種奇特的解法。相關討論，請參楊儒賓：〈德之行與德之氣〉，收入氏著：《儒家身體觀》，頁 253-258。

[58] 龐樸首先指出「思孟五行」的內容，即是帛書〈五行〉篇中的「仁、義、禮、智、聖」。其後，引發學圈熱烈討論。如今郭店簡中〈五行〉篇再出，其篇首自名為「五行」，更使此說確然。龐樸：《帛書五行篇研究》（山東：齊魯書社，1980 年）。

[59] 此一課題，實有爭議。相關討論，請參黃俊傑：〈荀子對孟子的批判——「思孟五行說」新解〉，收入氏著：《孟學思想史論（卷二）》（臺北：中央研究院中國文哲研究所籌備處，1997 年），頁 106-108。

此的論說大致無誤,但恐必須鬆動一些看法。因為自郭店簡面世之後,「仁、義、禮、智、聖」的確在簡本〈五行〉篇中,是以此處無誤。可是簡本〈五行〉可能早於孟子,亦為學者所申說。[60]雖然,其中仍有爭議,但在更多相關證據出土之前,我們也不宜貿然認為「五行」之說的提出,必然就是思孟後學所創的新說。不過,思孟後學進一步推演「五行」之說,則符合出土文獻的現況。其次,有關荀子為何要針對同是儒門信徒的子思、孟子發出如此嚴厲的批判,今日已有許多學者的研究成果,[61]本文不再贅述。本文仍然是將焦點鎖定在「德」的議題上。

誠如上一節的討論所指出的,孟子對於「德」的討論,除了一般性的「道德」解法外,其「德」與「政治權力」連屬而論的部分,相當引人注意。然而,「天命有德」的信念既是自殷周以來的舊傳統,則儒者在為「德」加強灌注「道德」此一價值內涵時,亦應針對「天」的位階有所回應,不管是要採取棄絕或是繼承而有發展,否則將令人費解。事實上,儒者在此事上,確有觀點。雖然,《孟子》一書對於「天」的討論甚多,也在其「心性論」的立場上,針對「天」的議題深加發揮。但在此一「德」義的內涵上,似乎沒有將之與「天」聯繫,並進一步的討論。郭店簡〈五行〉的出土,解決了帛書〈五行〉有其早於孟子的根據後,則上述的問題,亦明顯地有了可能的答案。

---

[60] 近來,持此觀點者日夥,如邢文在〈《孟子・萬章》與楚簡《五行》〉便通過比對,認為《孟子》一書晚於〈五行〉。該文刊於《中國哲學》第 20 輯,頁 228-242。

[61] 如前引楊儒賓與黃俊傑的論文,均有相當深刻的討論。

　　在這份篇首以「五行」為題的五〇枚簡文中，「德」的討論是與「天道」緊緊地聯繫在一起，簡文云：[62]

　　五行：怘（仁）型（形）於內胃（謂）之惠（德）之行，不型（形）於內謂之行。義型（形）於內胃（謂）之惠（德）之行，不型（形）於內胃（謂）之行。豊（禮）形於內胃（謂）之惠（德）之行，不型（形）於內胃（謂）之□。□□於內胃（謂）之惠（德）之行，不型（形）於內胃（謂）之行。聖型（形）於內胃（謂）之惠（德）之行，不型（形）於內胃（謂）之惠（德）之行。惠（德）之行五，和胃（謂）之惠（德），四行和胃（謂）之善。善，人道也。惠（德），天道也。

其中缺字依文意補，當為「行」、「智形」，應無疑義。在這段文字中，作者將「德」視為是「天道」一語，甚為緊要。因為，〈五行〉中的「仁、義、禮、智」四行，在「和」的狀態下，也僅是「人道」而已，唯有在「五行」為「和」的情形下，才能臻至「德」的境界，此時所反映的即是「天道」的展現。丁四新即認為此文中的「德」與「善」在「天」、「人」之分的格局下，體現了古來「天道」思想的傳統。而且〈五行〉於此的思想傾向，是重在「德」的立場，也就是說「人」的成德之可能的終極保證，必須回歸到「天」的角度，其終極性才是真實。[63]如此，則〈五行〉所要論述的焦點問題，也就必須集中在「天人」關係上。澄清這一點，是相當有意義的事。

---

[62] 請見《郭店楚墓竹簡》（北京：文物出版社，1998年），頁149。

[63] 丁四新：《郭店楚墓竹簡思想研究》（北京：東方出版社，2000年），頁134-135。

我們從前文的討論中知道，「天命有德」的「德」義，其與「政治權力」的密切結合，必須置於「神聖屬性」與「族群傳統」結合下的脈絡，方易理解。雖然在古代的文獻中，仍有一般「道德性」意義的用法，但在解釋「政治權力」所屬的問題時，「道德性」的理解模式，恐怕仍屬後起之事。準此，我們即可發現，殷周之際的古典政治「德」義，往道德價值的意涵移動，是經過一段漫長的時間所造成，其中重要的關鍵時段即是春秋時代。基本上，春秋以來諸君子的言行，對「道德性」的「德」義與「政治權力」的聯結，有其推波助瀾之功。從《左傳‧文公十八年》的魯太史克，將「孝、敬、忠、信」列為「吉德」，[64]《左傳‧襄公二十四年》的穆叔之論「立德、立功、立言」三不朽時，[65]我們都可以看到「道德性」的德「義」，逐漸成為論述的方向。其後孔子發揮「德」義，點出「心性」的方向，更是為孟子「德性主體」的道德思想，定出根本軸向。原本「天」的意涵，在孔子有意「敬鬼神而遠之」的論述策略下，「天」的位置似乎被暫時擱置。然而，「天命有德」既是一重要的傳統「論述」，則其解釋效力之於眾人，並不能因一二孤明獨發者，便被棄入歷史灰燼。相反地，這論述恐怕隨時會回來挑戰新論述。於是，儒者在「惟新舊義」的路徑上，不得不正面回應「天」這一古老的課題。

---

[64] 楊伯峻：《春秋左傳注‧文公十八年》（臺北：源流出版社，1982年），頁635。

[65] 楊伯峻：《春秋左傳注‧襄公二十四年》，頁1088。

　　孟子對於「天」的回應，在日後的學者分析下，勾勒出某種「道德形上學」的樣態，[66]當然，如此的論斷是否在今日的學圈可以獲得無異議的共識，的確是有相當程度的討論空間。[67]本文在如此篇幅下，無能也無法處理此一大問題，可是我們卻可以看到孟子的確是對於「天」有了論述。有意思的是，孟子對於「天」的討論，是在「心性論」的架構下，視「天」為保證道德實踐真實性的最終根據，如斯，則「存心養性」的工夫，並非人間事而已，其背後所主導者乃為「天」，因此孟子反而透過「人」而界定了「天」。再進一步言，即為「宇宙秩序即是道德秩序，道德秩序即是宇宙秩序也」。[68]可是，從孟子的相關論述中，「德」字與「天」的關係，並不是那麼深刻地聯結。這不免令人感到不解，因為孟子論「德」時，常是在政治的脈絡下，而「天命有德」又是一個無法略過的傳統論述，

---

[66] 牟宗三在《圓善論》一書中，深入論列《孟子・盡心》所凸顯出的「心」、「性」、「天」、「命」的關係，即是一種道德形上學。請參氏著：《圓善論》（臺北：臺灣學生書局，1985 年），頁 131-142。

[67] 袁保新便認為孟子的「心、性、天」之義理架構，應該較近於海德格的基本存有論立場，而非西方的形上學架構。此一觀點亦影響了謝君直處理〈五行〉中的「天道思想」。基本上，袁、謝之說是否能鬆動「道德形上學」的思考進路，以及在牟宗三解釋下的道德形上學是否必然會產生二重主體性的矛盾，都可以再深入分析。但由此可見，中國古代的「天道」思想，仍有許多討論空間。袁說，請見袁保新：〈盡心與立命──從海德格基本存有論重塑孟子心性論的一項淺探〉，收入李明輝編：《孟子思想的哲學探討》（臺北：中央研究院中國文哲研究所籌備處，1995 年），頁 181-196 的討論。謝說，請見謝君直：《郭店楚簡的天道思想》（臺北：中國文化大學哲學研究所博士論文，2004 年 5 月），頁 30-34；51-68；114-136。

[68] 牟宗三：《圓善論》，頁 137。

孟子在建構其「德治」的觀念時，應當不會迴避才是。但事實是，今本《孟子》書中，少了此一環節的討論。而簡本〈五行〉的出現，則彌補了此一失落的環節。

基本上，簡本〈五行〉篇對於「仁、義、禮、智」的相關討論，與孟子思想是高度吻合的，雖然有學者從許多方面指出二者之間存在著差異，但究實而言，這些差異並不能影響二者在理論型態上有著一致性的可能。尤其是〈五行〉強調「仁、義、禮、智」的行為，必須是「形於內」，才能是「德之行」，否則只是一種客觀的「行」而已。簡本的這個說法，只稍對孟子學有注意的學者，都可以輕易地將「由仁義行，非行仁義也」（《孟子·離婁下》）與此說法連上。因此，我認為就此一強調內在道德主體方向的理論基點上，二者的理論型態是一致的。準此，則簡本〈五行〉清楚地將「德」界定為「天道」的說法，就不能視之為一種偶發性的詮釋觀點。因為，如同孟子在〈盡心下〉所說的一段話：

> 孟子曰：「口之於味也，目之於色也，耳之於聲也，四肢之於安佚也，性也，有命焉，君子不謂性也。仁之於父子也，義之於君臣也，禮之於賓主也，智之於賢者也，聖人之於天道也，命也，有性焉，君子不謂命也。」[69]

「人」有「性」、「命」之別，雖此一身軀受限於自然因果性，而不能自主決定其所欲之結果，故是被決定者，傳統言之者以「命」稱之，如一切成敗遭遇等；但人卻可依其有「性」之事

---

[69]　朱熹撰：《孟子集注·盡心章句下》，《四書章句集注》，頁369。

實，進而開展出一套「自由」的身分，其可能之理據即奠基於
人的「道德意識」上，學者稱此為自由因果性之作用，如道德
價值之抉擇。[70]是以孟子舉出「仁、義、禮、智、聖人」為說。
而且，值得重視的是孟子在「仁、義、禮、智」之後，補上「聖
人」一項，雖有「人」是否為衍文之論，[71]但他在論述的結構
上，與簡本〈五行〉倒是頗為一致，而簡本已明白地指出「仁、
義、禮、智、聖」之「五行和」即是「德」，而此一「德」之
所體現之理，即是「天道」。因此，我們在此可以發現二者對
於問題的表達，義理的體會，實有著高度的雷同，毋怪荀子在
〈非十二子〉中，要如此嚴厲地譴責孟子了。

　　論述至此，我們可以發現簡本〈五行〉與《孟子》對於道
德心性與天道之間的主張，實有相近之體會，而且，這個發展
乃是自孔子之後，儒門不得不解決的課題，[72]而孟子雖無明言

---

[70] 李明輝曾就康德倫理學中「自律」的角度切入「人底雙重身份」，並以此
分析孟子的自律倫理學，且說明「而孟子底規定是一種價值論的規定。孟
子是由道德的創造性去規定人之性。用康德底術語來說，這種創造性即是
自由。」此即是從「人」的「自由身份」（在道德意識的規定上）所作的
論斷。拙作：〈先秦儒學思想中的「遇合」問題〉，也是在李明輝所關注的
視角下分析〈盡心下〉的文字，試圖說明「仁、義、禮、智、聖」的道德
意識下，「人」的自由底身份將可以突破「命」限。李說，請參李明輝：〈再
論孟子的自律倫理學〉，收入氏著：《儒家與康德》（臺北：聯經出版事業
公司，1997 年），頁 81-104。尤其注意頁 93。拙作：〈先秦儒學思想中的
「遇合」問題——以〈窮達以時〉為討論起點〉，刊於《鵝湖學誌》第 31
期（2003 年 12 月），頁 104-106。

[71] 許多學者都注意到此處「聖人」一語，朱子注曾云：「『人』衍字。」因此，
〈五行〉與《孟子》間的一致性，有著高度的可能性。楊儒賓：〈德之行
與德之氣〉，《儒家身體觀》，頁 261。

[72] 我曾撰文指出，因於孔子晚年思想發展由「限制性」問題的思考，轉向「超
越性」的思考之可能，因此，如何安頓「天」，當成為儒門後學的重要課

「德」即「天道」之語，但觀其全書許多論述與〈五行〉實有理論呼應的情形來看，孟子的「德」之主張，應當會有容納「天道」之說的位置。如此，我們便可清楚地發現孔子之後的儒者，面對殷周以來「天命有德」的傳統論述，進行了一場甚為深刻的思想內涵的改造運動。他們既要運用廣為人們接受的「天命有德」，又要繼承孔子思想中的人本主張，則如何將「天」與「德」的關係，作一理論視角的轉換工作，便成為重點之一。以是，我們注意到他們實將原本非屬「道德價值」意涵的「天」，注入道德價值的意義，是以天理流行無非「德」，而「德之行」又內在於「人」，於是「人天不二」、「天人合一」、「天人合德」的思想，乃取得了理論上的相容，這實是古代思想史上極為重要的一頁。

　　當然，簡本〈五行〉與《孟子》在此一課題上的作法，誠如論者在論及思孟後學時，所指出的一個可再供注意發展的方向，即是「內在化」的課題：

> 在四行和的層次，其時的軀體雖也已精神化，但其精神化仍在自覺之層次，未臻乎化境。但在五行和的層次時，由於此時已是「聖氣作」、「意心起」、「化而弗知」，亦即孟子所說的「大而化之之謂聖，聖而不可知之之謂神」的境界，因此，原本作為精神與世界溝通的管道（或障礙）之身體，此時已接近透明，甚或可說不存在於意

題。而由〈五行〉的思想來看，此一思路的合理性，應當可以接受。請參拙作：〈孔子思想分期之可能及其意義〉，《先秦兩漢學術》第 1 期（2004 年 3 月），頁 39-76。

識了。因為在五行合而為一，小體全化為心的境地之時，一般人的感性主體所看到的各種分殊性功能的感官，在「君子」當時體驗的意識中，卻已溶進不可言說，化而弗知的流行中。[73]

楊儒賓在這段討論帛書〈五行〉中身體與意識的關係後，指出帛書〈五行〉的重要發展是在於「德之氣」的提出。是故在〈五行〉的〈說〉部分，便出現了「仁氣」、「義氣」、「禮氣」之說法了。此一往內深進的路子，由「氣」的帶動，轉化人的身體結構使之在「玉色」的開展中，往更深層的意識發展，也就是說將「軀體充分精神化，亦即充分氣化，完全轉換了其存在的性格」，[74]實是古代儒學身心觀的另一個新的面向，「德」的意涵在此已經走進了一條較諸以往更為幽微而難解的路子，而這樣的發展當亦是孟子之後的事了。

其實，帛書〈五行〉所見的「內在化」路徑，也並非是一種突然變化的發展，從現存的文獻來看，反而可能是與前文述及的「天」之道德性發展，有著密不可分的關係。《禮記‧鄉飲酒義》云：

> 天地嚴凝之氣，始於西南而盛於西北，此天地之尊嚴氣也，此天地之義氣也。天地溫厚之氣，始於東北而盛於東南，此天地之盛德氣也，此天地之仁氣也。主人者尊賓，故坐賓於西北，而坐介於西南以輔賓。賓者，接人

---

[73] 楊儒賓：〈德之行與德之氣〉，《儒家身體觀》，頁 277。
[74] 同前註，頁 286。

以義者也，故坐於西北；主人者，接人以仁、以德厚者
也，故坐於東南；而坐僎於東北，以輔主人也。仁義接，
賓主有事，俎、豆有數，曰聖。聖立而將之以敬曰禮，
禮以體長幼曰德。德也者，得於身也。故曰：「古之學
道術者，將以得身也。是故聖人務焉。」[75]

這段將「仁」、「義」之「德」與「氣」聯結的文獻，主要是由
「天地之氣」的角度，比論人為的儀式性行為，並從中歸結出
一種「道德價值」的行為準則，此時「氣」與個別的「道德行
為」一結於「身」，於是，「天」、「德」、「氣」、「行」、「身」乃
成為一不可切斷的關係，進而完成了「德」在人間世的表現。
所以，就此段文獻所透露的訊息而言，帛書〈五行〉中「德」
的「內在化」發展，當在此一渾全的脈絡下，與「天」的超越
性方向，有著密切的關係。

　　最後，綜上所述，我們發現在出土文獻中的材料，補充了
儒學在道德思想中的「天道」部分之直接論述，此一發展將「天」
的屬性，確定為道德內涵，對儒學的「道德形上學」之傾向，
提供了論據。其次，「德」義的發展，不僅往上向「天」挺進，
也朝「內」向「身心」的底層深化，乃至到意識化、精神化的
層次，這由「德」與「氣」的聯結，可窺其大較。[76]但「德」
義轉進此處，實已進入一條極為主觀體證的幽微之途了，其引
發的爭議，從荀子的批評裡，我們便可得知。

---

[75] 孫希旦撰，沈嘯寰、王星賢點校：《禮記集解‧鄉飲酒義第四十五》（北京：
中華書局，1989 年），頁 1426-1427。

[76] 楊儒賓：〈德之行與德之氣〉，《儒家身體觀》，頁 286-287。

五、小結

　　「道德」作為中國文化思想的主要特徵之一，探討「德」義的變化過程，是一件相當有意義的工作。因為只有釐清古代文獻中的「德」義面貌，我們對於形構自家價值系統的自省工作，才能深刻。而從前文的分析中，我們看到「德」字一義，其古典的意涵便與「政治」的關係，甚為密切，此一現象對於「德」義的分化，有著重大的影響。因為，隨著其後思想家的使用與改造，「德」的道德價值雖然成為其最主要的核心意義，但個人的道德行為總與政治的相關行動，脫離不了關係，乃至形成「道德政治」的觀點，因此，我們說「德」義的古典取向，在其後的分化過程中，形構了古代中國政治思想的一個側面。其次，當對於「德」義的探討愈見深刻之後，其與「超越根據」（「天」）的關係為何？其與存有者的關係又是如何？乃是後來者所不可迴避的課題，由此我們又見到古代知識分子將「德」從人格神的手中，掙回到「人」的立場上，又以「人」的道德性要求，返求於「天」，於是「超越」之為「超越」，不再是「人格意志」的開展，而是「道德意志」的體現；至於其與存有者的關係，則在幽微的「氣」的引導下，將道德意志與身心結構視為是一種「同質」的關係，從而深入了人的精神意識層，這實是相當有意思的發展。[77]

---

[77] 當然，限於本篇短文的篇幅，無法將「德」義的諸面向，全面開展，然而「德」義在道家思想家的手中，又別有發展之趨向，但此一課題當另外行文以論，此處便不再贅述。

戰國時代「誠」概念的形成與意義
——以《孟子》、《莊子》、《呂氏春秋》為中心[**]

佐藤將之[*]

序論：為何「誠」概念是先秦儒學的「非主流」？

在先秦兩漢儒學的各種倫理道德概念中，「誠」概念與其他儒家價值概念比起來，是個不容易掌握的觀念字。雖然，在〈中庸〉後半的論述中，「誠」字是核心思想，但在先秦儒學的三大樞要文獻，即《論語》、《孟子》以及《荀子》裡面，「誠」字不像在〈中庸〉裡面那樣受到關切。

從宋儒大力讚揚〈中庸〉在儒學功夫論中的價值之後，「誠」概念也漸漸被視為儒學的核心價值之一。不過，傳統知識份子之所以認為「誠」是儒家思想的核心概念的理由，除了「誠」概念之內容本身的綜合性（「誠」字似乎能代表儒家價值的多面性倫理觀念）之外，傳統知識份子還堅信〈中庸〉的作者是孔子之孫子思所撰作的。

反之，也不是最近才開始有對〈中庸〉的作者是否為子思

* 國立臺灣大學哲學系助理教授。

** 本文初次登刊於《清華學報》新 35 卷 2 期（2005 年 12 月），頁 215-244，在此衷心感謝該報允許轉載。茲因利用「中央研究院：漢籍電子文獻瀚典全文檢索系統」之電子檢索服務，亦表達感謝之意。

提出懷疑的看法。尤其是二十世紀之後，隨著西方的文獻批判和疑古的觀點成為中國思想史的研究典範，越來越多的學者支持〈中庸〉的作者並不是子思的看法。在二十世紀前半的學者，如馮友蘭、[1] 武內義雄、重澤俊郎，都主張〈中庸〉的成篇時期最早應在戰國末年，或秦漢時期。[2] 津田左右吉甚至說，〈中庸〉的思想很典型地展現漢代思想之特色。[3] 在日本，武內、重澤、津田下一代的板野長八、[4] 金谷治，[5] 再下一代的內山俊彥[6]和島森哲郎，[7] 以及迄今，齋木哲郎在〈中庸與秦儒〉一

---

[1] 馮友蘭：《中國哲學史》，卷上。馮著：《三松堂全集》（鄭州：河南人民出版社，1988 年）所收，卷 2，頁 340-341。原書在 1934 年初版。

[2] 武內義雄：《易と中庸の研究》（東京：岩波書店，1943 年）；以及重澤俊郎：《原始儒家思想と經學》（東京：岩波書店，1949 年），頁 149-160。

[3] 津田左右吉：〈漢儒の著作〉。氏著：《津田左右吉全集》（東京：岩波書店，1949 年）所收，卷 18，頁 174-203。

[4] 板野長八：〈中庸篇の成り立ち〉。氏著：《儒教成立史の研究》（東京：岩波書店，1984 年）。本文原載於《廣島大學文學部紀要》第 22 卷第 2 號（1963 年 5 月），頁 74-139。

[5] 金谷治有關〈中庸〉的論著如下：（1）〈中と和〉，《文化》15 卷 4 號（1951 年）；（2）〈中庸について：その倫理としての性格〉，《東北大學文學部研究年報》4 號（1953 年）；（3）〈秦漢儒生の活動（下）〉，氏著：《秦漢思想史研究》（第四章）（東京：平樂寺書店，1960 年）所收；（4）：Kanaya, Osamu, "The Mean in Original Confucianism," Ivanhoe, P. J. (ed.) *Chinese Language, Thought, and Culture: Nivison and his Critics*, Chicago and La Salle, Illinois: Open Court, 1996；以及（5）〈中庸篇の成立〉，《日本中國學會創立五十年記念論文集》（東京：汲古書院，1998 年）。（1）和（2）後來收入於氏著：《儒家思想と道家思想：金谷治中國思想論集》（東京：平河出版社，1997 年），卷中，頁 129-149，頁 150-185。

[6] 內山俊彥：〈中庸新經の一解釋〉，《東方學》41 輯（1971 年）。

[7] 島村哲男：〈《中庸》篇の構成とその思想：個々のあり方をたづねて〉，《集刊東洋學》32 號（1974 年）。

文中，也承襲了現本〈中庸〉乃秦代之後成篇之觀點。[8] 反觀臺灣，在 1980 年代有董俊彥先生主張〈中庸〉的成篇最早在孟子之後。[9] 近年梅廣先生也支持此觀點。[10] 雖然郭店楚簡的〈性自命出〉和上海博物館所藏楚簡的〈性情論〉的出土提醒我們，〈中庸〉之成篇晚不代表其中各章個別思想內容之形成也那麼晚，不過，目前在郭店楚簡和上博楚簡中並沒有明顯地可認定為屬於現本〈中庸〉之一部分的文字，而據此我們不得不揣測在郭店楚簡的文獻流傳當時，與現本一樣的〈中庸〉文本恐仍未形成。因為假如子思時已經有與現本〈中庸〉一樣的「經典」，難以想像郭店墓主竟會沒帶其中任一部分到墓中。就算退一步，我們想像郭店墓主生前〈中庸〉已經成篇，而只是墓主本人未入手而已，但郭店楚簡的文獻中並沒有與〈中庸〉完全一樣的一段一句的事實，使得我們推測在郭店文獻流傳的當時，〈中庸〉應該還沒有成篇。

　　雖然我們還不至於主張〈中庸〉每一段文字都代表戰國末年以後的思想，但至少〈中庸〉的成篇應該在戰國末年以後，而這點導致一些值得討論的事實。武內義雄早年已指出，〈中

---

[8] 齋木哲郎：〈秦儒と《中庸》〉，氏著：《秦漢儒教の研究》（東京：汲古書院，2004 年）所收，頁 117-144。

[9] 董俊彥：〈從思想看中庸成篇最早在孟子之後〉，《師大學報》29 期（1984 年 6 月），頁 369-379。

[10] 梅廣先生指出：文中的「明善」顯然是孟子思想而不是《中庸》思想，因此這段話只能是《中庸》抄襲《孟子》而不是《孟子》抄襲《中庸》。請參閱，梅廣：〈釋「修辭立其誠」：原始儒家天道觀與語言觀——兼論宋儒的章句學〉，《臺大文史哲學報》55 期（2001 年 11 月），頁 225。

庸〉和《易傳》恐怕是在同樣的思想脈絡下形成的兩部思想文獻。[11] 到目前為止，不斷有學者指出〈中庸〉的「誠」概念與《荀子‧不苟》的「誠」之用例頗為類似。馮友蘭也主張過，〈中庸〉是在《荀子》思想的影響之下所形成的文獻。[12] 近年，莊萬壽先生和陳鼓應先生主張〈中庸〉的思想受過道家思想之影響。[13] 如此推論下來，我們所面對的事實是，「誠」概念具備豐富且多樣的面相，而很可能是個超過儒學範疇的概念。

到此，我們稍微進一步看「誠」概念在先秦儒學最具代表性的文獻中的用法。在今本《論語》中，「誠」字只出現兩次，而未具思想意義。在《孟子》中，作為具有思想意義的「誠」字出現在兩個段落，其中一段與〈中庸〉裡的一段幾乎一樣。相形之下，《孟子》中另一段的「誠」字確實是該段落的主題，而且此段主張在實踐道德中「誠」的重要（詳見後文）。不過，當我們通讀《孟子》一書，尤其在孟子與當時諸侯和他的門人的對話中，我們不難瞭解，孟子最極力提倡的倫理概念還是「仁義」；若擴大一點來說，就是「仁」、「義」、「禮」、「智」、「信」，即所謂的「五倫」。或許還可以說，孟子也重視「孝」和「悌」兩個德目。到目前為止，令人感到很特別的是，就算我們承認孟子本人對「誠」字與其他上列的概念同等重視，但基本上，《孟子》中的「誠」字並沒有與上列概念一起出現的例子；而

---

[11] 武內義雄：《易と中庸の研究》，頁 133-138。

[12] 馮友蘭：〈大學為荀學說〉，《三松堂全集》，卷 11，頁 234-241。

[13] 請分別參閱，莊萬壽：〈《大學》、《中庸》與黃老思想〉，《道家文化研究》第 1 輯（1992 年），頁 248；陳鼓應：〈道家在先秦哲學上的主幹地位〉，《道家文化研究》第 10 輯（1996 年），頁 48-56。

相對地，「仁」、「義」、「禮」、「智」和「孝」、「悌」等倫理概念，基本上在孟子倫理學說中彼此都有緊密的概念關係。換言之，即使孟子真的主張過「誠」的重要，那也是與「仁」和「義」、「孝」和「悌」等從《論語》而來的概念，在相當不同的脈絡底下所進行的。

相形之下，如上所提，在現本《荀子》的〈不苟〉中，有相當長的一段論述倡言「誠」的重要性，與《孟子》的用例不同，在〈不苟〉的論述中，至少「誠」概念與「仁」和「義」之間有著緊密的概念關係。不過，這裡值得一提的是，〈不苟〉的這一段論述中，荀子思想體系中最重要的概念——「禮」概念沒有出現。也許是這個原因，有些學者主張〈不苟〉的這一段文字並非代表荀子本人的思想。[14] 然而，正如吳怡先生正確地指出：荀子其他各篇中，談論到「誠」字的地方還很多，而難以想像這些部分代表從別書竄入的文字。[15] 總括而言，「誠」概念是很自然地融合在今本《荀子》的整體論述中。

---

[14] 最近的話，日本的末永高康先生主張這一點。見末永高康：〈《禮記》中庸篇の「誠」の說について〉（京都大學人文科學研究所研究報告：《中國の禮制と禮學》〔京都：朋友書店，2001 年〕，頁 388-389）。其實，在《孟子》中，「誠」概念並沒有與「仁義」等孟子思想中關鍵的概念一起出現，我們同樣地懷疑《孟子》中「誠」概念出現的一段也並不代表孟子本人的思想。但沒有充分的理由證明這些段落不是孟子的。目前，我們比較可以確認的一點是，《孟子》裡面具有思想意涵的「誠」字出現只有兩段，而這表示，不像荀子的時代，在孟子時「誠」似乎並不是當時思想家普遍使用的概念。

[15] 吳怡：《中庸誠字的研究》（臺北：華岡出版社，1972 年），頁 19。另外，在《荀子》中，「誠信」一詞也出現過五次，而這個詞彙在《管子》、《韓非子》、《呂氏春秋》等文獻中均有出現，因此難以想像是荀子特別造的。

　　到此，值得思考的事實是，《莊子》中的「誠」字，雖然其基本意涵似乎還保留道德概念的內涵，但是又不像「仁義」、「禮」等「儒家」倫理概念被看做負面的；相反地，《莊子》的作者對「誠」概念給予正面的意義（詳見後文）。還有，不可忽視的事實是，大概與《荀子》同時形成的《呂氏春秋》中也有不少論及「誠」概念的部分，並且「誠」字乃是構成《呂氏春秋》中非常重要的「統治術」的一部分。

　　無論《呂氏春秋》的學派歸宿問題如何，從這些事實我們所能推測的是，「誠」概念在戰國中期以後，便超過儒學框架而迅速流行，《荀子》和《呂氏春秋》在形成各自思想體系的過程當中，也引進當時所流行的「誠」概念。

　　總之，若要釐清先秦時代「誠」概念的發展脈絡，光看先秦儒家傳世文獻的用例之間前後影響的關係尚無法清楚地描述。如下所述，本文將主張「誠」概念的一個獨特性，這在《呂氏春秋》中明顯可看到，即在於其能夠與「精」等概念相結合。

　　基於以上的觀察，我們暫時不提「誠」概念的學派歸屬問題，只蒐集更廣泛的用例，而試圖構畫其早期發展的面貌，尤其將探索在《孟子》、《禮記》（〈中庸〉、〈大學〉此兩篇之外）、《莊子》以及《呂氏春秋》中的用例。在我們的分析當中特別注意與「誠」字一起出現的幾個概念，如「善」、「精」等和「誠」概念形成的特殊架構，和這些概念在與「誠」結合時所要發揮的功能，試圖找出「誠」概念的發展在中國古代思想上的意義。本文分為以下三個部分：（1）戰國早中期的「誠」概念「原」

貌；（2）《孟子》和《莊子》思想中所看到的「誠」概念之發展；以及（3）在《呂氏春秋》中所看到的「誠」概念的政治理論化，以及其概念結構，尤其是其與「精」概念的密切關係。

筆者的假設是「誠」概念的集大成是在《荀子》和〈中庸〉的相關論述中，而此集大成的時期應該不早於戰國末年。不過，由於篇幅所限，本文討論的範圍乃止於《呂氏春秋》的「誠」概念。筆者將準備另一篇論文，專門探討《荀子》、《易傳》、〈中庸〉以及《淮南子》等戰國後期到漢代文獻中的「誠」觀念在中國古代思想發展上的意義。

一、「誠」概念早期的儀禮意涵

首先，我們來看春秋到戰國初年的文獻中「誠」字的用例。關於先秦主要典籍中「誠」字的用例，上面已經有提過吳怡先生的研究。他說：

> 關於這個誠字的源頭，我們追溯到春秋時代以前，發現了一個值得注意的事實，就是現存春秋以前的最可靠的典籍中，非但沒有一個像中庸裡那種具有特殊的色彩的誠字，甚之連當作助詞用的誠字也非常少見。[16]

正如吳先生所指出，《易經》（但《易傳・文言》中則有）、[17]《儀

---

[16] 吳怡：《中庸誠字的研究》，頁 12。

[17] 《易傳》中的「誠」概念之內涵也許與戰國時期「變化」觀的發展相輔而成。關於戰國「變化」觀念之發展，請參閱：佐藤將之：〈中國古代「變化」觀念之演變暨其思想意義〉，《國立政治大學中文學報》3 期（2005年），頁 51-85。

禮》、《周禮》中均無「誠」字的用例,而《詩經》(有一例) [18]
和《春秋公羊傳》(有二例) [19] 的用例都是助詞。另外,在《論
語》中的兩個例子,「誠」都是「真正的」的意思,似乎沒有
展現其於思想上的特別意義。[20] 最近,留美中國學者 An
Yangming 先生出版了〈「誠」概念與其西文翻譯〉一文,其中
討論到「誠」概念的原意。An 先生主要依靠《說文》的「誠,
信也。」和孔穎達對《左傳‧文公十八年》之疏:「誠者,實
也。秉心純直布行,貞實也。」兩條「定義」,認為在「信」
和「實」概念中,可以找出其原意。[21] 不過,An 先生只分析
「信」字和「實」字的單獨用例,並沒有說明「誠」和「信」
以及「誠」和「實」如何互相結合起來。不但如此,雖然 An
先生說,「誠信」和「誠實」在近代以前就很廣泛地使用,但
據我調查的結果,至少就「誠實」一詞而言,在先秦、兩漢的
文獻中,幾乎找不出「誠實」的用例。

在所謂「經書」當中,比較有特色的用例在《偽古文尚書》、
《國語》、《禮記》中可以看到。首先,《偽古文尚書》的〈大
禹謨〉和〈太甲下〉分別有「至誠感神,矧茲有苗」和「鬼神

---

18 「謝於誠歸」(《詩‧大雅‧崧高》)。

19 「子誠仁人也」(《左傳‧宣公六年》)和「此誠爾國也」(《左傳‧昭公三
十一年》)。

20 「愛之欲其生,惡之欲其死,既欲其生,又欲其死,是或也。誠不以當,
亦祇以異。」(《論語‧顏淵》)和「善人為邦百年,亦可以勝殘去殺矣。
誠哉是言也!」(《論語‧子路》)的兩例。

21 An Yangming, "The Concept of Cheng 誠 And Its Western Translation,"
Dao: A Journal of Comparative Philosophy, vol. IV, No. 1, Winter, 2004, pp.
119-123.

無常享，享于克誠」的文字。雖然我們不能斷定此兩句是從春秋以前的資料而來的部分，還是魏晉時期偽造的部分，但是值得注意的是，此二例中的「誠」字是在與宗教儀式相關的句子中出現。

接著，我們來看《國語‧晉語三》中的用例。[22]〈晉語三〉曰：

> 惠公即位，出共世子而改葬之，臭達於外。國人誦之曰：
> 「貞之無報也，孰是人斯，而有是臭也？貞為不聽，信
> 為不誠。國斯無刑，偷居倖生！」

引文中的「共世子」係晉獻公的世子申生。世子申生遭獻公之妃驪姬的讒言而自縊。後來其弟夷吾即位，成為晉惠公。而晉惠公即位之後，要把原來以叛逆者的身分被陷害的申生的屍體重新按照正禮安葬，以給申生平反。不過，申生的屍體仍發出臭氣而透過棺槨一直傳到外面。於是國人諷誦晉惠公。「誠」字就在此歌謠中出現。歌謠中「貞為不聽，信為不誠」一句的意思大概是：「晉惠公要以正禮表示他對死者之忠貞之意，但卻無法為共世子之靈所接納；他也要如此贏得國人對他的信

---

[22] 正如小倉芳彥對《左傳》的思想研究表示，《左傳》故事中人物的發言內容往往是《左傳》編者自己的思想之表現，因此不能馬上將《左傳》故事中的發言內容當作春秋時代思想的反映。請參閱，小倉芳彥：《中國古代政治思想史研究》（東京：青木書店，1970 年），頁 57-62。《國語》中的對話也包含著同樣的問題。不過，《左傳》也好，《國語》（〈越語〉是例外）也好，其對話內容大概不超出提倡倫理政治之範圍，而沒有積極的理由認為這些故事在戰國末年以後才編出來。因此，本文揣測，以下《國語‧晉語三》的思想大概反映春秋末年到戰國初年的思想。

賴，但此立信卻缺乏誠心。」（晉惠公本來並沒有誠心，怎麼能夠向國人立信呢？）在引文的脈絡上，引文中的「誠」字應該釋為惠公對申生的「誠心」，或對申生抱怨橫死的事情保持著從內心發出的哀悼之意。〈晉語三〉的作者主張，晉惠公缺乏對此死者的「誠心」。雖然此部分的後面便涉及人民對惠公施政之不滿，頗有與《論語》類似的道德政治論的色彩，但可以確認：（1）在「誠」字中的「誠心」意在生死者之間的關係出現，[23]（2）祭祀行為（在引文中「改葬」的過程）是能否展現「誠」心之關鍵機會。如下所述，「誠」這樣的意涵與《禮記》中的幾個用例之意涵也完全符合。

下面我們來看《禮記》的用例。仔細分析過《禮記》中「誠」字用例的紀志昌先生指出，在《禮記》中所出現的「誠」字，與祭者在祭祀過程中所要實踐的「齋戒」行為息息相關。[24] 的確，因為在中國古代祭祀過程當中，齋戒佔著重要的角色，古代中國若將齋戒的心理狀態稱為「誠」也沒有不合理之處。因此，紀先生進一步表示，除祭祀的場合之外，當時的王侯貴族

---

[23] 《左傳·僖公十年》的經文「晉侯改葬共大子」的〈傳〉也提供相當有趣的材料。〈傳〉云，此年秋天申生的鬼出現在重耳（後成為晉文公）的舅父狐突面前而說：因為「夷吾（晉惠公）無禮」，他得到上帝的許可，可以讓晉國滅亡絕祀。在此，《國語·晉語三》之「貞為不聽，信為不誠」的意思以「無禮」一詞來表達。重要的是，此處〈晉語三〉的「貞為不聽，信為不誠」一句也好，〈僖公十年〉的「無禮」一詞也好，都係指「生人」（晉惠公）和「死人」（申生之鬼）之間的互動。

[24] 紀志昌：〈「誠」與「齋戒」——從祭禮到哲學的轉化〉，《哲學與文化》27卷11期（2000年），頁1084-1092。

在他們的日常行事上還得遵守「齋戒」的古禮，[25] 而這個事實可以表示「齋戒」的重要超乎宗教行為本身。不過，因為紀先生將〈中庸〉和〈大學〉的用例與《禮記》其他篇章的用例合在一起討論，他便認為，「誠」概念中還包含著「總攝著人類社會由身而家國而天下的發展定律」和「天人感通的媒介」之角色。[26] 然而，若我們專注〈中庸〉、〈大學〉之外的《禮記》的「誠」字的話，這些用例所暗示的「誠」之媒介對象還是「人」和「鬼」，似乎還沒有「總攝人類社會」和「天人感通」的重大意涵。尤其，在〈中庸〉、〈大學〉之外的《禮記》之「誠」字用例當中，在「人」和「人」之間的關係本身似乎並沒有受到高度重視。這樣，〈中庸〉、〈大學〉和《禮記》之外的「誠」字用例之間內容上的差距，再度使得我們推測，〈中庸〉、〈大學〉和《禮記》其他篇章的「誠」概念之內涵，很可能代表各個不同發展階段的思想。

我們若分析〈中庸〉和〈大學〉之外的整部《禮記》的「誠」字用例，便會發現有三個重要的事實。第一，在〈曲禮〉、〈檀弓〉中有「誠」字，此係祭拜者心中的虔誠的意思；第二，從第一點出發，《禮記》的作者進一步談及舉行「禮」的過程中，「誠」的重要；以及第三，在〈檀弓上〉有六條子思的發言，而其中一條出現「誠」字。

關於第一點，〈曲禮上〉曰：

25 同前註，頁 1090。
26 同前註，頁 1085。

> 禱祠，祭祀，供給鬼神，非禮不誠不莊，是以君子恭敬
> 撙節，退讓以明禮。

在引文中，「誠」顯然是指針對「鬼神」的「虔誠」。因為〈曲
禮上、下〉、〈檀弓上、下〉四篇之內容，似乎是由古禮的描述
與評語，以及簡短的孔門言行而組成，並且，其體裁也與《論
語》相似，其編輯在整個《禮記》中也屬於早期，在此部分中
可能保留著戰國早期儒家（即從孔子開始最晚到孟子以前）的
「誠」概念。「禱祠，祭祀，供給鬼神，非禮不誠不莊」一句
在《新語・禮》中也有出現。關於其與「敬」字的結合，在《爾
雅・釋詁》中可以看到「誠，敬也。」的文字。

另外，在〈祭統〉中，其作者對「祭祀」的定義中，也可
以看到類似的用例：

> 賢者之祭也，致其誠信，與其忠敬，奉之以物，道之以
> 禮，安之以樂，參之以時，明薦之而已矣。不求其為，
> 此孝子之心也。祭者，所以追養繼孝也。

在引文中，「誠」與「信」和「忠敬」一樣，是不可或缺的心
理狀態。我們在上面《國語・晉語三》也看過「誠」字和「信」
字一起出現的例子。〈祭統〉在進一步主張「祭之道」的論述
中，還出現「致其誠信」一句：

> 身致其誠信，誠信之謂盡，盡之謂敬。敬盡然後可以事
> 神明，此祭之道也。

雖然上面兩段引文中「誠」字已與「信」字結合起來成為「誠
信」一詞，而此一詞彙在《管子》和《荀子》等戰國中後期文

獻中，是常常出現的用法。但是，以《管子》和《荀子》為例，[27]「誠信」一詞的出現，基本上與祭祀並沒有太大關連。相對地，〈祭統〉的例子中，「誠」字由於「祭」的關係而被提及，與上述〈曲禮上〉的例子完全一致。其實，「誠」字在「人」與「鬼神」的關係上出現的例子，在〈中庸〉裡有一個：

> 子曰：「鬼神之為德，其盛矣乎！視之而弗見，聽之而弗聞，體物而不可遺，使天下之人，齊明盛服，以承祭祀，洋洋乎如在其上，如在其左右。詩曰：『神之格思，不可度思，矧可射思，夫微之顯。』誠之不可揜如此夫！」

首先，我們要注意的是，此章是朱熹《四書章句集注》中〈中庸章句〉的〈第十六章〉，其「誠」字出現的脈絡，完全不同於「誠」字大量出現的〈第二十章〉以下。這一段文字顯示將萬物孕育之不可知的力量歸於「鬼神之德」的觀點，而正如《墨子》的〈天志〉或〈明鬼〉所提及，在春秋、戰國時代，古代中國人相信如此超人類的能力，一點也不奇怪。而且，〈中庸〉的作者在這裡主張人對鬼神至誠這一點，也與上述《禮記‧祭統》中的內涵完全一致。再者，此章與其他論及「誠」字的部分隔開，而被放在相當前面，若考慮到這點事實，我們可以推測此處的「誠」概念反而代表戰國儒家早期的「誠」概念，而〈第二十章〉以下的部分，則可以代表

27　《管子‧立政》：「罰未行而民畏恐，賞未加而民勸勉，誠信之所期也。」《管子‧樞言》：「先王貴誠信，誠信者，天下之結也。」《荀子‧致士》：「誠信如神，夸誕逐魂。」《呂氏春秋‧為欲》：「文公非不欲得原也，以不信得原，不若勿得也，必誠信以得之」等。

「誠」概念的此後發展。[28]

其實，在其他文獻中也有「誠」與「鬼神」一起出現的例子。譬如，《大戴禮記·五帝德》曰：

> 孔子曰：「顓頊，黃帝之孫，昌意之子也，曰高陽。洪淵以有謀，疏通而知事；養材以任地，履時以象天，依鬼神以制義；治氣以教民，絜誠以祭祀。」[29]

又，《關尹子·四符》曰：

> 鬼云為魂，鬼白為魄，於文則然。鬼者，人死所變。……譬猶兆龜數蓍，至誠自契，五行應之。誠苟不至，兆之數之，無一應者。聖人假物以游世，五行不得不對。

此引文中的「五行」觀念和「假物」等用詞，暗示此段內容可代表戰國後期的思想，[30] 但是，從背景我們可以明顯看出，「誠」是得到「兆龜數蓍」之「應」的必要條件。換言之，此「至誠」的對象也是「鬼神」。雖然漢代的著作，在《新語·禮》也有「禱祠祭祀，供給鬼神，非禮不誠不莊。是以君子恭敬撙節退讓以明禮。」的句子。但此段所主張的重點便從「誠」變成「禮」。因此，在思想意義上，此句與下面第二點的「誠」的用例密切相關。

---

28 不過，「誠」概念在這裡成為主題，似乎意味著這一段主張本身並沒有那麼早。但是我們至少可說，此處保留了比較早期用法的影響。

29 在《孔子家語·五帝德》中也有幾乎同樣的一段。

30 《荀子·勸學》：「君子生非異也，善假於物也。」《呂氏春秋·用眾》：「故善學者假人之長以補其短。故假人者遂有天下」等。

關於第二點，在《禮記》中「誠」的重要性，也擴大到其他禮儀。譬如〈郊特牲〉云：

> 郊特牲而社稷大牢，天子適諸侯，諸侯膳用犢，諸侯適天子，天子賜之禮大牢，貴誠之義也。故天子牲孕弗食也。

此處，作者說明天子和諸侯舉行郊特牲之禮的一些規範。其中，作者主張諸侯用「犢」，而天子則用「大牢」，理由是「貴誠」。〈禮器〉把「誠」境界的需要從「崇拜祖先的」儀禮更擴大到廣義的禮的行為，其曰：「君子之於禮也，有所竭情盡慎，致其敬而誠若，有美而文而誠若。」若我們考慮到個別的祖先崇拜儀式也好，國家儀式也好，「禮」的提倡是先秦儒家之活動重點的事實，他們在「禮」的實行中發現「誠」之心理之重要，應該是很自然的事。但是值得注意的是，除了上述〈禮器〉的這一句之外，「禮」和「誠」的兩個概念並沒有互相吸引。譬如，在《孟子》和《荀子》兩書中，「誠」字與「禮」並非一起出現。

那麼，我們來看第三點：即子思與「誠」概念的關係。因為今本《禮記・中庸》中的發言者都是孔子（其中一段有子路問的），雖然也可以推測說，〈中庸〉是子思蒐集孔子的發言而編成的一本文獻，但若是如此，〈中庸〉裡面的「子曰」可以代表孔子本人的發言內容，其中的主要思想便不能說是子思本人的思想。雖然如上所述，〈中庸〉裡面「誠」字的第一個用例有冠上「子曰」兩字，但其後所有的用例中，都沒有「孔子

曰」（或「子曰」）的句子。[31] 既然〈中庸〉有關「誠」字的討論中找不到「子思曰」這一句，關於今本〈中庸〉是否代表子思本人的思想這一點，目前我在今本〈中庸〉文獻裡面，還無法找出具體證據。

相形之下，在現本《禮記》中，〈檀弓上、下〉兩篇至少包含著六段「子思曰」開頭的子思之發言。[32] 而且其中還有子思主張「誠」之重要的一段。這一段《禮記‧檀弓上》記載如下：

> 子思曰：「喪三日而殯，凡附於身者，必誠必信，勿之有悔焉耳矣。三月而葬，凡附於棺者，必誠必信，勿之有悔焉耳矣。喪三年，以為極亡，則弗之忘矣。故君子有終身之憂，而無一朝之患，故忌日不樂。」

值得注意的是，這一段的「誠」字是關於在服喪時的態度而言的。因為過世的親人將成為祭祀的對象，此「誠」概念的內涵與祭祀的「誠」可說相通。再者，在引文中，雖然「誠」與「信」保持著概念上密切相接的關係，但和〈祭統〉的「誠信」一詞不同，這裡的「誠」與「信」兩概念並沒有結合在一起。尚未形成複合詞這一點，反而能夠令人相信此句保存著比較早期的思想。

---

31 如果我們將「誠」出現的所有段落，看做前幾段以「子曰：好學近乎知」開頭的論述之延續，則不在此限。然而若如此看待，則包含此「誠」字出現的句子之後的一半也成為一大段的孔子發言，這與〈中庸〉前面的簡要段落的列舉之體裁不太相合。

32 但是很有意思的是，現本《禮記》中〈檀弓上、下〉兩篇之外，均看不到「子思曰」的句子。

　　以上，我們分析《禮記》以及與此相關的「誠」字的結果，可以分為三點：第一，《禮記》中的「誠」字，基本意義是舉行祭祀時對祖先（鬼）和神祇的誠虔，而此基本意涵似乎可擴大於各種儀禮時之誠虔。第二，在〈檀弓上〉中，子思在「喪」和「殯」如此具體的儀禮中提到「誠」的事實，以及在現本〈中庸〉的第一個用例，在讚美「鬼神之德」的脈絡（而且與其他所有的「誠」字的用例隔開）出現的事實，似乎皆表示，子思本人所提倡的「誠」，也以此與「祭祀」相關的「誠」為基礎。第三，因為以上的「誠」，都是針對鬼神或神祇而使用的概念，因此「誠」字的主要意涵係對「鬼神」之虔誠，在此意義上，至少在上列的例子中，「誠」在描述人際關係的脈絡上並沒有出現。這一點，和類似「虔誠」的意思之「敬」字（就是與《爾雅》的「誠，敬也」之定義相符合），其對鬼神和人都可以使用的狀況大相逕庭。[33] 其實，以下接著將討論的「誠」字，就算是離開宗教儀式上的用法，其概念也一直包含著一種神祕的色彩。

二、「誠」與「善」之結合：《孟子》的「誠」

　　《孟子》在二十二個「誠」字的用例中，絕大多數的用例是副詞，代表「真正的」的意思，若要尋找具有理念化的「誠」字，則有兩段。第一個是《孟子‧離婁上》的一段，即：

---

[33] 譬如，《論語‧子張》：「子張曰：『士見危致命，見得思義，祭思敬，喪思哀，其可已矣。』」和《論語‧先進》：「門人不敬子路。」前者乃對於死者而言的，而後者則是對生者而言的「敬」。

> 孟子曰：「居下位而不獲於上，民不可得而治也。獲於
> 上有道：不信於友，弗獲於上矣；信於友有道：事親弗
> 悅，弗信於友矣；悅親有道：反身不誠，不悅於親矣；
> 誠身有道：不明乎善，不誠其身矣。是故誠者，天之道
> 也；思誠者，人之道也。至誠而不動者，未之有也；不
> 誠，未有能動者也。」

與這段幾乎同樣的文字在〈中庸・第二十章〉和《孔子家語・
哀公問政》中可以看到。可見，此一段是戰國中後期當時相當
流行的文字。若這一段的內容可以當作代表孟子時代的思想史
資料，便能夠發現在前述《禮記》的例子中看不到的四個特色。

第一，在《禮記》的用例當中，「誠」字是與「喪」、「祭」、
「郊特牲」等宗教儀式有關，而此心理狀態所達成的對象，是
以「鬼神」為主。如此，我們可以認為〈中庸・第十六章〉的
「不可揜」，對於鬼神的「誠」和「為德」的「鬼神」之互應，
反而可說是合乎於「誠」的宗教性意涵，而這很可能是「誠」
字原來的核心意涵。

相形之下，《孟子・離婁上》最大的特點，在於「誠」字
變成為了達成人倫秩序的關鍵方法或階段。因此在前一半，
「誠」字的視野限於人間的秩序，而不再直接規定人與鬼神之
間的關係。換言之，孟子的思考範圍是放在「治民」（目標）
和「明乎善」（究竟方法），而「誠」的提出並不超乎此論述架
構。雖然後面出現「誠者，天之道也」，似乎還保留其宗教意
涵，但孟子馬上主張「思誠者，人之道也」；之後的文句中雖

然沒有直接說「人」，但是考量其關連性，最後一句的「動」和「未動」，應該是指「人」的感情或對自己的態度。

其實，「思誠」這樣的用詞也暗示，在《孟子》的思想中，「誠」觀念開始超過與祭祀行為本身相關的範圍，因為「思」這個行為可以不一定係指某種行為時之必然動作。反過來說，一個人在不參加儀式或齋戒時也能夠「思誠」。如此，「誠」概念由於與「思」字結合在一起，便成為離開祭祀行為而還能夠包含著祭祀時之「敬虔」之「心理狀態」的意思。

第二，《孟子》中的「誠」，基本上並不傾向於與其他倫理概念直接連在一起。〈盡心上〉曰：

> 萬物皆備於我矣。反身而誠，樂莫大焉。強恕而行，求仁莫近焉。

這裡的「誠」和「行」是達成「樂」和「仁」的關鍵方法。但「誠」本身與「仁」並沒有直接的關聯，只是一起出現而已。如此，我們觀察到「誠」和「仁」是所屬脈絡稍有不同的兩個價值概念。但很可惜的是，由於缺乏前後脈絡，我們無法在此段落中得知「萬物皆備於我」和「誠」一起出現的理由為何。

第三，孟子的「誠」始具明確政治意涵，而其關鍵是「誠」與「善」之結合。在〈離婁上〉的一段中，孟子將「明乎善」當作「誠身」的關鍵方法。相形之下，雖然在《論語》中有四十多個「善」字的用例，但很奇特的是，「善」字基本上沒有特別與其他倫理概念結合。其實，在〈五行〉中我們可以看到「善」與儒學中若干觀念字的結合。〈五行〉開頭的段落說，「善」

是「仁、義、禮、智」的「四行」之「人道」。與此相符的是，
孟子也將「誠」的重點放在「動人」上。

　　雖然在《孟子》一書中，表面上「善」與其他倫理概念的
關係並不是很明確，但值得注意的是，孟子非常重視統治者的
「為善」。在〈公孫丑上〉孟子曰：

> 子路，人告之以有過則喜。禹聞善言則拜。大舜有大焉，
> 善與人同。舍己從人，樂取於人以為善。自耕、稼、陶、
> 漁以至為帝，無非取於人者，取諸人以為善，是與人為
> 善者也。故君子莫大乎與人為善。

在〈告子下〉，孟子在談自己的弟子樂正子「其為人也好善」
時，強調「善」的重要，他說：

> 好善優於天下，而況魯國乎？夫苟好善，則四海之內，
> 皆將輕千里而來告之以善。

在〈盡心下〉，孟子對「何謂善？」的提問回答說：「可欲之謂
善」。同時還說：「有諸己之謂信」，意謂，「善」內在化於自己
本身的狀態稱為「信」。孟子接著主張，此「善」還「大而化」。
如此，在孟子思想中，「善」的展現與擴大，對於影響人心必
然有正面的效果。「誠」係指「擴大（大而化）」的道德概念，
這一點也許是《孟子》「誠」概念的第三個特色。其實，對孟
子而言，「大而化」就是「動人」或「服人」。我們再引用〈離
婁下〉的一句：「以善服人者，未有能服人者也；以善養人，
然後能服天下。天下不心服而王者，未之有也。」如上所述，
此「善」是「服人」的關鍵。孟子也主張：「教人以善謂之忠。」
（〈滕文公上〉）。其實，與《孟子》同屬齊學傳統的著作《晏

子春秋》中，也有「誠」和「善」一起出現的例子。其云：

> 詩曰：「芃芃棫樸，薪之槱之，濟濟辟王，左右趨之。」
> 此言古者聖王明君之使以善也，故外知事之情，而內得
> 心之誠，是以不迷也。[34]

《晏子春秋》的作者認為，「使以善」是「聖王」和「明君」
所實踐過的。因此，此段所說的「誠」顯然與統治者的「內心」
有關。反觀《孟子·離婁上》的一段，他說：「民不可得而治
也」。由此觀之，《孟子》中「明乎善」的「思誠」也好，《晏
子春秋》中「使以善」的「內得心之誠」也好，都是屬於「統
治者」應如何統治的論述。如此，從政治思想史發展的脈絡來
看，我們可以看出「誠」概念從「對鬼神的敬虔」演變為「統
治者為統治人民而必須具備的心理狀態」。

　　不過，此處尚有值得注意的一點。對孟子而言，「為善」
基本上是限於人間社會之互動的價值；但另一方面，「樂善」
與「誠」同樣屬於「天」的範疇。在〈告子下〉，孟子曰：

> 有天爵者，有人爵者。仁義忠信，樂善不倦，此天爵也；
> 公卿大夫，此人爵也。古之人修其天爵，而人爵從之。

不可諱言，古代中國的「天」觀念具有多樣性的面相，《孟子》
的「天」概念也可同時具備「人格神」、「道德根源」、「自然規
律」等意涵。因此，孟子說「誠者，天之道也」時，我們也不
容易判定此「天」概念的主要內涵是什麼。不過，在確認《孟
子》中的「天」概念也包含著「合乎自然的法則」時，我們便

---

[34] 《晏子春秋·內篇問下·魯昭公問魯一國迷何也晏子對以化為一心》。

發現，其實，此「誠」概念之內涵相當接近於《莊子》中的「天」和「誠」之間的關係。

總而言之，我們分析《孟子》的「誠」字用法乃發現：（1）在孟子思想中，「誠」概念在主張人際關係的倫理需要之脈絡中出現。（2）孟子為了達成此「誠」的境界，在方法上也提出「善」之重要，而由此，「誠」似乎開始具備「為了統治人民所需要的心理狀態」的政治上意義。（3）在《孟子》中，「善」字是在為了「服人」、「大而化」等，達成一種「人人化善」的脈絡下出現。這種功能與「誠」的「動（人）」的功能互相發揮。其實，「誠」概念還沒有與「仁、義、禮、智」等儒家倫理概念直接連起來，而單獨與「天」概念相連起來的事實，反而賦予了在儒家脈絡之外進一步發展的新契機。下面，我們來看在《莊子》中的用例。

三、合乎真實之「誠」——《莊子》的「誠」

《莊子》一書中的「誠」字的用例只有十六例，而以此文獻之規模而言，可說並不多，而且絕大多數見於外、雜篇中。[35]首先，與上舉《孟子》的例子相似者，在〈雜篇·庚桑楚〉中有一段，其曰：

> 不見其誠己而發，每發而不當，業入而不舍，每更為失。
> 為不善乎顯明之中者，人得而誅之；為不善乎幽閒之中
> 者，鬼得而誅之。明乎人，明乎鬼者，然後能獨行。

---

[35] 整個〈內篇〉的用例只有〈德充符〉的「忘其所不王，此謂誠忘」一例。

雖然此句中「誠」字的意思並不是很清楚，但值得注意的是，這裡「人」和「鬼」相對而舉，而「為善」和「為不善」是此段主題。因為我們已經觀察到《禮記》中「誠」的例子是針對「鬼神」的，所以，〈庚桑楚〉中如此的用法並不稀奇。

在《莊子》「誠」字的用法中，展現其概念的獨特發展者，就在以下〈雜篇·徐無鬼〉中的幾個例子。〈徐無鬼〉中，徐無鬼與魏武侯談到仁義之不可說：「唯仁義之行，唯且無誠。」上面，我們已經觀察到在《孟子》、以及〈中庸〉以外的《禮記》諸篇，「誠」字並沒有特別與「仁義」相結合。[36] 藉此，〈徐無鬼〉的作者試圖表達一種與儒學不同內涵的價值概念，亦即人人要達成的境界。

那麼，其境界是如何？此段的結語說：「脩胷中之誠，以應天地之情而勿攖。」在這裡，作者提出「修誠」必須「應天地之情」的方法。像這種「誠」和「天地」概念的結合，在《呂氏春秋》、《荀子》以及〈中庸·第二十二章〉中都看得到，是很典型的思維。〈徐無鬼〉中，描述「遊於天地」者的境界，稱之為「乘天地之誠而不以物與之相攖」，也稱作「大人之誠」。〈徐無鬼〉的作者，由於描述如此的境界，而主張萬物齊同世界的優越。[37]

---

36 吳怡先生的研究也提到這一點，他說：「莊子的誠，乃是精神內聚，純化而成的一種真的境界，它和仁義的關係，都採取逆轉的方式，由捨仁義而後見精誠。」參見吳怡：《中庸誠字的研究》，頁21。但吳怡先生本人比較沒有注意到，其實《孟子》的「誠」也沒有特別與「仁義」相結合。

37 〈內篇·逍遙遊〉曰「若夫乘天地之正，而御六氣之辯，以遊無窮者，彼且惡乎待哉！」

另外，「誠」概念的發展當中，〈漁夫〉還有一點是在《孟子》裡所看不到的。〈漁夫〉云：

> 客曰：「真者，精誠之至也。不精不誠，不能動人。故
> 強哭者雖悲不哀，強怒者雖嚴不威，強親者雖笑不和。
> 真悲无聲而哀，真怒未發而威，真親未笑而和。真在內
> 者，神動於外，是所以貴真也。其用於人理也，事親則
> 慈孝，事君則忠貞，飲酒則歡樂，處喪則悲哀。忠貞以
> 功為主，飲酒以樂為主，處喪以哀為主，事親以適為主，
> 功成之美，无一其迹矣。事親以適，不論所以矣；飲酒
> 以樂，不選其具矣；處喪以哀，无問其禮矣。禮者，世
> 俗之所為也；真者，所以受於天也，自然不可易也。故
> 聖人法天貴真，不拘於俗。愚者反此。不能法天而恤於
> 人，不知貴真，祿祿而受變於俗，故不足。惜哉！子之
> 蚤湛於人偽而晚聞大道也。」

在上段引文中，我們可以確認的是（1）這個「誠」是在貶斥
儒學的「禮」的論述中出現，（2）這個「誠」也指「所以受天
地，自然不可易」之意。

除此之外，此段的「誠」概念之特別意義有二。第一，「誠」
和「精」之結合。值得注意者，現本《莊子》最後一篇，即〈雜
篇・天下〉的作者將莊周的達道境界描述為：「天地精神往來
而不敖倪於萬物，不譴是非，以與世俗處。」旨在說明莊周通
達「天地之精」境界之重要。然而，整本《莊子》中，雖然「精」
與「神」結合的例子不少（「精神」合為一詞出現有八例；「精」

和「神」在同一個句子出現有六例），但《莊子》中「精」和「誠」結合的例子只在〈漁夫〉的「真者，精誠之至也。不精不誠……」一段而已。而且，此例中的「精」和「誠」只是一個並列，並沒有進一步說明此兩個概念相結合的意義。此兩個概念相結合的意義，在《呂氏春秋》中有比較詳細地談到，且容後討論。[38]

第二，只靠「誠」，而不由某種動作，就能夠展現真情——這樣的主張開始出現。在《孟子》中「誠」是為了「動」對象的方法或境界。相形之下，在〈徐無鬼〉中，作者也首先說：「不精不誠，不能動人。」而到此與孟子的說法沒有大的差別。但〈徐無鬼〉還進一步描述「真悲无聲而哀，真怒未發而威，真親未笑而和。」的情況，並且暗示「精誠」的人可以達到「無……的」「哀」、「威」、「和」之境界。這種由「誠」的「無……的」的真情，如下所述，成為《呂氏春秋》和《荀子》「誠」概念的顯現方式。

---

[38] 在《莊子》中的「精」字的意思是（1）生物學上的「精子」（「形本生於精，而萬物以形相生」〈外篇・知北遊〉）；（2）與「神」字結合係旨「精神」（「勞乎子之精」〈內篇・德充符〉）；（3）微細之物（「夫精，小之微也」〈外篇・秋水〉）；（4）自然界的神祇（「山川之精」〈外篇・胠篋〉）；（5）最重要的構成要素（「至道之精」〈外篇・知北遊〉；「欲取天地之精」〈外篇・知北遊〉）。而且此「精」在人心、人體中和自然環境普遍存在而會互通（「與神為一；一之精通，合於天倫」〈外篇・刻意〉）。

四、非語言統治術之確立——《呂氏春秋》的「誠」

在《呂氏春秋》一書中,「誠」概念共有三十五個用例,而且,「誠」字的重要甚至使「誠」本身成為幾個段落的主題。在〈十二紀〉也有稱為〈誠廉〉的一篇。[39] 吳怡先生對「誠」字的研究完全沒有提到《呂氏春秋》中的「誠」。反之,鬼丸紀先生的〈《呂氏春秋》的心術論——兼論與《管子》養生論的關係與「誠」的出現〉一文仔細分析其內容和意義。[40] 我們首先介紹鬼丸先生的研究,其次進入我們對《呂氏春秋》相關用例的分析。

鬼丸先生首先分析《管子》的〈心術上〉、〈心術下〉、〈白心〉以及〈內業〉(所謂《管子四篇》)的心術論和養生論的政治意涵,以及此主張與《呂氏春秋》相關論述的關聯。鬼丸先生認為,從《呂氏春秋》的〈審分覽〉和〈審應覽〉中,可以看出《管子四篇》中由「氣」概念來構成的養生論和其政治論的影響。但〈審應覽〉後半的篇章中進一步提出「意言不一致」所造成的毒害,而探索超乎語言(即能夠反映真正意圖的交換)的溝通方式。鬼丸先生主張,〈審應覽〉最後一篇〈具備〉的「誠」概念是用以代替上述語言限制之價值。換言之,〈審應覽・具備〉的作者認為,具有「誠」的君子,不須倚靠語言便能夠讓民眾心服於他的德。因此,鬼丸先生結論說,〈審分覽〉

---

[39] 〈誠廉〉一篇中並沒有關於「誠」字本身的分析。

[40] 鬼丸紀:〈《呂氏春秋》の心術論——《管子》の養生說との關連と「誠」の登場について〉,《東方學》91 輯(1996 年),頁 15-29。

和〈審應覽〉的「誠」概念是繼承孔子「忠」、「信」等主張的戰國末年的思想家寫成的，而其作者受到《管子四篇》的心術論，尤其是其「氣」概念的影響。鬼丸先生也認為，「誠」概念的提出，對《呂氏春秋》的作者來說，也是為了克服當時所流行的詭辯和對語言的不信任的一個價值。[41] 總之，鬼丸先生的研究，觀察到《呂氏春秋》「誠」概念的兩大特點：（1）以「氣」為主的心術論；以及（2）對語言的不信任。[42]

下面我們以綜合性的觀點來探討整部《呂氏春秋》中的「誠」的用法。在《呂氏春秋》中，有兩篇專門討論「誠」概念的重要：〈季秋紀‧精通〉和〈審應覽‧具備〉。本文的分析肯定鬼丸先生所提出的第二點。不過，若我們仔細分析整本《呂氏春秋》有關「誠」的論述，也將發現其中發揮重要的角色之概念並不是「氣」，而是「精」，而且，此「精」和「誠」兩個概念之結合給予《呂氏春秋》的政治理論很獨特的思想特色。

我們首先看〈精通〉的用例。此篇總共有四個「誠」概念的用例。我們也要注意在整篇的論述中出現的幾個重要的概念。其實此篇的篇名「精通」正顯示此篇的主題是「精」。

在一開頭的討論中，〈精通〉的作者基於他「類比」的思維而提出「精」概念。〈精通〉曰：

---

[41] 本文所提的鬼丸先生的全部觀點都可以在前註鬼丸的文章中看到。

[42] 末永高康先生在上列的論文中認為，在《呂氏春秋‧貴信》裡面，「誠」和「信」在意思上可以互通，而這也合乎《說文》的「誠，信也。」之定義。參見末永：〈《禮記》中庸篇の「誠」の說について〉，頁 378、390-391。

> 慈石召鐵，或引之也。樹相近而靡，或軓之也。聖人南
> 面而立，以愛利民為心，號令未出而天下皆延頸舉踵
> 矣，則精通乎民也。夫賊害於人，人亦然。

在這裡，作者提出「磁石吸鐵」和「愛利民為心」之間的類比
關係，同時也說明「精通乎民」的統治是「號令未出而天下皆
延頸舉踵」。如此，作者主張「精」是不靠語言的律令而贏得
人民的服從之關鍵。其實，如下所述，此「精」字在〈具備〉
裡面可以代換為「誠」。

在第二段裡，〈精通〉曰：

> 今夫攻者，砥厲五兵，侈衣美食，發且有日矣，所被攻
> 者不樂，非或聞之也，神者先告也。身在乎秦，所親愛
> 在於齊，死而志氣不安，精或往來也。

在這裡，作者主張人心和人心之間就算有距離，還是能夠會通
彼此。一個國家要發動戰爭，那麼將被侵略的國家的人民，就
會有不好的預感。乃是「神者先告也」、「精或往來也」。

第三段所顯示的思想也是「類比」的思維。它提出「月」
的例子，〈精通〉曰：「月也者，群陰之本也。月望則蚌蛤實，
群陰盈；月晦則蚌蛤虛，群陰虧。」作者接著主張，「月」和
「聖人」之間就有類比的關係，曰：「夫月形乎天，而群陰化
乎淵；聖人形德乎己，而四方咸飭乎仁。」聖人實行德之後，
影響到四方，即全世界的人民，「飭乎仁」，亦即受到仁的感化。

到第四段才真正開始討論「誠」。〈精通〉曰：

> 養由基射先,中石,矢乃飲羽,誠乎先也。伯樂學相馬,
> 所見無非馬者,誠乎馬也。宋之庖丁好解牛,所見無非
> 死牛者;三年而不見生牛;用刀十九年,刃若新廔研,
> 順其理,誠乎牛也。

這裡說明養由基、伯樂、庖丁三人所以有絕技之原因,而將其理由歸納於「誠乎……」。譬如,下面作者再解釋庖丁的境界說:「順其理」。其實,此「理」字在《莊子》中也有出現,在〈養生主〉中,庖丁云:

> 臣之所好者道也,進乎技矣。始臣之解牛之時,所見无
> 非全牛者。三年之後,未嘗見全牛也。方今之時,臣以
> 神遇而不以目視,官知止而神欲行。依乎天理,批大郤,
> 導大窾,因其固然,技經肯綮之未嘗,而況大軱乎!

若我們比較此兩種說明,則可以發現,〈精通〉的作者將〈養生主〉的作者說「以神遇而不以目視,官知止而神欲行。依乎天理」的地方以「誠」一字來代替。另外,《荀子·解蔽》中也有說明幾種技術的高手的境界,〈解蔽〉云:

> 故好書者眾矣,而倉頡獨傳者,壹也;好稼者眾矣,而
> 后稷獨傳者,壹也。好樂者眾矣,而夔獨傳者,壹也;
> 好義者眾矣,而舜獨傳者,壹也。倕作弓,浮游作矢,
> 而羿精於射;奚仲作車,乘杜作乘馬,而造父精於御:
> 自古及今,未嘗有兩而能精者也。

在這裡荀子所提出的境界是「壹」(一) 和「精」。其實,荀子

對「一」的重視在〈勸學〉中的幾個例子中便可以看到。[43] 其論述的重點從《莊子》對「神」或「大理」的境界之讚嘆（即已經不需要使用自己的感覺器官的境界）轉換成「專心面對著對象為成功關鍵」的合理說明。但荀子還在「壹」的功大中保留「精」的重要。《淮南子・齊俗訓》中，也以「一」字來讚美這樣高超的技術，其中，出現了「道」、「神」、「虛」等概念字，但沒有出現「精」字。[44] 其實，這種對「精」的境界的重視，是《呂氏春秋》和《荀子》所共有的思想特色。下面，我們再討論《呂氏春秋》中，「誠」和「精」的密切關係。

第五段描述鍾子期晚上聽到有人擊磬，聲音非常悲傷。於是，鍾子期派人問演奏的人，了解其悲傷的理由之後，嘆氣說：

> 悲夫，悲夫！心非臂也，臂非椎非石也。悲存乎心而木石應之，故君子誠乎此而諭乎彼，感乎己而發乎人，豈必彊說乎哉？

在鍾子期的談話中，值得注意的是，他原來感受到的是擊磬女子的悲哀，但他從這個例子就結論說：一個人有誠心的話，其心就可以傳達於別人。這裡暗示著不靠「語言」（引言中「彊說」）的統治術。具體的例子在下面〈具備〉中可以看到。

〈精通〉最後的第六段中，作者又提出悲哀的歌讓別人感

---

[43] 〈勸學〉中有「螾無爪牙之利，筋骨之強，上食埃土，下飲黃泉，用心一也。」；「故君子結於一也」；以及「學也者，固學一之也」的句子。

[44] 〈齊俗訓〉曰：「昔者馮夷得道，以潛大川；鉗且得道，以處昆侖。扁鵲以治病；造父以御馬，羿以之射，倕以之斲，所為者各異，而所道者一也。」

動的故事。其全段文字如下：

> 周有申喜者，亡其母，聞乞人歌於門下而悲之，動於顏
> 色，謂門者內乞人之歌者，自覺而問焉，曰：「何故而
> 乞？」與之語，蓋其母也。故父母之於子也，子之於父
> 母也，一體而兩分，同氣而異息。若草莽之有華實也，
> 若樹木之有根心也，雖異處而相通，隱志相及，痛疾相
> 救，憂思相感，生則相歡，死則相哀，此之謂骨肉之親。
> 神出於忠，而應乎心，兩精相得，豈待言哉？

在這裡，作者主張，有一個人的心達成「忠」的境界，便會產
生「神」，發動此誠心的「精」，而此「精」將傳達給對方的「精」。
如此，親子之間可以「兩精相得」，提出一種相類相應的思想。
還有重要者，作者在這裡還明確地主張，這種感應關係存在的
時候不依靠語言之事實。同樣的論述在〈士容〉中也可以看到，
其云：

> 夫驥驁之氣，鴻鵠之志，有諭乎人心者誠也。人亦然。
> 誠有之則神應乎人矣，言豈足以諭之哉？此謂不言之言
> 也。

此一段描述將「有志在獐麋豕鹿」的狗的後腿綁起來之後，開
始捕老鼠的故事，引文是其結論。在這裡，作者提倡「不言之
言」。同時，在這裡〈精通〉中的「精」由「誠」概念來替代。
「驥驁之氣」和「鴻鵠之志」似乎暗示統治者的心志。

接下來，我們來看〈審應覽・具備〉中「誠」字的用法。
〈具備〉中「誠」字總共出現五次，是《呂氏春秋》裡最多「誠」
字出現的一篇。其篇名「具備」是否與「誠」字有關？其實並

無相關。第一段說：

> 夫立功名亦有具，不得其具，賢雖過湯、武，則勞而無
> 功矣。湯嘗約於郼薄矣，武王嘗窮於畢裎矣，伊尹嘗居
> 於庖廚矣，太公嘗隱於釣魚矣，賢非衰也，智非愚也，
> 皆無其具也。

在本篇的主題「具備」的意思是，就算是個賢臣，若沒有能看
出他才幹的英明君王，便無法達成為政的成績。[45] 也就是說，
英明的君王和賢人要達成「大功」，需要他們之間的遇會，如
此方能讓賢人發揮其才幹。

　　第二部分，是描述其「具備」的一個例子，即孔子的弟子
宓子賤治理亶父的故事。其實與此相同的故事可以在《孔子家
語・屈節解》、《韓詩外傳》卷二、《淮南子・道應訓》和《淮
南子・泰族訓》中見到。[46] 而且在《韓詩外傳》中，還進一步
變成對宓子賤的「無為」和巫馬期的「有為」統治之比較評論。[47]

---

[45] 在《呂氏春秋》裡，這種遇合的思想，在〈遇合〉也可見到：「夫不宜遇
而遇者則必廢，宜遇而不遇者，此國之所以亂，世之所以衰也。」

[46] 在〈道應訓〉中，「宓子賤」變成「季子」，而〈具備〉的「誠乎此者刑彼」
一句變成「誠於此者刑於彼」，而「誠」字改變為「誠」的意涵，應是〈道
應訓〉的作者已不認得此故事的重點在於宣揚「誠」概念。另一方面，
在〈泰族訓〉中，宓子賤的故事在「推其誠心」的例子中出現，可見其
作者仍掌握「誠」為主題。

[47] 此相關文字是：手治單父，彈鳴琴，身不下堂，而單父治。巫馬期以星出，
以星入，日夜不處，以身親之，而單父亦治。巫馬期問於子賤，子賤曰：
「我任人，子任力。任人者佚，任力者勞。」《韓詩外傳》讚美宓子賤的
治術說：「人謂子賤，則君子矣，佚四肢，全耳目，平心氣，而百官理，
任其數而已。」但與〈道應訓〉的例子相同，在這裡「誠」字並沒有出
現。

可見在先秦到西漢，宓子賤治亶父的故事非常有名。因為在此
故事的後面，〈具備〉的作者還放「此魯君之賢也」一句，可
見作者努力將這段故事當作英明君王和賢人之「具備」的好例
子。而且，作者也主張，一個君王將一個職位、或權限交給賢
人以後，不宜恣意插手其治理。然而，有趣的是，此後的第三
段，即在此篇的結論部分，其主題卻變而為「誠」。因此，〈具
備〉的作者將「宓子賤治亶父」的故事，寫成一個在序論（「具
備」或「遇合」）和在結論（「誠」）兩種不同的主題的例子。

那麼，我們從分析〈具備〉的「誠」概念的觀點，再來看
第二段和第三段。第二段前面說明，宓子賤藉由欺負他的紀錄
官來暗示，希望魯君不要干涉治理亶父的事情。而如此過了三
年，巫馬期觀察亶父的民俗。其描述說：

> 巫馬旗短褐衣弊裘，而往觀化於亶父，見夜漁者，得則
> 舍之。巫馬旗問焉，曰：「漁為得也。今子得而舍之，
> 何也？」對曰：「宓子不欲人之取小魚也。所舍者小魚
> 也。」巫馬旗歸，告孔子曰：「宓子之德至矣。使民闇
> 行，若有嚴刑於旁。敢問宓子何以至於此？」孔子曰：
> 「丘嘗與之言曰：『誠乎此者刑乎彼』。宓子必行此術於
> 亶父也。」夫宓子之得行此術也，魯君後得之也。魯君
> 後得之者，宓子先有其備也。先有其備，豈遽必哉？此
> 魯君之賢也。

在上面的描述中，「誠」字在孔子對宓子賤治理亶父的評語「誠
乎此者刑彼」中出現。而值得注意的是，在這裡孔子將「誠乎
此者刑彼」稱為「此術」，亦即治理亶父的「統治術」。這個推

測合乎後面〈具備〉的作者將「誠」當作「治之務」的事實。

在第三段,即其結論的部分,作者說明「誠」的內涵,曰:

> 三月嬰兒,軒冕在前,弗知欲也,斧鉞在後,弗知惡也,
> 慈母之愛諭焉,誠也。故誠有誠乃合於情,精有精乃通
> 於天。乃通於天,水木石之性,皆可動也,又況於有血
> 氣者乎?故凡說與治之務莫若誠。聽言哀者,不若見其
> 哭也;聽言怒者,不若見其鬥也。說與治不誠,其動人
> 心不神。

這裡有兩點值得注意。第一,如上所述,〈具備〉的作者明確
地將「誠」當作「統治術」最重要的一點。《孟子》中的「服
人」或「動人」的「誠」,暗示「誠」也是統治術的一種,但
實際上,在孟子與諸侯的對話中,卻只停留在主張推行「仁政」
的重要。第二,在這裡「誠」概念與「精」相結合,被看做「通
乎天」的價值。其實,如此「通乎天」的「誠」與「精」,和
《莊子・徐無鬼》中的「應天地之情」的「誠」相當一致。不
但如此,在〈漁夫〉的「精誠之至也。不精不誠,不能動人」
一句中,作者還主張能否「動人」的關鍵,在於「精」和「誠」
的結合狀態。

然而,在〈具備〉和〈漁夫〉的例子之間,還是有些許差
異。〈漁夫〉的作者基本上是將「精」和「誠」,當作對「仁義」
和「禮」等儒家價值概念的批判而提出的,並且頗有反世俗(即
「反政治活動」)的立場。相反地,〈具備〉的「誠」卻明確地
是作為一個「統治術」而提倡的價值。

五、《呂氏春秋》的「精」

最後，我們來看在《呂氏春秋》中與「誠」概念具有密切關係之「精」概念。首先，在〈十二紀〉前面幾篇討論養生的篇章中，作者多次主張，保持自己感覺器官之均衡，防止「精」的消耗。在〈本生〉中，將「全其天」稱為「全人德之人」。[48]這樣的人乃：

> 不言而信，不謀而當，不慮而得；精通乎天地，神覆乎宇宙；其於物無不受也，無不裏也，若天地然。

在〈情欲〉也主張：「知早嗇則精不竭」，「嗇」係「不要消耗感覺器官」。在〈盡數〉也指出：大寒、大熱、大燥、大溼、大風、大霖、大霧，會對「精」造成不良的影響。〈盡數〉進一步主張「精」之流動的必要，指出：假如「精不流則氣鬱」。如此，正如〈先己〉所言，「真人」是「精氣日新，邪氣盡去，及其天年」的人。值得注意的是，正如鬼丸先生在前文中也指出，對〈十二紀〉的作者而言，養生是能統一天下的大前提。因此，上述「真人」的定義，在〈先己〉中湯王提問「欲取天下若何？」一段，伊尹的回答裡出現。

其次，《呂氏春秋》的「精」，其存在不受人體的限制。在〈圜道〉中，作者說明其運作時言：「精氣一上一下，圜周復雜」，之後又說：「精行四時，一上一下各與遇」。換言之，〈十

---

[48] 關於「天」和「精」的關係，在〈論人〉也有「無以害其天則知精，知精則知神，知神之謂得一」的一句。

二紀〉的作者主張「精」可以通貫時空而行。[49] 而這樣的「精」在《管子・內業》中也有出現，其曰：

> 凡物之精，此則為生，下生五穀，上為列星。流於天地之間，謂之鬼神，藏於胸中，謂之聖人；是故民氣，杲乎如登於天，杳乎如入於淵，淖乎如在於海，卒乎如在於己。

《管子・內業》將「流於天地之間」的「精」稱為「鬼神」，而《呂氏春秋》則以「道」字來代替，即〈大樂〉曰：「道也者，至精也」。此外，「至精」亦是「大聖」統治「千官」的究竟方法。〈八覽・君守〉云：

> 天無形，而萬物以成；至精無象，而萬物以化；大聖無事，而千官盡能。此乃謂不教之教，無言之詔。……君也者，以無當為當，以無得為得者也。

由此觀之，雖然上述鬼丸先生的研究，比較重視《管子四篇》的「氣」概念為主的養生政治思想對《呂氏春秋》的養生思想的影響，但我們也不能否定《呂氏春秋》有可能直接從〈內業〉引進「精」的概念。畢竟，其「精」概念的確立與其養生思想的形成，似乎是同時並進的。[50] 而且在其用詞上《管子・內業》使用了還保留著宗教意識的「鬼神」一詞，而《呂氏春秋》則

---

[49] 在〈八覽・有始覽〉有「陰陽材物之精」一句，表示「精」亦是萬物萬象之基本因素。

[50] 《呂氏春秋》也保留「精」和「鬼神」兩個概念一起出現的例子。〈勿躬〉說：「神合乎太一，生無所屈，而意不可障；精通乎鬼神。……」此暗示《管子・內業》和《呂氏春秋》「精」概念之間的密切（影響）關係。

由「道」字來定義「至精」的境界。在此可以觀察到，《呂氏春秋》進一步將天地之「精」的概念，設計為比較俗化統治術之核心概念。

總而言之，筆者相信，以上的分析能夠充分釐清《呂氏春秋》在先秦「誠」概念發展過程中的重要性。尤其是，其發展與以「精」概念為主的養生政治思想息息相關。換言之，《呂氏春秋》的〈十二紀〉和〈八覽〉主張，理想的君王必須保持自我中的「精」，並且與天地之精合為一體，以不靠語言的統治方式來得到民眾的服從。《呂氏春秋》的作者，將如此統治者與被統治者之間的「精」之感應，稱為「誠」，並且將其當作最理想的政治型態。雖然構成其主張的主要概念來自《孟子》和《莊子》的「誠」、《管子四篇》的「精」，而並不是《呂氏春秋》作者的發明，但上述的「養生→與天地合一→非語言的統治」的理論架構，應該是《呂氏春秋》的作者之理論功夫所完成的。而且，其「非語言統治」達成之前提是基於「同類相應」（即，相類者之間的「精」會互通）的思維方式。其實，以上「養生→與天地合一→非語言的統治」的理論架構，也可以說代表著《荀子·不苟》的「誠」思想的理論架構。[51] 然而限於篇幅，對於此議題和《禮記·中庸》後一半、以及《禮記·大學》的「誠」思想之分析，日後將一併再論。

---

[51] 但《孟子》、《荀子》、《禮記·中庸》與《呂氏春秋》的「誠」字用例中明顯不同的地方是，在前三者的「誠」概念中，「善」之實踐處於關鍵地位，而在《呂氏春秋》的「誠」的用例中，「善」字卻完全沒有出現。

結　論

　　本文探討在先秦文獻中，「誠」字用例概念意涵的演變、暨在政治思想的發展上之意義，試圖釐清在戰國時代不同的文獻之間，其「誠」概念演變的幾個特色，其要點如下。

　　第一，春秋時代以前的文獻中，幾乎沒有概念化的「誠」字的例子。在《禮記》的〈檀弓〉、〈曲禮〉等篇章的用例中，「誠」字係針對「鬼神」的「虔誠」，其他的例子則有延伸到在祭祀儀禮中，或「齋戒」時的「虔誠」之意。尤其是〈檀弓上〉裡，還有子思言及「誠」字的例子，也是與喪禮有關。基於這樣的用例，我們推測對「鬼神」或在「祭祀」時的「虔誠」，是「誠」字在戰國初期的主要用法。

　　第二，我們對《孟子》「誠」字的分析中乃發現：（1）在孟子思想中，「誠」概念在主張人際關係的倫理需要之脈絡中出現。（2）「誠」概念還沒有與「仁、義、禮、智」等儒家倫理概念直接連起來。（3）在《孟子》中「善」字是在為了「服人」、「大而化」等，達成一種「人人化善」的脈絡下出現。由於與「善」概念之結合，「誠」概念始具備在人間社會中「動（人）」之意涵。（4）因此，這種「誠」概念頗有政治上的意涵。不過，「誠」之「統治論」似乎還未成為孟子政治理論的核心。

　　第三，《莊子》中「誠」字的用例有三個特色。（1）在批評儒家的價值概念，即「仁義」和「禮」的脈絡中出現，係指一種「真心」的意思。（2）但此「真心」乃屬於「天地」的。

換言之,「誠」概念開始在「天地」的架構出現。(3)「誠」和「精」字一起出現。

　　第四,《呂氏春秋》的「誠」與「精」概念非常密切,而基於「類比」的思維模式,係指人和人之間「非語言」的意念傳達(即「精」和「精」之間的互應)。具體而言,《呂氏春秋》的作者認為,有「誠心」的統治者之「精」會引起被統治者的正面反應,藉由此便能夠不靠法令等語言的手段而贏得人民的服從。而且,《呂氏春秋》的「誠」和「精」概念,在其「養生→與天地合一→非語言的統治」的理論架構中發揮其思想特色。因此,其理論上的概念功能,顯現出與一般看《呂氏春秋》為「雜亂」的印象相當不同,而具有概念使用之一貫性與思想內容之統合性。

　　最後,如上所述的「誠」概念發展之特色,在古代中國政治思想上有何種意義呢?第一,本文對《莊子》和《呂氏春秋》中的「誠」概念之分析顯示,「誠」概念的發展應該不只是在先秦儒家思想的脈絡中進行的。在《莊子》中有對抗「仁義」、「禮」之「誠」概念,在《呂氏春秋》中有以「精通」功能為主要內涵的「誠」概念,這些應該都不是在儒學的思想脈絡所發展出來的「誠」概念。這一點也許可以說明,「誠」字並沒有與孟子的「仁義」和荀子之「禮」(即他們的核心價值觀念)一起發揮其論述上的功能,而基本上都獨立出現的理由。

　　第二,本文分析中一直注意的是,古代中國思想家似乎認為,在「誠」這種心理狀態下,可以影響別人的動作(譬如,

孟子所說的「動人」)。到了《呂氏春秋》,其作者乃強調「誠」
的「心理狀態」中的「非語言統治術」之功能。假如我們設想,
荀子所提倡的「禮樂」也是種不透過「語言法令」之統治方法,
那麼,戰國末年的思想家對如此「非語言統治術」之發現與重
視,似乎或多或少已經設計了未來漢朝政治意識型態之方向。
不過這項問題將是下一稿的課題了。

「時」——儒家運命論思想的核心概念

朱淵清[*]

郭店楚簡〈窮達以時〉現存簡 15 支，存 287 字，有 1 字合文。簡兩端修削成梯形，簡長 26.4 釐米，2 道編線。就簡長內容看，〈窮達以時〉當屬「傳」的性質，《論語・衛靈公》：「在陳絕糧，從者病，莫能興。子路慍見曰：『君子亦有窮乎？』子曰：『君子固窮，小人窮斯濫矣。』」黃人二先生指出〈窮達以時〉是《論語》此段的「傳」，有一定道理。[1]孔子困於陳蔡，引據歷史論述了自己的運命論思想，〈窮達以時〉較〈衛靈公〉更詳細地記載了孔子困於陳蔡時對子路等的談話，並且進行了理論的概括。

〈窮達以時〉所記，當有較確實的歷史事實依據；關於其基本內容的記述，大略相同地被編入多種早期儒家文獻中（有歷史新引據被補入）。郭店楚簡〈窮達以時〉整理者指出：「其內容與《荀子・宥坐》、《孔子家語・在厄》、《韓詩外傳》卷七、《說苑・雜言》所載孔子困於陳蔡之間時答子路的一段話類似，與後二書所載尤為相近。」[2]此外，《呂氏春秋・慎人》、《風俗通義・窮通》等也編入了基本相同的內容。

---

[*] 上海大學歷史系副教授。

[1] 黃人二：〈郭店楚簡〈窮達以時〉考釋〉，《古文字與古文獻》試刊號（臺北：臺灣楚文化研究會，1999 年）。

[2] 《郭店楚墓竹簡》（北京：文物出版社，1998 年）。

　　魏明帝時李康著有〈運命論〉,[3]性質不同於漢前各種彙編的文獻,但卻是系統論述儒家運命論思想的專門研究著作;不僅如此,〈運命論〉採取的具體論述方式和基本內容也完全扣合於〈窮達以時〉。〈運命論〉對一些基本概念的闡釋較〈窮達以時〉本文更為詳細清晰,有助於我們更好地把握孔子本人和〈窮達以時〉的運命論思想。

　　作為儒家重要的思想文獻,〈窮達以時〉在孔子思想的基礎上更明確地概括出了「察天人之分,而知所行矣」,「窮達以時,德行一也」,「窮達以時,幽明不再,故君子勇於反己」等命題,其中的核心概念「時」,其實是儒家思想從天命論折入人性論的關鍵,在思想史上有著十分重要的意義。今試以上述文獻為基礎對此概念及相關問題進行討論。

---

[3] 〈運命論〉收在《文選》卷 53。李善注引《集林》:「李康,字蕭遠,中山人也。性介立,不能和俗。著〈遊山九吟〉,魏明帝異其文,遂起家為尋陽長。政有美績,病卒。」《太平御覽》586 引《魏書》曰:「李康字蕭遠。性介立不和俗,為鄉里所嫉,故官不進。嘗作〈遊九疑詩〉,時帝異其文,問左右:『斯人安在?吾欲擢之。』因起家為隰陽長。」姚振宗《三國藝文志》卷 4:「案《魏書》康字蕭遠,選注引《集林》作蕭遠,未詳孰是。隰陽長,選注作尋陽長,似非是。《隋志》引《七錄》作隰陽侯,侯當為長。」吳士鑒、劉承幹《晉書斠注》卷 49:「《書鈔》一百《嵇康集》曰:康著〈遊山九吟〉,魏明帝異其文辭,問左右曰:『斯人安在?吾欲擢之。』遂起家為溥陽長。」

一

〈窮達以時〉:「察天人之分,而知所行矣。」分析整篇〈窮達以時〉思想,可以知道這裡的「天人之分」,並不是《荀子》強調的「天人相分」。〈窮達以時〉的「分」不是「分別」之意,而是指天人各有其所承當的職分。《禮記·禮運》鄭玄注:「分猶職也。」郭店楚簡〈語叢一〉:「知天所為,知人所為,然後知道,知道然後知命。」「天所為」、「人所為」就是其職分,也就是天人之分。《鶡冠子·兵政》:「天不能使人,人不能使天,因物之然,而窮達存焉。」「天不能使人,人不能使天」也是強調這種職分。〈窮達以時〉中的「天」既不是主宰之天,也不是自然之天,而是運命之天,〈窮達以時〉是儒家運命論思想的重要著作。

從商代到周末,主宰之天漸讓位於運命之天,天命論思想漸為運命論思想替代。運命不同於天命,天命是有意志有目的的,而運命背後卻沒有明顯的意志與目的。

商代人的觀念為宗教信念所佔據,他們認為,人的一切完全決定於外在的神,也就是天、帝。周人以蕞爾小邦一朝克滅承繼天命的商王朝,周公等分析其中原委,認定天命會轉移,如果得天命統治天下者不修其德,他人就會革其舊命,而另獲天命成為新的天下統治者。周初人面對不久前的歷史由此就產生了憂患、敬德、命哲的思想,終於在絕對信仰的宗教情感外,培養出了由人自己承當責任的人文意識。「天命靡常」(《詩·大雅·文王》)、「天不可信」(《尚書·君奭》)思想越益

發展，到了西周末年，〈小雅〉詩中充滿對天的詛咒，人格神的天的權威瓦解，主宰之天轉向運命之天。

孔子對於天的態度比較寬鬆，他所說的天有主宰之天，《論語・八佾》：「獲罪於天，無所禱也。」〈子罕〉：「吾欺誰，欺天乎。」〈雍也〉：「予所否者，天厭之，天厭之。」〈憲問〉：「不怨天，不尤人，下學上達，知我者其天乎。」孔子也說自然之天，《論語・陽貨》：「子曰：天何言哉！四時行焉，百物生焉。天何言哉？」

孔子還說運命之天，雖然孔子對運命之天的正面解釋可能並不多。《論語・公冶長》：「夫子之言性與天道，不可得而聞也。」〈子罕〉：「子罕言利，與命，與仁。」但孔子相信自己在五十歲之後已經「知天命」。〈為政〉：「子曰：『吾十有五而志於學，三十而立，四十而不惑，五十而知天命，六十而耳順，七十而從心所欲，不踰矩。』」

運命之天落於人，就是死生、窮達。現實之人有生老病死，有富貴、貧賤，這是人的運命。人的運命和天的運命是同一的。孔子五十歲而知天命，他已經能夠把握自己的命運了。

運命之天落於社會國家，就是統一和分裂，治理和戰亂，社會國家的運命和天的運命也是同一的。〈運命論〉：「夫治亂，運也；窮達，命也；貴賤，時也。」這裡的運、命、時其實都一樣是指運命。

窮達以時，人的運命也稱為時。對於人而言，運命既有死生絕對的存在方式，也有窮達變化之時。《莊子・秋水》：「貴

賤有時，未可以為常也。」「時」也就是變動不居的時間；對於處於窮達變化中的人而言，是時機。〈窮達以時〉：「遇不遇，天也。」《荀子‧宥坐》、《韓詩外傳》卷七大致相同的一段中表述為：「遇不遇，時也。」《荀子‧宥坐》：「遇不遇者，時也。死生者，命也。今有其人不遇其時，雖賢其能行乎？苟遇其時，何難之有？」《韓詩外傳》卷七：「不遇時者眾矣，豈獨丘哉！賢不肖者材也，遇不遇者時也。今無有時，賢安所用哉？」

〈窮達以時〉的「天人之分」到底是如何實現的呢？孔子的思想中，人又如何能夠承當起自己的運命呢？

二

《論語‧顏淵》：「子夏曰：商聞之矣：『死生有命，富貴在天』。」子夏所聞，應該還是來自於孔子，難道孔子真是聽憑完全外在的運命而不主張人的努力修行的嗎？當然不是，子夏這裡僅僅是講到了作為運命而存在的天、命，至於人對於運命的承當和把握，其實為孔子及其後學所特別重視。

「窮達以時」，生死只是表明人的客觀存在狀況，關係於此的「時」因此還是外在的運命。〈運命論〉：「夫治亂，運也；窮達，命也；貴賤，時也。」所謂貴賤，當然可以指社會階級身分的區分，但也可以是指品德的區分，孔子困於陳蔡時向弟子強調的正是這面對困境時的人的品德力量。孔子用自身的品德修為來面對窮達之時，賦予了人對於運命的主動。

　　「時」即是變化的客觀形式，也是人關於變化的觀念，是人對於年月日夜變化的認識，因此「時」是個主客觀相合的概念。孔子將流水比時間，《論語・子罕》：「子在川上，曰：『逝者如斯夫！不舍晝夜。』」時間如流水永逝不回，流逝而去的時間就是歷史。

　　對當下「時」的判斷因人而異，人因此做出自己對於時機的選擇。孔子認識到，人的品德能夠決定人對「時」作出的判斷和選擇，人的這種判斷和選擇反過來就決定了人自己的將來。時變動不居，人應時而動，這是因為天道和人道是一致的，天道以陰陽日月而變化，人道順之變化。人的品德因為不斷地修養而與時俱進，人不斷反思自身修養對應過去之時的變化，從而能夠知道當下之時，因為知時所以對變化之時就能不斷做出新的判斷和選擇。因此如果人通過自身的修養努力，在變動的時間中能夠保持品德，就能知時，從而主動地把握運命之「時」，掌握自己的運命，成為命運的主人。這種能夠不斷修養品德而知時、能把握自己命運的人，就是孔子說的君子。孔子不以社會身分地位而以人的內在品德區分人；並以人內在品德的修為，作為人對於運命的主動進取。

　　孔子用君子、小人來區分人的品德。根據《論語・衛靈公》，孔子困於陳蔡時對子路等弟子所談論的中心是君子、小人在窮困面前的不同。〈衛靈公〉：「子曰：『君子固窮，小人窮斯濫矣。』」因為孔子非常不滿其時的世道，所以君子知時而不屑聞達於這種世道之中，只能「固窮」。

　　君子、小人是完全對立的品德區分，孔子從許多角度示例了他對君子、小人的區分。

　　《論語・為政》：「子曰：『君子周而不比，小人比而不周。』」〈里仁〉：「子曰：『君子懷德，小人懷土；君子懷刑，小人懷惠。』」〈里仁〉：「子曰：『君子喻於義，小人喻於利。』」〈述而〉：「子曰：『君子坦蕩蕩，小人長戚戚。』」〈顏淵〉：「子曰：『君子成人之美，不成人之惡。小人反是。』」〈顏淵〉：「孔子對曰：『……君子之德風，小人之德草。草上之風，必偃。』」〈子路〉：「子曰：『君子和而不同，小人同而不和。』」〈子路〉：「子曰：『君子易事而難說也：說之不以道，不說也；及其使人也，器之。小人難事而易說也：說之雖不以道，說也；及其使人也，求備焉。』」〈子路〉：「子曰：『君子泰而不驕，小人驕而不泰。』」〈憲問〉：「子曰：『君子而不仁者有矣夫，未有小人而仁者也。』」〈憲問〉：「子曰：『君子上達，小人下達。』」〈衛靈公〉：「子曰：『君子不可小知而可大受也；小人不可大受而可小知也。』」〈衛靈公〉：「君子求諸己，小人求諸人。」〈季氏〉：「孔子曰：『君子有三畏：畏天命，畏大人，畏聖人之言。小人不知天命而不畏也，狎大人，侮聖人之言。』」〈陽貨〉：「子路曰：『君子尚勇乎？』子曰：『君子義以為上。君子有勇而無義為亂，小人有勇而無義為盜。』」

　　君子、小人之分是對立品德之分，而不是社會身分之分，〈雍也〉：「子謂子夏曰：『女為君子儒，毋為小人儒。』」

　　孔子區分君子、小人兩種對立的品德有沒有標準？這個標準是否客觀？就現實存在的完整社會我們能夠客觀地根據一個人的財產、職位等來區分他的社會等級，但是區分人心品德的標準卻無法做到客觀。孔子所評判的品德並不是當下時的存在，而是歷時變化的過程。孔子評判人的品德，區分品德完全對立的君子、小人，用的是來自歷史的經驗和知識。孔子困於陳蔡時對弟子講述就是歷史，孔子以歷史的經驗知識解釋運命。（這種做法被不斷延用，李康〈運命論〉就有意識地大幅例舉了孔子本人的例子。）但歷史的舉證總是被選擇的，歷史因為有無限的人類生活的各個方面的具體事實，所以歷史是永遠無法自足證明結論的，對歷史的認識始終建築於個人當下價值觀判斷的基礎之上。孔子以周代尊卑等級的禮制為標準，孔子對德的評判擺脫不了成王敗寇的歷史功利主義。孔子用過去歷史作為校正自身修養的坐標，從而達到的君子知時而把握命運時機的設想，因此是受制於歷史主義的思想。

三

　　君子知時，君子能夠判斷並選擇時，從而在變化之中把握自己的運命；窮達以時，君子因為知命所以能夠泰然對待窮達。孔子認為，對於現實的貧富，君子能夠做到貧而不諂，富而好禮。君子安貧之關鍵在於其所追求的是道。天道是和人道一致的，所以人的德應該順應天道。君子修德，所以天道行則其命貴，天道廢則其命賤。君子追求天道修德而知天命，君子

的窮達運命因此是和道連在一起的。對於國家的有道或無道，君子應該保持其鮮明的態度。孔子不滿於當時的社會，認為處於無道亂世的君子固窮。因為孔子的國家社會學說建立在尊卑等級的西周禮制上，所以孔子評判的有道無道以是否符合這套禮制為標準。

孔子說自己五十歲而知天命。君子知時，故能判斷並選擇時機，從而把握自己的命運，小人則不知時而行險徼幸。

〈堯曰〉：「子曰：『不知命，無以為君子也。不知禮，無以立也。不知言，無以知人也。』」〈季氏〉：「孔子曰：『君子有三畏：畏天命，畏大人，畏聖人之言。小人不知天命而不畏也，狎大人，侮聖人之言。』」與〈窮達以時〉同樣出自子思學派的〈中庸〉曰：「故君子居易以俟命，小人行險以徼幸。」

因為知時，君子所以能夠泰然對待窮達。

〈窮達以時〉：「窮達以時，德行一也。毀譽在旁，聽之弋，毋之白。」[4]《荀子‧宥坐》：「故君子博學深謀，修身端行，以俟其時。」《孔子家語‧在厄》：「君子修道立德，不為窮困而敗節。」《韓詩外傳》卷七：「故君子務學，修身端行而須其時者也。」〈運命論〉：「聖人處窮達如一也。」

---

[4]　郭店楚簡整理者連下斷句「聽之弋毋之白不釐」，不作解釋。(《郭店楚墓竹簡》〔北京：文物出版社，1998 年〕) 劉釗先生以「聽之弋母之白」斷句，釋意為「聽任其讒毀，不要辯白」，可從；但「弋」字，劉釗先生音轉讀為「慝」，解釋為惡言。(劉釗：《郭店楚簡校釋》〔福州：福建人民出版社，2005 年〕) 有幸承周鳳五先生賜教，「弋」通「黓」，黓為黑色，正與白對言。筆者以為周說甚佳，故從周先生讀。

「然則聖人所以為聖人者，蓋在乎樂天知命矣。故遇之而不怨，居之而不疑也。其身可抑，而道不可屈；其位可排，而名不可奪。」

對於現實的貧富，君子能夠泰然處之，貧而不諂，富而好禮。孔子對學生顏回在這方面的修養尤為讚賞。

《論語・衛靈公》「子曰：『君子固窮，小人窮斯濫矣。』」〈學而〉：「子貢曰：『貧而無諂，富而無驕，何如？』子曰：『可也。未若貧而樂，富而好禮者也。』」〈述而〉：「子曰：『富而可求也，雖執鞭之士，吾亦為之。如不可求，從吾所好。』」〈述而〉：「子曰：『飯疏食飲水，曲肱而枕之，樂亦在其中矣。不義而富且貴，於我如浮雲。』」〈雍也〉：「子曰：『賢哉，回也！一簞食，一瓢飲，在陋巷。人不堪其憂，回也不改其樂。賢哉，回也！』」

安貧可貴，孔子強調君子之所以能夠安貧關鍵在於其追求的是道。

《論語・里仁》：「子曰：『士志於道，而恥惡衣惡食者，未足與議也。』」〈憲問〉：「子曰：『貧而無怨難，富而無驕易。』」〈泰伯〉：「子曰：『三年學，不至於穀，不易得也。』」〈衛靈公〉：「子曰：『君子謀道不謀食。耕也，餒在其中矣；學也，祿在其中矣。君子憂道不憂貧。』」〈里仁〉：「子曰：『富與貴是人之所欲也，不以其道得之，不處也；貧與賤是人之所惡也，不以其道得之，不去也。君子去仁，惡乎成名？君子無終食之間違仁，造次必於是，顛沛必於是。』」

〈述而〉：「求仁而得仁，又何怨。」

　　天道是和人道一致的，所以人的德應該順應天道。君子修德，所以天道行則其命貴，天道廢則其命賤。君子追求天道修德而知天命，君子的窮達運命因此是和道連在一起的。

　　〈憲問〉：「子曰：『道之將行也與？命也。道之將廢也與？命也。公伯寮其如命何！』」《孟子·離婁上》：「孟子曰：『天下有道，小德役大德，小賢役大賢。天下無道，小役大，弱役強，斯二者，天也。順天者存，逆天者亡。』」〈運命論〉：「故道之將行也，命之將貴也。」「道之廢也，命之將賤也。」

　　對於國家的有道或無道，孔子堅持君子應保持其鮮明的態度。

　　〈公冶長〉：「子謂南容，『邦有道，不廢；邦無道，免於刑戮。』」〈公冶長〉：「子曰：『甯武子邦有道則知，邦無道則愚。其知可及也，其愚不可及也。』」〈泰伯〉：「子曰：『篤信好學，守死善道。危邦不入，亂邦不居。天下有道則見，無道則隱。邦有道，貧且賤焉，恥也；邦無道，富且貴焉，恥也。』」〈憲問〉：「憲問恥。子曰：『邦有道，穀；邦無道，穀，恥也。』」〈憲問〉：「子曰：『邦有道，危言危行；邦無道，危行言孫。』」〈衛靈公〉：「子曰：『直哉史魚！邦有道，如矢；邦無道，如矢。君子哉蘧伯玉！邦有道，則仕；邦無道，則可卷而懷之。』」

　　〈八佾〉：「天下之無道也久矣，天將以夫子為木鐸。」

孔子本人深深不滿於其所處時代社會，以為天下無道，禮崩樂壞，征伐僭越，他提出克己復禮，夢想的是恢復周初的禮樂盛世，他還四處奔走各諸侯國並廣招學生以求宣揚自己的學說。孔子的國家社會學說建立在尊卑等級的西周禮制上，因此孔子認為天下的有道無道以是否符合這套禮制為標準。〈季氏〉：「孔子曰：『天下有道，則禮樂征伐自天子出；天下無道，則禮樂征伐自諸侯出。自諸侯出，蓋十世希不失矣；自大夫出，五世希不失矣；陪臣執國命，三世希不失矣。天下有道，則政不在大夫。天下有道，則庶人不議。』」

四

　　春秋時人熱衷於通過研究「數」來知道運命，孔子卻從卜筮書《周易》中發掘出全新的內涵。孔子超越了他的時代，強調應該通過修德來把握自己的運命。馬王堆帛書〈要〉：「子曰：『《易》，我復其祝卜矣，我觀其德義耳。幽贊而達乎數，明數而達乎德，有仁□者而義行之耳。贊而不達於數，則其為之巫；數而不達於德，則其為之史。史巫之筮，鄉之而未也，好之而非也。後世之士疑丘者，或以《易》乎？吾求其德而已，吾與史巫同塗而殊歸者也。』」

　　孔子讀《周易》韋編三絕，馬王堆帛書〈要〉：「夫子老而好《易》，居則在席，行則在囊。」孔子的學說思想深受《周易》的影響。《論語·述而》：「子曰：『加我數年，五十以學《易》，可以無大過矣。』」

　　《周易》貴時。《周易》是命運卜筮之書，講的就是變化，變化也就是時，一卦有一卦之時，一卦之中又有初、二、三、四、五、上各爻的變化。所以王弼《周易略例‧明卦適變通爻》說：「夫卦者時也，爻者適時之變者也。」《周易》「時」的觀念即來自於人最初對天道的認識，即人對於年月、晝夜、晦朔變化的觀念。《周易》對人的要求，一切以時為轉移，沒有絕對的吉凶悔吝。

　　孔子融會貫通了《周易》的思想，孔子思想的內在基礎是對時的把握。呂紹綱先生強調說：「仁與義也是孔子思想的核心之一。不過，這個核心是第二位的，它要受前一個核心即時觀念的制約。」[5]《易傳》中有大量關於時的論述。〈蒙‧彖傳〉：「時中也。」〈大有‧彖傳〉：「應乎天而時行。」〈隨‧彖傳〉：「而天下隨時。」〈遯‧彖傳〉：「與時行也。」〈艮‧彖傳〉：「時止則止，時行則行。」〈豐‧彖傳〉：「與時消息。」〈彖傳〉在解釋〈豫〉、〈隨〉、〈頤〉、〈大過〉、〈坎〉、〈遯〉、〈睽〉、〈蹇〉、〈解〉、〈姤〉、〈革〉、〈旅〉十二卦時特別強調了「時」之義，十二卦內容上都有反面性，但用《易》者如果理解其中的時，把握時之變化，就會有正面的效用。〈彖傳〉即使不是孔子親作，也是符合孔子思想的；孔子繼承了《周易》變化的「時」的觀念。

　　孟子認為孔子本人最大的特點就在於把握「時」。《孟子‧萬章下》：「可以速而速，可以久而久，可以處而處，可以仕

---

[5]　呂紹綱：〈周易的人生論〉，《《周易》的哲學精神——呂紹綱易學文選》（上海：上海古籍出版社，2005年）。

而仕，孔子也。」「孟子曰：『伯夷，聖之清者也；伊尹，聖
之任者也；柳下惠，聖之和者也；孔子，聖之時者也。』」

孔子自己說五十歲而「知天命」。《論語・述而》：「子
曰：『加我數年，五十以學《易》，可以無大過矣。』」孔子
「老而好《易》」，晚年終於把握了《周易》的精髓。孔子困
於陳蔡是在魯哀公六年（489B.C.），其時孔子六十三歲，有
著豐富歷史知識智慧的孔子，在身處困境之際對《周易》的「時」
已完全開悟了。

《說苑・雜言》在記述孔子困陳蔡談窮達這個內容時，比
〈窮達以時〉等其他文本多出這樣一段：「夫陳蔡之間，丘之
幸也。二三子從丘者，皆幸人也。吾聞人君不困不成王，列士
不困不成行。昔者湯困於呂，文王困於羑里，秦穆公困於殽，
齊桓困於長勺，句踐困於會稽，晉文困於驪氏。夫困之為道，
從寒之及暖，暖之及寒也。唯賢者獨知，而難言之也。《易》
曰：『困：亨，貞。大人吉，無咎。有言不信。』聖人所與人，
難言信也。」其他各種文本都不載這十分切合情景的一段，孔
子困於陳蔡時或許並沒有能真正說這話，這段話可能是劉向從
與孔子所傳《周易》相關的文獻中抄入並放在這裡的。但孔子
困於陳蔡時的處境確實是「窮」，是「困」。另外，有證據表
明孔子對《周易・困》確實有自己深刻的認識。

馬王堆帛書〈繆和〉：

繆和問於先生曰：「凡生於天下者，無愚智賢不肖，莫
不願利達顯榮。今《周易》曰：『困：亨，貞。大人吉，

無咎。有言〔不〕信。』敢問大人何吉於此乎？」子曰：
「此聖人之所重言也，曰『有言不信』。凡天之道，壹
陰壹陽，壹短壹長，壹晦壹明，夫人道弇之。是故湯□
□王，文王拘於牖里，〔秦繆公困〕於殽，齊桓公辱於
長勺，越王勾踐困於〔會稽〕，晉文君困〔於〕驪氏，
故古至今，伯王之君，未嘗憂困而能□□。曰：『美惡
不□□□也。』夫困之為達也，亦猶□□□□□□□其□
□□□□□□□□□□□□□□，故《易》曰：『困：亨，
貞。大人吉，無〔咎。有言〕不信。』〔此〕之謂也。」

《周易‧困》講的是「困」，但其結果是「大人吉，無咎」，孔
子用陰陽變化的天之道來解釋正反映了孔子對「時」的深刻把
握。一陰一陽之謂道，也是孔子在《繫辭傳》中闡述的重要思
想。

孔子深刻領悟《周易》貴時的思想，孔子的後學子思學派
繼承了孔子思想，並理論概括出了〈窮達以時〉，提出了「察
天人之分，而知所行矣」，「窮達以時，德行一也」，「窮達
以時，幽明不再，故君子勇於反己」等基本命題，明確確立了
「時」這個儒家運命論思想的核心概念。

五

君子修養自身，保持品德，從而知時而能把握自己的命
運。所以在窮困的境遇面前君子能泰然處之。《論語‧憲問》：
「子曰：『不怨天，不尤人。下學而上達。知我者，其天乎！』」

君子致力自身修養，不顧旁人毀譽，聽到毀惡之言，也不去辯白。〈窮達以時〉：「窮達以時，德行一也。毀譽在旁，聽之弋，毋之白。」君子時刻精進於修養以待時機。《荀子‧宥坐》：「故君子博學深謀，修身端行，以俟其時。」《韓詩外傳》卷七：「故君子務學，修身端行而須其時者也。」

〈中庸〉：「故君子不可以不修身。思修身，不可以不事親。思事親，不可以不知人。思知人，不可以不知天。天下之達道五，所以行之者三，曰：君臣也、父子也、夫婦也、昆弟也、朋友之交也，五者天下之達道也。知、仁、勇三者，天下之達德也。」

君子修養品德，分知、仁、勇三個層次。〈中庸〉所說的三達德完全來自於孔子本人。《論語‧子罕》：「子曰：『知者不惑，仁者不憂，勇者不懼。』」〈憲問〉：「子曰：『君子道者三，我無能焉：仁者不憂，知者不惑，勇者不懼。』子貢曰：『夫子自道也。』」〈中庸〉：「子曰：『好學近乎知，力行近乎仁，知恥近乎勇。知斯三者，則知所以修身，知所以修身，則知所以治人，知所以治人，則知所以治天下國家矣。』」

關於修養品德的知、仁、勇三個層次中的「仁」其實涵蓋了孔子提倡的仁、義、禮。所謂仁，是解決己與人之間的關係的，就是從愛自己的親人做起的愛人。所謂義，是解決己與人在社會中的階級、政治的關係的。禮是仁、義的外部形式，是社會中尊卑等級的規定。知是對仁、義二者的深刻認識。《孟子‧離婁上》：「孟子曰：『仁之實，事親是也。義之實，從

兄是也。智之實,知斯二者弗去是也。禮之實,節文斯二者是也。』」

勇是君子修養品德的態度。〈窮達以時〉:「窮達以時,幽明不再,故君子勇於反己。」〈中庸〉:「子曰:『射有似乎君子,失諸正鵠,反求諸其身。君子之道,辟如行遠必自邇,辟如登高必自卑。』」

〈窮達以時〉「勇於反己」,從心從庸之字即是「勇」,不當釋讀為「敦」。[6]

孔子並非不言勇。〈為政〉:「子曰:『非其鬼而祭之,諂也。見義不為,無勇也。』」〈憲問〉:「子曰:『有德者,必有言。有言者,不必有德。仁者,必有勇。勇者,不必有仁。』」〈陽貨〉:「子路曰:『君子尚勇乎?』子曰:『君子義以為上。君子有勇而無義為亂,小人有勇而無義為盜。』」

根據《論語・衛靈公》,孔子困於陳蔡時對子路等弟子所談論的中心是君子、小人在窮困面前的不同。〈衛靈公〉:「子曰:『君子固窮,小人窮斯濫矣。』」〈衛靈公〉另外記載的孔子「君子求諸己,小人求諸人」一語,和〈窮達以時〉提到的「君子勇於反己」相關,可能也是在當時情景下所說。君子之勇求諸於己。

君子勇於反己,勇就是不懼,君子的不懼特別就是對自己

---

[6] 2001 年筆者將此看法告訴龐樸先生,龐樸先生同意筆者此說,並曰,〈窮達以時〉之勇從心,而今之勇從力矣。關於「勇」字詳細考證,參見筆者〈〈窮達以時〉「勇於反己」解──兼釋「墉」、「郭」〉,第十六屆中國古文字學會年會宣讀論文。

的反思，君子勇於反省自身。《論語‧憲問》：「子曰：『君子道者三，我無能焉：仁者不憂，知者不惑，勇者不懼。』子貢曰：『夫子自道也。』」〈顏淵〉：「司馬牛問君子。子曰：『君子不憂不懼。』曰：『不憂不懼，斯謂之君子已乎？』子曰：『內省不疚，夫何憂何懼？』」孔子學生曾子日三省其身也就是勇於反己的功夫。《論語‧學而》：「曾子曰：『吾日三省吾身：為人謀而不忠乎？與朋友交而不信乎？傳不習乎？』」

君子勇於反己，所以行己有恥；君子勇於反己，所以決不文過飾非。《論語‧子路》：「子貢問曰：『何如斯可謂之士矣？』子曰：『行己有恥，使於四方，不辱君命，可謂士矣。』」〈中庸〉：「子曰：『好學近乎知，力行近乎仁，知恥近乎勇。』」「子貢曰：『君子之過也，如日月之食焉：過也，人皆見之；更也，人皆仰之。』」〈子張〉：「子夏曰：『小人之過也必文。』」

君子勇於反己，勇敢反思自身，不斷地修養對應過去之時的變化，從而能夠知道當下之時，因為知時而能主動把握運命之「時」，成為命運的主人。〈窮達以時〉：「窮達以時，幽明不再，故君子勇於反己。」君子勇於反己，是儒家內求心性之路，子思、孟子在孔子、曾子開闢的這條內求心性之路上不斷深入。「性自命出」、「人性本善」等命題不斷提出，人性論思想成為儒家最可寶貴的思想。因此，「時」的概念是儒家思想從天命論折入人性論的關鍵。

根據思想的演進，在孔子和孟子之間，我們找到了〈窮達以時〉的位置。比較〈中庸〉的前半部分，我們更相信，〈窮達以時〉確是孟子之師子思思想的真實反映。

六

〈窮達以時〉和〈中庸〉前半部分的思想吻合。但〈中庸〉「大德必得其位，必得其祿，必得其名，必得其壽」、「大德者必受命」，卻分明是天命論的命定思想。〈中庸〉：「子曰：『舜其大孝也與！德為聖人，尊為天子，富有四海之內，宗廟饗之，子孫保之。故大德必得其位，必得其祿，必得其名，必得其壽。故天之生物，必因其材而篤焉。故栽者培之，傾者覆之。』《詩》曰：『嘉樂君子，憲憲令德。宜民宜人，受祿於天。保佑命之，自天申之。』故大德者必受命。」

孔子是否真的可能有這樣的思想呢？

答案是肯定的。《論語·季氏》：「孔子曰：『君子有三畏：畏天命，畏大人，畏聖人之言。小人不知天命而不畏也，狎大人，侮聖人之言。』」孔子區分君子、小人之外，還存在其他概念。《禮記·禮運》鄭注：「大人，謂諸侯。」《左傳·昭公十八年》杜注：「大人，在位者。」《周易集解》卷一引荀爽注〈乾·象傳〉：「大人，謂天子見據尊位，臨長群陰，德施於下，故曰德施普及。」《春秋繁露·郊語》：「聖人者，見人之所不見者也。」大人之二說，鄭玄主有位者，荀爽主有位有德者。邢昺、朱熹都以為大人是有位有德者，基本上，大

人、聖人應該就是同一概念。在《論語》中除此之外並未出現「大人」，但有「聖人」，〈述而〉：「子曰：『聖人，吾不得而見之矣；得見君子者，斯可矣。』」又，「子曰：『若聖與仁，則吾豈敢？』」《論語‧季氏》的「三畏」只是強調了位、德的區分。

大人、君子、小人並論出自《周易》。〈革‧九五〉：「大人虎變」，〈革‧上六〉：「君子豹變，小人革面」。孔子不以社會身分區分人，而以對立的品德作為評判人的標準。但是，孔子的區分標準卻既如上文所論無法客觀，又不是完全的絕對，在以德區分的君子、小人之外，還有著以位以德存在的大人或聖人。因此，孔子從對立品德上區分人的理論還存在著根本上的不充足性，等級尊卑的禮制思想制約了孔子。儒家的人性論也永遠無法徹底擺脫命定論。

孔子心目中的聖人是歷史上有大德的君王堯、舜、禹、文王。

《論語‧泰伯》：「子曰：『大哉，堯之為君也！巍巍乎！唯天為大，唯堯則之。蕩蕩乎！民無能名焉。巍巍乎！其有成功也；煥乎，其有文章！』」又，「子曰：『巍巍乎！舜禹之有天下也，而不與焉。』」又，「子曰：『禹，吾無間然矣。菲飲食，而致孝乎鬼神；惡衣服，而致美乎黻冕；卑宮室，而盡力乎溝洫。禹，吾無間然矣。』」〈子罕〉：「子畏於匡，曰：『文王既沒，文不在茲乎？天之將喪斯文也，後死者不得與於斯文也；天之未喪斯文也，匡人其如予何？』」

　　孔子聖人觀及其正朔觀、夷夏觀、興亡觀的背後都是成王敗寇的正統論歷史命定思想。

　　周初哲人借助歷史的經驗智慧推翻了神的權威，中國文化的人文精神從此興起；但歷史意義的評判是當下價值觀的功利性評判，權力更替的歷史意義的強調導致歷史主義的正統論思想根深蒂固。儒家歷史正統論思想本質上是歷史主義的命定論。

七、小結

　　儒家運命論思想繼天命論而起，認為人有生死、貧富、貴賤的運命。人的運命也就是時。窮達以時，「時」既可以表現為絕對的存在，也可以是相對的變化。人的運命因此既可以表現在絕對的生死狀態，也可以是相對的窮達變化。「時」即是變化的客觀形式，也是人關於變化的觀念。孔子由此提出人通過自身的品德修養的努力，能夠知時而主動把握自己的運命。孔子以品德而不是社會身分區分人，君子、小人是對立品德之分。君子修養品德，勇於反求諸己，儒家思想由此折入人性論，〈窮達以時〉標出的「時」的概念成為這個轉折的關鍵。但是，歷史主義正統論思想背景下的周代等級尊卑的禮制觀念制約了孔子，儒家從品德上劃分人的理論本身既不充足也不客觀。儒家的人性論因此也永遠無法徹底擺脫命定論。

元氣概念在兩漢思想史中的流變

曾春海[*]

一、前言

「氣」概念由來久遠，甲骨文、金文皆有其文字雛形，均不作名詞用，而有乞求、迄至、終訖之意。《說文·气部》云：「气，雲气也，象形。」[1]《說文·米部》云：「氣，饋客之芻米也，從米气聲。」[2]王筠：《文字蒙求》云：

> 气，此雲氣之正字，經典做乞而訓作求，本是假借；借用既久，遂以氣代气。氣乃餼之古字。[3]

從該字的形構與甲骨文中相關諸字形觀之，古人對氣的認識可能直接出於人之「气息」而衍生出類比聯想：自然界氣息，例如，水蒸發而上升為蒸氣，水遇寒而結成冰水及冰在春天融解時皆可見絪縕之氣象，這些現象皆由「氣」概念所概括容納。饒炯《說文部首訂》云：

> 氣之形與雲同。但析言之，則山川初出者為氣，升於天者為雲，合觀之，則氣乃雲之散蔓，雲乃氣之濃歛。[4]

---

[*] 國立政治大學哲學系教授。
[1] 段玉裁：《說文解字注》(臺北：漢京文化事業有限公司，1983 年)，頁 20。
[2] 同前注，頁 333。
[3] 王筠：《文字蒙求》(臺北：藝文印書館，1981 年)，卷 1，頁 8。
[4] 饒炯：《說文部首訂》，收入丁福保編：《說文解字詁林》(臺北：臺灣商務

莊子以氣之聚散的變化來類比釋物，解釋萬物的生成，具統攝地謂「通天下一氣耳」（〈知北遊〉）創立氣化宇宙論的雛形。《管子‧心術》上、下與〈內業〉等篇章中提出精氣說以詮解老子「道」所以化生萬物的憑藉。書中認為充盈於萬物之中的「氣」，是具生化機能的生命基元或宇宙元素，係形構萬物的質料因，「精氣」指極為精靈細微的「氣」。

　　本文是以在漢代儒家、道家、道教的典籍中出現「元氣」一詞且為重要概念者為準。「元氣」一詞較早出現於戰國時期《鶡冠子‧泰錄》篇所云：「故天地成於元氣，萬物乘於天地。」此後元氣概念資以解釋天地間萬物所以生成的原質，及其生成變化的動態動能，亦即生成變化（Becoming），在哲學的研究題材中關涉到宇宙論（Cosmology）的課題。元氣概念在兩漢的發展極為盛行和普遍，元氣一詞，屢見於漢代道家、儒家及道教的典籍中。本文為反映元氣概念分別在上述三流派發展的文脈中所彰顯的涵義，乃試由《春秋繁露》、《太玄》、《論衡》及《潛夫論》等所代表的漢代儒家典籍；《淮南子》、《老子河上公章句》所代表的漢代道家典籍以及《太平經》與《老子想爾注》、《周易參同契》所代表的早期道教典籍來探索「元氣」一詞在這些典籍中所表述之不同側面、層次及理論結構下的豐富涵義。

印書館，1976 年），第 2 冊，頁 211。

二、漢代儒家典籍中所蘊涵的元氣概念

董仲舒（179-104B.C.）為因應漢武帝擬開創漢帝國新氣象的雄心，著〈天人三策〉及《春秋繁露》，融合儒家、墨家、陰陽家、黃老及法家等思想，建構一以「天」為核心，兼具機體宇宙觀及天人感應為特色的綱常名教思想體系。他對宇宙發生的歷程有一總綱性的論式，《春秋繁露‧五行相生》曰：

> 天地之氣，合而為一，分為陰陽，判為四時，列為五行。

若列舉構成宇宙之內容，則天地之數有十端，皆統攝於天，〈官制象天〉篇云：

> 何謂天之端？曰：天有十端，十端而止已。天為一端，地為一端，陰為一端，陽為一端，火為一端，金為一端，木為一端，水為一端，土為一端，人為一端，凡十端而畢，天之數也。

人稟受精氣而生，由於人的形體化天數而成，人的德性化天理而義，因此，董仲舒推導出「天地之性人為貴」。[5]〈王道通三〉篇對天之特質的描述為：「仁之美者，在於天。天，仁也。」「察於天之意，無窮極之仁也。」天人之所以能感應，在於天人同構而相副應，〈深察名號〉篇斷言：「人之誠有貪有仁，仁貪之氣兩在於身。」「天兩有陰陽之施，身亦兩有貪仁之性。」人自覺性的修持工夫化轉陰氣之貪性，自我實現與對應感通陽氣

---

[5] 見《漢書‧董仲舒傳》。《春秋繁露‧人副天數》曰：「莫精於氣，莫富於地，莫神於天。天地之精所以生萬物者，莫貴於人。……人之絕於物而參天地。」

之仁性，則可與天德合一，在參贊天地化育之仁德中與天合一。天有好生之仁德這一理念本於〈乾卦·象傳〉，乾元貫通犬之善德與人之仁德，所謂：「元者，善之長也。」董仲舒將具有化生萬物機能的天地之氣與《周易·乾卦·象傳》所謂天有創生之仁德的乾元之「元」結合起來而創製了董仲舒的「元氣」說。

董仲舒的元氣說是立基於儒家王道的政治理論。《春秋繁露·王道》篇所謂：

> 《春秋》何貴乎元而言之？元者，始也，言本正也。道，王道也。王者，人之始也，王正則元氣和順，風雨時，景星見，黃龍下。

其所說的「元氣和順」意指在本天道行王道，實現天道與人道之常理正道，則天人之間產生良性感應，影響大自然的氣候和順，再影響到農業經濟所希求的風調雨順及人身這一小宇宙與大自然這一大宇宙之間的良性感通而身心調適順暢。如此，人自我的身心和諧，人與大自然和諧，人與人和諧，人在與天地萬物旁通統貫中，終究獲致人所至盼的與「天」和諧之人類幸福境界。「元」以天道統攝人道，天人一本，性命與天相貫通。董仲舒春秋學闡釋其中旨意，他在〈舉賢良對策·第三策〉說：

> 《春秋》謂一元之意，一者，萬物之所從始也；元者，辭之所謂大也。謂一為元者，視大始而欲正本也。

「元」不但表徵宇宙發生的本體，亦是人文價值之所本。「元」統攝天人為存有與價值之根源。《春秋繁露·重政》指出「元」

也是本天道行王道的政治理論依據，所謂：

> 惟聖人能屬萬物於一而繫之元也。終不及本所從來而承
> 之，不能遂其功。是以《春秋》變一謂之元，元猶原也，
> 其義以隨天地終始也。

〈玉英〉篇簡明地說：「謂一元者，大始也。」董仲舒以「元」
表徵孔子的春秋之教，他在〈隱公元年注〉說：

> 故《春秋》以元之深正天之端，以天之端正王之政，以
> 王之政正諸侯之位。

王道的準據在具超越義的天道或本體「元」。他再進一步將此
涵義的「元」立基在氣化宇宙的始原上。如此，董仲舒的氣化
宇宙論不但賦予了「天志」內涵，且據以要求「屈君而伸天」，
[6]使氣化宇宙論轉化成君道與人倫的普遍價值原理。董仲舒春
秋學的元氣思想影響了西漢後期的緯書作品《春秋‧文耀鉤》
所謂的「中宮大帝，其北極星，下一明者，為太一之先，含元
氣以斗布常。」意指北極星通過北斗星播氣眾星。

揚雄（53B.C.- A.D.18）是西漢末年著名的文學家和思想
家，早年作賦，晚年作《太玄》、《法言》。《漢書‧揚雄傳》謂
揚雄「以為經莫大於《易》，故作《太玄》；傳莫大於《論語》，
作《法言》。」《太玄》體現其深受《易》、《老》及陰陽五行學
說的影響，撰寫的體例係仿《易》書而作。《太玄》書中的〈玄
圖〉篇云：「夫玄也者，天道也，地道也，人道也。」「玄」統
攝天、地、人為至上的形上範疇，整個思想體系的核心。「玄」

---

6 見徐復觀：《兩漢思想史》卷二（臺北：臺灣學生書局，2000 年），頁 385。

主導萬物的化生，不但是萬物的本根，也是宇宙的總規律，就
天人關係而言，玄是統合天地人的表徵，兼融了主體和客體。
〈玄攡〉篇說：

> 玄者，幽攡（舒張）萬類而不見形者也，資陶（造作）
> 虛無而生乎規，攡（貫通）神明而定摹（模範），通同
> 古今以開類，攡措陰陽而發氣。一判一合，天地備矣。

《周易》的世界發生圖式是以「二分」法開展。《太玄》一書
則以「三分」法來論述世界發生的圖式。其所以如此的理由可
能有三因，其一是《周易》統括天、地、人三才；其二是《老
子》四十二章曰：「道生一，一生二，二生三，三生萬物。萬
物負陰而抱陽，沖氣以為和。」《易》、《老》雖共同肯認宇宙
運化的陰陽二根元，可是《老子》「二生三」的宇宙發生歷程，
旨在強調陰陽的和諧感通時所產生的「三」，亦即陽氣與陰氣
調和勻稱後的和諧之氣或和氣。《太玄・玄圖》則謂：「玄有二
道，一以三起，一以三生。……九營周流，終始貞也。」其三
是取自漢代的天文律曆以三為天的紀數。《史記・律書》載：「數
始於一，終於十，成於三。」《漢書・律曆志》云：

> 太極元氣，函三為一。極，中也。元，始也。行于十二
> 辰，始動於子；參之於丑，得三。……此陰陽合德，氣
> 鐘於子，化生萬物者也。

在揚雄的氣化宇宙觀中，玄發出氣，氣分化成陰陽構成天地，
陰陽感合化生萬物的歷程中，玄能發出氣係因玄含元氣。〈解
嘲〉篇云：「顧默而作《太玄》五千言，……大者含元氣，纖

者入無間。」此外,他在〈覈靈賦〉中亦云:「自今推古,至於元氣始化。」他的太玄是宇宙的根元,漢儒桓譚(字君山,?-56B.C.)《新論》評其「玄」謂:

> 揚雄作《玄》書,以為『玄』者,天也,道也,言聖賢制法作事,皆引天道以為本統,而因附續萬類、王政、人事、法度。故宓羲氏謂之易,老子謂之道,孔子謂之元,而揚雄謂之玄。

對揚雄而言,「玄」是萬物所從出的第一實有,「玄」所以能化生萬物,端賴玄含元氣,其觀念當取自《漢書‧律曆志》「函三為一」的「太極元氣」。揚雄吸收了當時天文曆象的知識,以渾天說為立基點,以「玄」為元氣,舒張分散出陰陽二氣,再相比相參合,形成天地萬物。《太玄》的宇宙發生論不但結合《易》、《老》,且以彼時的《三統曆》為基礎,構作出天包地外的宇宙體系。

王充(字仲任,約 27-97)為東漢前期具代表性的哲學家,著《論衡》,旨在「疾虛妄」,期能「使俗務誠實」。他以平實的知識理性對儒學所沾染到天人神祕感應說、災異讖緯說、神仙方術、風水、卜筮、祭祀、求雨等虛妄說大力批判以針砭時弊。蓋王充所批判的虛妄說,自漢武帝至光武帝持續了百餘年,雖有鄭興、尹敏、桓譚等人攻擊圖讖的荒謬,可是天人感應說至王充時才運用道家的自然觀予以駁斥。他在《論衡》一書中的〈四諱〉篇說:「元氣,天地之精微也。」又在〈言毒〉篇說:「萬物之生,皆稟元氣。」在〈超奇〉篇說:「天稟元氣,人受元精。」「稟」為給予的意思。天地比元氣似乎更根本。

他認為萬物的存在非由他力所生，而係依據自身所稟賦（承受）的「元氣」。換言之，萬物所以能自生的根由，在其所稟賦的「元氣」自本自發所使然。這種以「元氣」為依據，解釋氣化宇宙觀中的萬物自生論，是王充承繼了何休（字邵公，129-182）及劉歆（字子駿，？-23B.C.）的前奏。東漢今文家何休在《公羊解詁》一書中解「元」為「氣」，所謂：「變一為元，元者氣也。無形以起，有形以分，造起天地，天地之始也。」西漢劉向子劉歆在《漢書‧律曆志》中以「元氣」為「太極」，所謂：「太極元氣，函三為一。極，中也；元，始也，……此氣鐘於子，化生萬物者也。」王充將元氣理解為「天地之精微」，這種精微細緻的質素是萬物據以自生自化而得以自發性的實現具體存在。可是稟賦元氣的萬物之自生也，不是在隔離環境的孤立狀態下所使然的，而是在天地合氣的自然脈動情境下才有可能。他在〈自然〉篇說：「天地合氣，萬物自生。」同時，萬物形體的殊別性在於所稟之氣的厚薄不同，他在〈道虛〉篇所謂：「稟性受氣，形體殊別也。」他似乎只注意到形體差異的量之因素，未注意到不同物種之間的種因，亦即質的因素。他所說的天地之氣，仍承襲傳統的陰陽之氣的說法。〈講瑞〉篇云：「陰陽之氣，天地之氣也。」蓋天地交泰，陰陽交流，二氣和合則萬物得以自生，這是《易》、《老》思想的合流。

王充以「天地之精微」來界說「元氣」，隱含了他以「精」來表述元氣的「質」，以「微」來表述元氣的「形」。「微」有渺茫隱微義。「精」可上溯《管子‧內業》所說：「精也者，氣

之精者也。」精氣具有流動變化的能力和特徵。然而，王充的
元氣具有機性特徵，是構成生命的元素。王充雖未注意人之
外，其他物種間的質差，卻意識到人與其他萬物之差別。他以
「精氣」來識別人之生與萬物之生的差別。[7]當然，在《論衡》
的語意表述上，亦有以「氣」字混同元氣、精氣而顯得含糊不
清處。[8]就觀念史而言，王充以元氣為萬物自生的本質要素這
一論述，係吸收先秦以來「精氣說」的內涵，據以轉化為其元
氣自然說。[9]徐復觀認為一般唯氣論者主張「氣」凝結成形後，
仍貫注於形體中，發揮其獨立性的作用。但是，王充的理論中，
視「氣」的作用由形體而見。因此，徐復觀評王充的氣論為「唯
形論」[10]，可備一說。

　　王符字節信，約生於東漢和帝、安帝之間，卒於桓帝、靈
帝之際，安定群臨涇縣（今甘肅省原縣西）人。他隱居著述，
關心現實的政治、社會問題，針砭時弊切當。他自稱「潛夫」，
將三十多篇的著述集結成書，定名為《潛夫論》。他在宇宙觀
上承襲了前人的元氣說及氣化宇宙觀。他在《潛夫論‧本訓》
對宇宙發生的歷程和原理有段精要的論述。他說：

---

[7] 例如《論衡‧論死》謂：「人之所以生者，精氣也。」
[8] 請參閱王雪：〈王充道家思想探悉〉，《安徽大學學報（哲社版）》27 卷 4 期
　　（2003 年 7 月），頁 37。
[9] 請參閱曾春海：《兩漢魏晉哲學史》（臺北：五南圖書公司，2005 年修訂版），
　　頁 102。
[10] 見徐復觀：《兩漢思想史》卷二，頁 610-611。

> 上古之世，太素之時，元氣窈冥，未有形兆。萬精合併，
> 混而為一，莫制莫御。若斯久之，翻然自化，清濁分別，
> 變成陰陽。陰陽有體，實生兩儀，天地壹鬱，萬物化淳，
> 和氣生人，以統理之。

「太素」一詞源自《易緯‧乾鑿度》意指構成萬物具體存在的
宇宙元素。「元氣」自化後，自行分化成質清的陽氣和質濁的
陰氣。陰陽二種屬性的氣相感合則化生萬物，其中陰陽感合之
至和狀態的和氣得以生人。人也稟賦陰陽和氣而貴於其他萬
物。他雖未明白交待元氣是否為宇宙的終極性實在，卻承認了
「氣」生於「道」。換言之，他取用《老子》的「道」做為「氣」
之根源。他在〈本訓〉篇說：

> 道者，氣之根也。氣者，道之使也。必有其根，其氣乃
> 生，必有其使，變化乃成。

可推知元氣以「道」為產生的根源和動能。在宇宙發生的歷程
上，他先提出元氣，再述及天地、萬物和人，最後又歸攝於最
高的「道」。「道」才是統攝天、地和人的本源，其統攝性卻來
於元氣整全的屬性。元氣構成天、地和人，三者具有機體的和
諧性。〈本訓〉篇說：

> 天本諸陽，地本諸陰，人本中和。三才異務，相待而成，
> 各循其道，和氣乃臻，機衡乃平。

和氣來自元氣，元氣是天地萬物的同一性，透過這一同一性而
獲致調和萬物的統一性。因此，王符透過「道」與「元氣」構
作了和諧有序的機體宇宙觀，融攝了《易》、《老》的和諧觀。

三、漢代道家的元氣概念流變

　　被當今老學視為黃老思想集大成的《淮南子》原名《鴻烈》，是由西漢淮南王劉安（179-122B.C.）集結賓客的集體創作。劉向父子典校群書時易其名為《淮南鴻烈》。《漢書・藝文志》雜家類錄有《淮南內》二十一篇，即今本；《隋書・經籍志》亦因而名之，稱為《淮南子》。高誘注〈序目〉中詮解「鴻烈」為「鴻，大也；烈，明也，以為大明道之言也。」[11]《淮南子》書中多處論及宇宙生成的程序原理，其中以〈天文〉的論述較完整而有條理，對本文而言，其中饒富意義的是提及「元氣」。這段話說：

> 天墜未形，馮馮翼翼，洞洞灟灟，故曰太始（道的別名）。太始生虛霩（虛無狀態），虛霩生宇宙，宇宙生元氣，元氣有涯垠。清陽者薄靡而為天，重濁者凝滯而為地。……天地之襲精為陰陽，陰陽之專精為四時，四時之散精為萬物。

自「宇宙」之前為虛無狀態，之後則有時空的統合場域，「元氣」肇生在這一場域，構成存在者，亦即從「無」到了「有」。「元氣」是構作具體的存在者之質料，有元氣才能依次衍生天地、陰陽、四時及萬物。〈本經〉說：「天地之合和，陰陽之陶化萬物，皆乘一氣者也。」此「一氣」理當指渾全未分化的元氣。元氣是「道」資以產生天地萬化的質料因素，並非宇宙萬

---

[11] 高誘注〈序目〉，收入劉文典撰、殷光熹校：《淮南鴻烈集解》（合肥：安徽大學出版社，1998 年）。

物的本體。「道」才是化生萬有的本體,觀《淮南子》全書二十篇,有十二篇以開宗明義的方式論「道」。〈原道〉對「道」的形上屬性做過多方面的描述,扼要的指出「道者,一立而萬物生矣。」《淮南子》所論述的宇宙發生歷程模式,基本上是承隨著先秦道家由道而氣,由氣而物的範式,仍未像漢代以後般的以元氣釋「道」。因此,氣或元氣在《淮南子》的宇宙發生論中扮演「道」與其所化生的萬物之間的中介角色。「元氣」係從屬於「道」的次要範疇。陳麗桂認為《淮南子》所構作的氣化宇宙論「應該是當代粗糙的科學知識,和陰陽家的氣化觀念,配合著自己大膽的假設和推斷。」[12]筆者認為在《淮南子》中「元氣」一詞的使用並不普遍,且未多做深入而細緻的論述。因此,「氣」才是其本體論及形神修養論的核心概念。羅光指出:「《淮南子》的宇宙觀念雖然抬舉『道』的觀念;但是,所注意的,乃是『氣』……萬物的化生,都因『氣』的功能。」[13]觀《淮南子》對氣字的使用隨語境及對象的不同而有多種用法,例如:〈主術〉云:「天氣為魂,地氣為魄。」〈精神〉曰:「血氣者,人之華也。……而邪氣不能襲。」《管子‧內業》說:「搏氣如神,……精氣之極也」等。因此,「元氣」的使用係在言及宇宙發生論的語脈上,在「氣」上加一「元」字以表

---

[12] 見陳麗桂:《秦漢時期的黃老思想》(臺北:文津出版社,1997 年),頁 71。

[13] 參考羅光:《中國哲學思想史‧兩漢南北朝篇》(臺北:學生書局,1978 年),頁 563。

示道化生宇宙萬物時所衍生的基素這一中介環節。全書使用
「氣」字多達 204 次。[14]

　　兩漢魏晉的老學學者在對《老子》書的註解中，較出色的，
無疑當推漢代河上公注及魏王弼的《老子注》。王弼注以本體
論為取向，河上公注則以氣、陰陽、五行、太一、太素、太和、
神明、天人感應等成系列的觀念叢註解《老子》，形成了一套
氣化宇宙論。考《河上公章句》一書，相傳為河上丈人或河上
公所作。河上丈人之名，早見於司馬遷（145-？B.C.）《史記‧
樂毅列傳》，又見於三國魏嵇康（223-263）及西晉皇甫謐
（215-282）《高士傳》。[15]綜合當今多數學者的考辨，可推知河
上丈人為戰國時代的隱士，《河上公章句》一書，很可能是著
書者假託其名而行世，真正的作者實難以考辨。

　　《河上公章句》注《老子》首章說：「道無形，故不可名
也。始者，道本也，吐氣布化，出於虛無，為天地本始也。」
「道」為萬物之本，在老學中無疑是第一形上實有（metaphysical
reality）。「道」有無盡藏的屬性，不能以任何特定的具體屬性
內涵來界說之。「道」之化生萬物，既詮解為「吐氣布化」，則

---

[14] 日本學者福永光司在〈道家的氣和《淮南子》的氣〉一文中引用平岡禎吉
在〈《淮南子》中出現的氣之研究〉一文所發表的統計數字。福永光司這
篇論文收入山井湧等人合編：《氣の思想》（東京：東京大學出版會，1978
年），頁128。

[15] 《太平御覽》卷510載嵇康所言：「河上公者，不知何國人也，謂之丈人。」
卷507載皇甫謐之言：「河上丈人者，不知何國人也。明老子之術，自匿
姓名，居河之濱，著《老子章句》，故世號曰河上丈人。當戰國之末，……
為道家之宗焉。」

我們可先檢視《老子》對「氣」字的用法及語意。《老子》書中言「氣」者有三處，第十章「專氣致柔」表示我們宜回歸稟氣的自然性向；第四十二章「沖氣以為和」指陰陽二氣相激盪而磨合之和氣；第五十五章「心使氣曰強」意指志在偏執之心態下對自然氣性的操持。不論專氣、沖氣或使氣皆顯示「道」對「氣」享有先在性及優越性，未顯示出道的內涵是「氣」。可是在《河上公章句》中道的內涵是元氣，元氣是構作萬物具體存在的宇宙元素或原始資料。道「吐氣布化」意指道吐出氣資以使化生的萬物形象化、具體化。《河上公章句》注《老子》第二章時說：「元氣生萬物而不有。」注《老子》第廿一章說：「言道稟與，萬物始生，從道受氣。」及注第三十四章說：「萬物皆歸道受氣，道非如人主，有所禁止也。」道資藉氣化生萬物，萬物回歸稟氣以順道而活動。道在吐氣布化時，元氣又可分化成陰陽二氣，再交感磨合成和氣，第四十二章注曰：「陰陽生和、清、濁三氣，分為天地人也。」其中，清氣成天、濁氣成地、和氣成人。又續注曰：「萬物中皆有元氣，得以和柔。」在道家哲學意義架構的脈絡下，其對元氣的詮解以「和柔」為貴。

《河上公章句》不但承襲了漢代氣化宇宙論之「道」藉「氣」生物及以「氣」顯「道」的思路，且受漢代黃老學養生思潮的影響。在「歸道受氣」的養生最高形上原理之指導下，元氣成為養生論功夫的要訣所在。《老子》第三章注曰：「懷道抱一」，專注於守一抱一以與「道」相契合。五十四章注曰：「修道於身，愛氣養神，益壽延年，其德如是，乃為真人。」養生取向

的真人指能超世離俗，順天理行天道，修煉延年益壽的功夫深厚。修煉養生功夫的著力處在「愛氣」，能珍惜愛護稟氣則可涵養精神至飽滿煥發之生命本真狀態，是謂「真人」。人至盼生命能與天地同壽，天地構作之理與人生命的構作之理有相同相通處，皆源生於元氣。茲取吐納的呼吸為解說的範例。第六章注曰：「言不死之道，在於玄牝。玄，天也，於人為鼻。牝，地也，於人為口。」這是取口鼻象天地；又說：「言鼻口之門，是乃通天地之元氣，所從往來。」呼吸乃人維生所必需，藉呼吸可與天地之元氣往來，則調息吐納是養生益壽的關鍵所在；又曰：「用氣常寬舒，不當急疾勤勞也。」一呼一吸宜徐緩寬舒，不宜急促。「玄牝」在《老子》文本的用意乃類比於「象」，表徵不可思議的宇宙創生力量。《河上公章句》以人之鼻和口，類比生命力所源出的玄牝，是天地之「元氣」流通往來之通道。因此，調節適切之呼吸是獲取元氣的養生法。蓋「天道與人道同，天人相通，精氣相貫。」（〈鑒遠第四十七〉）天人之間以精氣的流動相互往來。又注曰：「言人能抱一，使不離於身，則長存。一者，道始所生，太和之精氣也，故曰一布名於天下。」（〈能為第十〉）「精氣」從相關的詮釋語脈來分析，當指「元氣」。精氣或元氣皆由「道始所生」，道乃生氣之始元，漢代《春秋緯》所謂：「元者，端也，氣泉無形，以起有形之分。窺之不見，聽之不聞。」又曰：「元者，氣之始。」這一涵義可與《河上公章句》互詮。

四、東漢道教典籍中的元氣觀念

　　《太平經》是目前所知道教最早之經典，非一時一人所作，書名最早見於南朝劉宋范曄（字蔚宗，398-445）《後漢書‧郎顗襄楷傳》。我們從兩漢歷史的脈動可洞悉，人們在世運強盛時主儒家的積極進取，當世運衰亂時則採道家的清靜自守。由於兩漢流行有機的氣化宇宙觀，具有天人一氣的同類觀及同類相感應的形上信念，再配套上神祕的天人感應之信仰，遂接合了黃老思想及齊學的神仙、災異、方術說，醞釀出中國本土的大宗教——道教。《老子》的形上道體被賦予神格，轉化成具位格靈性的「無形委氣之神人」或「太上老君」。人原本對老莊的「道」在生活世界中進行實存性的體驗觀照，轉變成對「道神」宗教性的信受奉行。《太平經》等早期道教典籍就是將漢代老學與天人感應說結合後，幾經轉折而成為道教富理論性的典籍。

　　在《太平經》裡，「道」、「天」與「元氣」是一組具理論核心地位的觀念叢，透過三者交互的詮釋得以展示《太平經》的理論綱脈。在「道」與「天」的相互關係上，〈天咎四人辱道誡〉說：「道者，乃皇天之所取法也」、「夫道之生天，天之有道也」。這是因襲《老子》第二十五章「人法地，地法天，天法道，道法自然」的論式。其中，道生天似為虛說，天法道才是實說。〈忍辱象天地至誠與神相應大戒〉說：「天者，乃道之真，道之綱，道之信，道之所因緣而行也。」其旨意在論證神性義的天雖掌有生滅宰制萬物之最高權力，具有行賞善罰惡

之德能，可是，天志仍有取法於超越的、客觀的、具普遍性之「道」的規範義。

　　「元氣」是天與萬物授受的中介者，亦是旁通統貫的聯繫者。天授元氣予萬物且長養宰制之；萬物則稟受元氣於天，順天之意志與理律而實現自身內在價值且完善天道之要求。「元氣」是萬物共同稟受於天的原質。〈分解本末法〉所謂：「元氣迺包裹天地八方，莫不受其氣而生。」元氣所以能運作其生天地的功能乃因依循「道」，〈安樂王者法〉所謂：「元氣守道，乃行其氣，乃生天地。」同理，天地之道所以能長久，在於持守元氣而不絕。[16]《太平經》以《老子》四十二章「道生一，一生二，二生三，三生萬物」的宇宙發生圖式結合《周易》「一陰一陽之謂道」構作其理論架構而鋪陳元氣化生天地人三才及長養萬物的歷程性理序，《經》云：

> 元氣恍惚自然，共凝成一，名為天也；分而生陰而成地，名為二也；因為上天下地，陰陽相合施生人，名為三也。[17]

元氣首先凝成一為「天」，對應於「道生一」；再分化而生陰以成地，對應於「一生二」；陰陽相合施得以生人，對應於「二生三」。不但如此，《太平經》還認取《漢書・律曆志》所說的

---

[16] 參閱《太平經・包天裏地守地不絕訣》：「天地之道所以能長且久者，以其守氣而不絕也。」

[17] 見王明：《太平經合校》，戊部，卷73至85，(北京：中華書局，1997年)，頁305。王明指出「共凝成一，名為天地」句，按上下文義，本句「一」與「天」字當互換。參見〈前言〉，頁3。

漢代天文曆算中「太極元氣，函三為一」的原理，論述了元氣三分的世界結構說或三一的世界圖式。〈和三氣興帝王法〉說：

> 元氣有三名，太陽、太陰、中和。形體有三名，天、地、人。天有三名，日、月、星，北極為中也。地有三名，為山、川、平土。人有三名，父、母、子。治有三名，君、臣、民。欲太平也，此三者常當腹心，不失銖分，使同一憂，合成一家，立致太平，延年不疑矣。

在《太平經》中雖言天、地、中和等三氣，由於元氣與自然太和之氣相通，因此，三氣間可同心協力於依道行氣以共生萬物，而父母子可同心而共治一家，君臣民可同心而共成一國。若能貫徹通三合一的形上原理，則〈和三氣興帝王法〉篇認為天地人在總體運化的機能下可達致太平世之價值理想，所謂「三氣合併為太和也，太和即出太平之氣」。元氣在其理論中上承「天」、「道」，下接萬物，整合出天地人物之際性活動為一整體，可助帝王治平。在其宗教理論中，提出了一「無形委氣之神人」主掌調理元氣的流行於整全性的氣化歷程中。此外，另有大神人、真人、仙人、大道人⋯⋯等九位神格人物，皆在元氣流行的過程中各司其職責。[18]人類是萬物之長，企盼能合元氣，修成道真而幸福長壽。在實踐工夫上，人應持「守一」之方，體證且提煉精氣。蓋「一者，生之道也；一者，元氣所起也；一者，天之綱紀也。故使守思一，從上更下也。」

---

18 請詳見〈九天消先王災法〉篇全文。

（〈五事解承負法第四十八〉）[19]「一」當指終極性的統合者「道」，元氣起自「道」，所謂：「一者，其元氣純純之時也。」（〈國不可勝數訣〉）[20]精、氣、神三合一為修道成仙之方，人在修煉上要化氣為精，化精為神，化神為明。其中的理論根據是「夫人本生混沌之氣……精不去其形，念此三合以為一。……太平氣應矣。」[21]至於元氣的屬性為何，根據趙中偉的分析計有廣裹性、聚散性、滲透性、變易性及運動性五種重要特徵。[22]

五、結論

「元氣」是漢代宇宙論、天人關係論及天下本治的核心觀念之一。在儒家典籍中，董仲舒的春秋學以《周易》生生之大德的創始者乾元，取義「元」為生生之本始，且以「元」來樹立天道與人道的正本清源，建構天人共贊化育的王道政治理論典範，亦即「元氣和順」說。可是他未具體地論述元氣由何而來，以及化生天地、萬物及人的程序和其間環環相扣，層層相依的內在關係。揚雄進一步說明了元氣蘊含於宇宙之中及實存的「玄」或「道」，且由之生發出來。東漢的王充以萬物稟受元氣而倡自生自化成說。他上承《管子‧內業》的精氣說，以

---

[19] 《太平經合校》，丙部，卷 37，頁 60。
[20] 同前註，己部，卷 93，頁 392。
[21] 《道藏‧太平經聖經秘旨》，引見於王明：《太平經合校》（附錄），頁 739。
[22] 請詳見趙中偉：《道者萬物之宗——兩漢家形上思維研究》（臺北：洪業文化事業公司，2004 年），頁 286-287。

「天地之精微」界說元氣,且據以言人的精神意識之構成和特色。可是他只是粗略地結合《易》、《老》的陰陽二氣和合以生萬物的傳統,未能細緻的做理論性的分疏。在這方面較有理論新義的是何休《公羊解詁》所說的「變一為元」,將元解釋為氣,再從無形之元氣而造起有形的天地。他之後的王符明確化了「道」與元氣的關係,「道」是產生元氣的本根,且資以使用於氣化萬殊。道藉元氣渾全的周一性而得以統攝天、地、人,構作成和諧有序的宇宙。

集黃老學說大成的《淮南子》把元氣視為從屬於「道」的次級概念,「道」資藉流程中所生的元氣作為產生天地萬物的質料因素,可是《淮南子》未展開「元氣」的概念內涵。詮解《老子》頗有成就的《河上公章句》承隨漢代由道生氣,藉氣顯道的思想史脈,運用氣、陰陽、五行、太一、太素、太和、神明及天人感應等概念及層層遞生關係建構了一套氣化宇宙論和養生論。「元氣生萬物而不有」成為其老學的特色。「元氣」流通於天地之根與人生命之根中,奠下抱一吐納的養氣修真說基礎。東漢道教典籍《太平經》將《老子》的「道」轉化成神格的「無形委氣之神人」,道生天,稟「道」之天援元氣予萬物且長養宰制。元氣循道而運化萬物,元氣涵天、地、中和三氣,同心協力於依道行氣以共生萬物。天地人調和成太和氣可致太平世,換言之,太平世出於太平之和氣。人若能將氣、精、神修成三合一,則與太平氣應合而契真成仙。

綜觀兩漢思想史中「元氣」概念之流變,西漢較樸素、簡單,東漢則有較豐富的概念內涵及細緻的理論形態。大體上,

不論儒家、道家和道教皆分別對先秦的《周易》、《老子》、《莊子》和陰陽五行說做了吸收和組構以符合各自的學說宗旨。《周易》具創生功能的乾元，老子的抱一以為天下式，莊子提出的宇宙元素，「氣」是他們共同的概念資源。《周易》一陰一陽的生生之道，《老子》「道生一，一生二，二生三，三生萬物」為他們宇宙生成論的命題論式。在價值取向上，則人文化成天下為儒家所意向；回歸道氣以全性保真，頤養天年為道家目的；修道成仙且以統合天地人之和氣來生太平氣，立太平世為道教《太平經》之終極關懷。儒家的揚雄、王符，道家的《河上公章句》和道教的《太平經》在氣化宇宙論及天人和諧一論上，接受《老子》三生萬物及漢代天文律曆「太極元氣，函三為一」即以「三」為天之紀律的影響。「元氣」概念是兼宇宙論、認識論、價值論三論域，且三者調和融貫為一和諧的有機價值觀，是兩漢元氣概念史中最鮮明的理論特色。

從言意之辨再論智顗《金剛般若經疏》的四相註釋

羅　因*

一、前言

　　言與意的關係，就是「語言文字」與「理論思維」的關係，語言文字是否能夠完全傳達出思想義理呢？兩者之間的關係到底是怎麼樣的呢？這就已經牽涉到意義之傳達問題。如果語言文字可以完全傳達意義，那麼，文獻之完全理解，自然不構成任何問題，詮釋的困難也可以得到消解。但是，語言文字果真可以完全準確無誤地傳達思想義理嗎？這便成為了討論文獻之理解與詮釋的重要疑問之一。在古典文獻中，《周易‧繫辭上傳》早就提出了「書不盡言，言不盡意」的命題，雖然，《周易‧繫辭上傳》也說：「聖人立象以盡意，設卦以盡情偽，繫辭焉以盡其言」，以卦象作為彰顯《易》理的補充系統，俾使《易》理能夠充分傳達。然而，《周易》之外的大部分古典文獻，在沒有卦象作為輔助表意系統的情況下，讀者所面對的，仍然是言、意的問題。因此，言、意關係依然是討論文獻理解與詮釋的其中一個核心問題。

　　牟宗三先生在其《才性與玄理》一書中指出：先秦儒、法、

黃老，皆重視形名、名實，但此皆從政治實用上著眼，而名家對於形名、名實之純名理之討論，亦不涉及把握真理之方法論問題，而把言意問題當作一個重要議題來辯論，使之成為把握真理之方法論問題的，就要算魏晉時代的「言意之辨」了。[1]魏晉時期投入言意之辨者甚眾，較具代表性者，分別有魏荀粲（約203-231）的「言象不盡意論」、王弼（輔嗣，226-249）的「忘言忘象得意論」和晉歐陽建（約269-300）的「言盡意論」三家。本文將順著魏晉言意之辨所提示的方向，討論意義之傳達、文獻之理解與詮釋等的問題，換言之，本文將視言意之辨為文獻理解與詮釋的方法論問題來討論，而非僅僅視為魏晉清談之其中一個談題而已，如此，「言象不盡意論」和「言盡意論」在語言文字與思想義理的關係上，分別向我們揭示了怎麼樣的視野？「言不盡意論」和「言盡意論」，是否還是那麼的針鋒相對？抑或是分別顯示了意義傳達和文獻理解上的不同層次呢？又，本文將不討論「忘言忘象以得意論」對於魏晉南北朝「好讀書，不求甚解」的學風之影響，而視之為一種純粹的文獻詮釋方法論來討論，這樣，「忘」的方法在達成文獻的理解上，又揭示了什麼意義呢？

　　以上種種問題，本文將從智顗（智者大師，天台大師，538-597）《金剛般若經疏》對於《金剛經》我相、人相、眾生相、壽者相的四相的理解和註釋談起。之所以以此四相之翻譯、理解與註釋作為討論的切入點，乃是因為翻譯文獻的理解與詮

---

[1] 牟宗三：《才性與玄理》（臺北：臺灣學生書局，1993年），頁231-244。

釋實不失為一極佳範例。因為任何文獻的詮釋都包含了翻譯、理解和詮釋的步驟：詮釋者在對文獻進行詮釋之先，其實都必須經歷在思想上把原始文獻翻譯成自己的觀念（因為這種翻譯是抽象的，因此也可以稱為觀念上的翻譯）的階段，然後才能加以理解，再把自己理解到的觀念用文字詮釋出來，這是「註釋者→原典→觀念翻譯→理解→詮釋」的過程。而佛典的翻譯與註釋，其實便包含了兩重翻譯、理解與詮釋的過程：

（一）在佛典翻梵為漢的過程中，包含了翻譯者對梵文原典在觀念上的翻譯與理解，再用另一種文字詮釋出來（文字上的翻譯），這是「翻譯者→梵文佛典→觀念翻譯→理解→漢文翻譯」的過程。

（二）漢文佛經註釋者對於佛經的註釋，同樣也包含了觀念上的翻譯、理解與文字詮釋的過程，這是「註釋者→漢文佛典→觀念翻譯→理解→詮釋」的過程。

從梵文佛典到漢文翻譯佛典，再到漢文佛典的理解與詮釋，便大大拉開了語言文字與思想義理之間的距離。而這種言與意之間的距離，剛好可以為我們提供反省與討論的充裕空間。

在智顗的《金剛般若經疏》之前，有相傳是晉僧肇（384-414）撰的《金剛般若波羅蜜經注》和梁傅翕（傅大士，497-569）的《梁朝傅大士頌金剛經》，雖然這兩本書的真偽問題，學術界還有一些不同的看法，[2]但撇開這兩本書不談，在

---

2 僧肇撰的《金剛般若波羅蜜經注》，此書今存於《卍續藏》第1輯38冊，但是這本註很有可能是偽作。因為在中國歷代經錄中，都沒有列出這一本註，現代學者在討論僧肇著述時，亦不及此書，如湯用彤：《漢魏兩晉南

智顗之前及同時代，被傳譯出來的《金剛經》註釋，就有天親菩薩造、元魏菩提流支譯的《金剛般若波羅蜜經論》，世親菩薩造、金剛仙論師釋、元魏菩提流支譯的《金剛仙論》，乃至無著菩薩造、隋達磨笈多譯的《金剛般若論》。在智顗之後的《金剛經》註釋，自隋、唐以迄明、清，為數不下五、六十之數。[3]在眾多的《金剛經》註釋中，本文獨選智顗《金剛般若經疏》的四相註釋作為討論語言文字與思想義理之關係的一個切入點，那是因為筆者在披閱歷代《金剛經》註釋有關四相的詮解之後，認為天台大師智顗《金剛般若經疏》的四相註釋，實不失為探討語言文字和思想義理關係的典型範例。理由主要有三點：

（一）智顗《金剛般若經疏》的成書年代相對地早，唐以後的《金剛經》四相詮解，註家也多受天台智顗《金剛般若經疏》的影響，如宋善月（1149-1241）《金剛經會解》、元徐行善《金剛疏科釋》的四相註釋，都完全沿襲智顗之說。

（二）更重要的是：從《金剛般若經疏》的註釋文字看來，智顗應該是以漢譯《金剛經》（鳩摩羅什譯本）作為理解的開始的，而不是從梵文《金剛經》進行理解活動。智顗不諳梵文，他所使用的語言文字是漢語，他對於佛典的理解和註釋也是以

北朝佛教史》（臺北：鼎文書局，1976年，頁329-333）即沒有把《金剛般若波羅蜜經注》視為僧肇的作品。楊惠南認為此書可能成立於唐初甚至更晚的時代。至於傅翕的《梁朝傅大士頌金剛經》一書，今存《大正藏》85冊，楊惠南認為該書可能也是偽作。見楊惠南：〈《金剛經》的詮釋與流傳〉，《中華佛學學報》第14期（2001年9月），頁183-230。

[3] 楊惠南：〈《金剛經》的詮釋與流傳〉，頁183-230。

漢語為基礎的。這一點與從梵文傳譯出來的《金剛經》註釋相
當不同。

（三）雖然智顗對於佛典的理解和註釋是以漢語為基礎
的，但是，在四相的理解和註釋上，智顗的註釋卻與中文字義
有著相當大的距離，這種距離可以為吾人在討論言意之辨時，
提供更多元的訊息。這正是本文捨天親菩薩等人所撰的《金剛
經》註釋，而取智顗《金剛般若經疏》的重要原因。

基於以上三點理由，尤其是第二、第三點，本文便從智顗
《金剛般若經疏》的四相解釋切入，[4]作為進一步探討語言文字
與思想義理之間的關係的討論基礎。

二、智顗《金剛般若經疏》的四相註釋

菩薩不應著「我相、人相、眾生相、壽者相」是《金剛經》
的重要思想之一，多處經文都傳達了這樣的思想。鳩摩羅什譯
「若菩薩有我相、人相、眾生相、壽者相，即非菩薩」[5]一段，
今本梵文《金剛經》只說到sattvasaṃjñā（眾生相）、jīvasaṃjñā

4　智顗大師在整理佛典並形成天台的圓教體系時，也提出了「五重玄義」、「四
　　意消文」、「觀心釋義」等經典詮釋理論（參考郭朝順：《天台智顗的詮釋
　　理論》，臺北：里仁書局，2004年）。但本文的重點不在於討論天台的詮釋
　　理論，而旨在藉由透過智顗對《金剛經》我相、人相、眾生相、壽者相等
　　四相的註釋現象，為下文討論言意問題提供一些基本觀點。所以，有關天
　　台的詮釋理論，因為不在本文的討論範圍之內，便從略了。

5　後秦・鳩摩羅什譯：《金剛般若波羅蜜經》，《大正新脩大藏經》第8冊（臺
　　北：新文豐出版社，1983年），No.235，頁749a。

（壽者相）和pudgalasaṃjñā（補特伽羅相或人相）三個概念，[6]
但是鳩摩羅什卻譯作四相，不過，四相的翻譯並非憑空而來，
應該是根據後文 "bodhisattvānāṃ mahāsattvānām ātmasaṃjñā
pravartate na sattvasaṃjñā na jīvasaṃjñā na pudgalasaṃjñā
pravartate"（「大菩薩不生起有關我的概念、眾生的概念、壽者
的概念、人的概念」）一段而增補的。[7]因此，三相也好，四相
也好，都不影響經文的大意。

智顗《金剛般若經疏》對於四相的註釋，說：

> 初列生空有四：我是自在之名，人為主宰之目，眾生取
> 續前為義，壽者以接後為能，此四同為人執，隨用以立
> 四名。[8]

從這兩段註釋來看，智顗明顯地認為我相、人相、眾生相、壽
者相都是人執，雖然「我」著重的是「自在」義，「人」著重
「主宰」義，「眾生」著重「續前」義，「壽者」著重「接後」
義，但是，四相皆指向「人執」，這點並沒有不同。

從智顗對於我、人、眾生、壽者四個概念的詮釋來看，我
們可以發現，智顗似乎並不是根據中文字義來作解釋的。筆者
嘗試以《中文辭源》對於我、人、眾生、壽（者）的解釋，與
智顗的解釋作一對照，並表列如下。這樣，智顗的解釋與中文
字義的距離，便可以一目瞭然：

---

6 如實佛學研究室編著：《新譯梵文佛典・金剛般若波羅蜜經》（一）（臺北：
  如實出版社，1996 年），頁 301、302。

7 同前註，頁 331。

8 同前註，頁 78。

出處＼四相	《中文辭源》	智顗《金剛般若經疏》
我	1.自稱、自己、自己的，也泛指己方；2.自以為是；3.姓。[9]	我是自在之名
人	1.人類；2.別人、他人；3.人民、眾人；4.傑出的人才；5.人品。[10]	人為主宰之目
眾生	「眾」：1.多；2.眾人，大家；3.眾事。[11] 「眾生」：1.泛指有生命者；2.佛書指一切有情、假眾緣而有生的人或物；3.指畜牲，罵人的話。[12]	眾生取續前為義

---

[9] 《中文辭源》（臺中：藍燈文化事業公司，1983年），頁1189「我」：一、自稱、自己、自己的。《詩·邶風·柏舟》：「我心匪鑒，不可以茹。」又《小雅·采薇》：「昔我往矣，楊柳依依；今我來思，雨雪霏霏。」也泛指己方。《春秋·隱八年》：「庚寅，我入祊。」二、自以為是。《論語·子罕》：「毋意，毋必，毋固，毋我。」三、姓。戰國時有我子，見《漢書·古今人表》。又〈藝文志〉有〈我子〉一篇。

[10] 同前註，頁158「人」：一、人類，如《書·泰誓》上：「惟人萬物之靈。」二、別人、他人。《詩·鄭風·將仲子》：「豈敢愛之，畏人之多言。」三、人民、眾人。《左傳·襄三十一年》：「大決所犯，傷人必多。」四、傑出的人才。《左傳·文十三年》：「子無謂秦無人。」五、人品。宋王安石《臨川集·祭歐陽文忠公文》：「無問乎識與不識，而讀其文，則其人可知」。

[11] 同前註，頁2215「眾」：一、多，《左傳·桓十一年》：「師克在和不在眾。」《國語·周上》：「人三為眾。」二、眾人，大家。《論語·衛靈公》：「眾惡之，必察焉；眾好之，必察焉。」三、眾事。《禮·仲尼燕居》：「凡眾之動得其宜。」《疏》：「眾，謂萬事也。」

[12] 同前註，頁2215「眾生」：一、泛指有生命者。《禮·祭義》：「眾生必死，死必歸土。」《疏》：「眾生……言物之群眾而生。」二、佛書指一切有情、假眾緣而有生的人或物，……唐玄奘義譯為有情。《法華經·一序品》：「六道眾生，生死所趣。」三、指畜牲。罵人的話。《水滸》：「常言道：『眾生好度人難度。』原來你這廝外貌像人，倒有這等禽心獸肝！」

壽者	1.長久；2.年紀長，壽命；3.老年人；4.祝人長壽；5.生日，如壽辰，壽誕；6.舊時土葬，為死後準備裝殮物的婉辭，如壽材、壽衣；7.姓。[13]	壽者以接後為能

中文「我」字的第一義是「自稱、自己、自己的，也泛指己方」，這樣，說「我是自在之名」，表面上似乎還勉強說得通，但是，「自在」義強調的是哲學上的生命主宰義，與中文「我」字作為第一人稱代名詞的意義，其實有著相當大的差異。若衡諸魏晉至隋唐間的暢談玄理的典籍，如郭象《莊子注》、張湛《列子注》、成玄英《莊子疏》等，有關「我」字的用法，基本上不出《中文辭源》所歸納的「我」字諸義，尤其「我」作為第一人稱代名詞，最為普遍。在中文「人」字的諸義中，似乎都看不出「人為主宰之目」的意思。至於「眾生取續前為義」、「壽者以接後為能」，則與中文「眾」字（或「眾生」），「壽」字（或「壽者」）的意義，相去更遠了。

但是，上文已經提及：智顗直接面對的是漢譯經文而不是梵文經文。這便使得問題變得更加撲朔迷離了：既然他所面對

---

13 同前註，頁 643「壽」：一、長久。《詩・小雅・天保》：「如南山之壽，不騫不崩。」《莊子・人間世》：「是不材之木也，無所可用，故能若是之壽。」二、年紀長，壽命。《書・洪範》：「九，五福，一曰壽。」《楚辭・天問》：「延年不死，壽何所止？」三、老年人。《文選・漢張平子（衡）東京賦》：「送迎拜乎三壽。」《注》：「三壽，三老也。」四、祝人長壽。《史記・高帝紀》：「高祖奉卮，起為太上皇壽。」五、生日。如壽辰，壽誕。六、舊時土葬，為死後準備裝殮物的婉辭。如壽材、壽衣。七、姓。《後漢書・方術傳下》：「初，章帝時，有壽光侯者。」《注》引《風俗通》：「壽於姚，吳大夫。」

的文字和所使用的文字都是中文,也就是說,他是透過中文文字來進行理解和詮釋活動的,那麼,為什麼智顗對於四相的詮釋,與中文字義有著如此大的距離呢?在正常的情況下,面對中文文字應該得到中文字義的理解,但是,是什麼因素使智顗面對中文佛典,卻得到與中文字義完全不同的理解呢?我、人、眾生、壽者等佛學專門術語既然不是取中文字義的一般含義,那麼,智顗對於我、人、眾生、壽者等辭彙的解釋,又是從何而來呢?筆者翻閱了天親菩薩造、元魏菩提流支譯的《金剛般若波羅蜜經論》,世親菩薩造、金剛仙論師釋、元魏菩提流支譯的《金剛仙論》,乃至無著菩薩造、隋達摩岌多譯的《金剛般若論》,並沒有說明「我」字的「自在」義,「人」字的「主宰」義,只說到了「眾生」的「續前」義,和「壽者」的「接後」義而已。[14]那麼,智顗對於四相,尤其是我相、人相的解釋,到底是從何而來呢?筆者在披尋早期的般若經系列的相關註釋,發現在後秦僧肇撰的《注維摩詰經》中,保留了相當早期的解說,這確實有助於吾人解開智顗《金剛般若經疏》四相註釋之謎。

有關「我」字的解釋,僧肇的《注維摩詰經》中依然保留了鳩摩羅什的解說,這對於瞭解佛教教說的傳入也是相當可貴的資料:

---

[14] 詳見:《金剛般若波羅蜜經論》,《大正新脩大藏經》第 25 冊,No.1511,頁 783b。《金剛仙論》,《大正新脩大藏經》第 25 冊,No.1512,頁 813b-c。《金剛般若論》,《大正新脩大藏經》第 25 冊,No.1510,頁 770b。

（鳩摩羅）什曰：……凡言我，即主也。[15]

以主宰義釋「我」，與中文「我」字作為「自稱、自己、自己的，也泛指己方；或自以為是」等的使用習慣有相當大的距離。而在佛學傳統上，只要是哲學用語上的「我」字，大部分都取主宰義，而這樣的取義，以筆者目前所能掌握的資料看來，至少可以上溯到鳩摩羅什。鳩摩羅什是西域的譯經僧，他所傳來的教義，應該是從胡本佛典或梵文字義，以及印度哲學傳統而來，而為後代佛教學者所遵從。如鳩摩羅什的弟子僧肇就說：「主、我，一物異名耳。」竺道生則說「我者自在，主也。」[16]根據梵文字義，ātman（我），就有「我、生命、自身、靈魂、最高我」的意思。[17]ātman（「我」或「最高我」）一字，在婆羅門教的吠陀聖典和《奧義書》中，正是指向著任何人若能瞭解此「自我」，即是瞭解大梵的最高主體。[18]鳩摩羅什及其弟子對於「我」字的解釋，應該就是根據梵文ātman一字以及印度的婆羅門教文化傳統而來。

---

[15] 後秦・僧肇撰：《注維摩詰經》，《大正新脩大藏經》第 38 冊，No.1775，頁 354b。

[16] 同前註，頁 376a、346a。

[17] 荻原雲來博士：《梵和大辭典》（臺北，新文豐出版社，1979 年），頁 188。

[18] Bṛhad-āraṇyaka Upaniṣad (9): "They say, since men think that, by the knowledge of Brahman, they become all, what, pray, was it that Brahman knew by which he became all?" (10): "Brahman, indeed, was this in the beginning. It knew itself only as 'I am Brahman.' Therefore it became all. Whoever among the gods became awakened to this, he, indeed, became that. It is the same in the case of seers, same in the case of men." S. Radhakrishnan: THE PRINCIPAL UPANIṢADS (Harper & Brothers Publishers, New York, 1953), p.168.

　　至於「眾生」一詞的「主宰義」的解說，也可以找到早期的依據：

　　　　（僧肇）：眾生……即是我。

　　　　（竺道生）：眾生者，眾事會而生，以名宰一之主也。[19]

僧肇和竺道生都是鳩摩羅什的弟子和助譯，他們以「我」義、「主宰」義釋「眾生」，應該也是來自鳩摩羅什的教說，與中文「眾人、大家、泛指有生命者」的「眾生」義，完全不同。而以「眾事會而生」釋「眾生」，也傳達了佛教五蘊和合的生命觀。查「眾生」一詞的梵文是sattva一字，此字有「有、存在、生物、靈魂」的意思，[20]可見，僧肇、竺道生等人對於「眾生」的解釋，乃是根據鳩摩羅什傳來的梵文sattva一字的字義所作的解說。

　　「人」字的輪迴主體義，在僧肇的《注維摩詰經》中，也保留了早期的教說：

　　　　肇曰：天生萬物以人為貴，始終不改謂之人。故外道以
　　　　人名神，謂始終不變。若法前後際斷，則新新不同。新
　　　　新不同，則無不變者，無不變者，則無復人矣。[21]

中文「人」字，有：「1.人類；2.別人、他人；3.人民、眾人；4.傑出的人才；5.人品」等意思，但是，卻沒有「始終不改」之義。當然，「人」字這樣的意義，並非來自中文字義，而是

19　後秦・僧肇撰：《注維摩詰經》，頁 376b、346a。

20　荻原雲來博士：《梵和大辭典》，頁 1391。

21　後秦・僧肇撰：《注維摩詰經》，頁 364a。

源於梵文字義和印度哲學思想。僧肇所謂「外道以人名神」，也就是說「人」（pudgala）字在哲學上的含義，即是外道的「神我」（ātman），都是指向始終不變的靈魂主體義。僧肇這樣的解釋，應該也是來自於其師鳩摩羅什的傳授。

經過上文的討論，我們發現：佛教義理的傳入，並非只要把梵文經典翻譯成中文佛典就完成了，事實上，除了把文字翻譯成中文之外，為了比較逼真地保留梵文經典的意義，還必須要把相應的梵文字義及相關的思想脈絡也整套地移入，才能夠完成佛教東傳的任務，而早期的譯經僧就是扮演著這樣的角色。

總之，對於四相的解說，實可以溯源於印度和西域的譯經僧，而為中國佛教的僧人所傳承著，如東晉慧遠對於四相的解說，便可說是傳承自早期的教說：

> 宣說陰體以為神主，名之為我。和合之計有定實，說為
> 眾生。相續之中計有神性，任持不斷，名為壽命。作用
> 之中立有主宰，說之為人。[22]

慧遠以五蘊和合的生命體中的主宰義、神我為釋「我」；以計五蘊和合的生命體為真實的主體釋「眾生」；以在一期一期的生命輪迴中的不變的主體、神我、主宰義釋「壽命」；以輪迴現象背後的生命主宰義釋「人」。這些解釋都可以說是傳承自早期的界說，而與智顗的《金剛般若經疏》四相註釋更為接近。

---

[22] 東晉・慧遠：《維摩義記》，《大正新脩大藏經》第 38 冊，No.1776，頁 447b。

在智顗說、湛然略的《維摩經略疏》中，便可以很清楚地看到智顗對於早期教說的傳承：

> 四大無主，無主故即無我。……若知無主，則不計我起愛取有。若知妄計是病本者，即除我想及眾生想。若我、人想滅，則十六知見，及六十二見，一切屬見，煩惱皆滅。[23]

智顗以無主宰義釋「無我」，換言之，「我」就是取主宰義。這與《金剛般若經疏》以「自在」義釋「我」是相當一致的。智顗不僅以主宰義釋「我」，更以主宰義釋「眾生」，這樣的見解，與他在《金剛般若經疏》四相註釋的見解是完全一致的。

討論到這裡，我們不難發現：對於以中文為唯一使用語言的智顗來說，他對於四相的詮解，基本上並非來自於中文字義的把握，也非直接從梵文字義解讀，而是傳承自早期譯經僧的解說和般若學的思想傳統。而早期譯經僧對於我、人、眾生、壽者等詞彙的解說，就是來自於ātman（我）、pudgala（人）、sattva（眾生）、jīva（壽者）的梵文字義，以及印度的文化傳統和佛教般若學的思想傳統。這些因素正是智顗面對中文文字，卻作出與梵文字義相合的理解和詮釋的橋樑。若以圖示，則這樣的關係便非常清楚：

---

23 智顗說，湛然略：《維摩經略疏》，《大正新脩大藏經》第 38 冊，No.1778，頁 662b。

（1）讀　者 ──（面對）──▶ 中文文本 ──（應該可以得到）──▶ 中文意義
（文字與意義之間，沒有斷層）

（2）讀　者 ──（面對）──▶ 梵文文本 ──（應該可以得到）──▶ 梵文意義
（文字與意義之間，沒有斷層）

（3）讀　者 ──（面對）──▶ 中文文本 ──（應該得不到）──▶ 梵文意義
（文字與意義之間，有斷層）

（4）讀　者 ──（面對）──▶ 中文文本 ──（可以得到）──▶ 梵文意義
（補充梵文字義的解說、印度文化傳統、佛教思想傳統作為背景知識）

張寶三先生在〈字義訓詁與經典詮釋之關係〉一文中，說：「字義訓詁為經典詮釋之基礎，解經者須以字義之確詁作為經義適切解釋之依據，故通過字義之訓詁進而探索經典中之含義，乃解經者之基本途徑。」[24]因此，在正常情況下，讀者面對中文文本，透過正確的訓詁方法，應該可以得到與中文字義相應的理解；同樣的，讀者面對梵文文本，如果對梵文字根、字義作出恰當的分析，也應該可以得到與梵文字義相應的理解，因為即使文字不是完全等同於意義（詳下文），文字與意義之間，畢竟沒有太大的斷層。但是，從智顗的《金剛般若經疏》四相註釋看來，他是面對中文文本，卻要作出貼近梵文字義的解釋，如果在沒有其他輔助條件之下，這幾乎是不可能的任務，因為文字（中文）與意義（梵文字義）之間存在著極大的斷層。在這樣的情況之下，梵文字義（至少是字義的解說）、佛教思

---

[24] 張寶三：〈字義訓詁與經典詮釋之關係〉，《清華學報》新 32 卷第 1 期（2002 年 6 月），頁 47-63。

想傳統和印度的哲學思想傳統便成為了不可或缺的重要因素，它是溝通中文文本與梵文文義的一道重要橋樑。

三、王弼言意之辨可能開顯的經典詮釋方法

魏晉言意之辨是魏晉時期的一個談題，本來與佛典的註釋沒有必然的關係。但是，在中國學術史上，把言意問題作為一個方法論的問題提出，並把它當作一個議題廣為談論的，就不得不說到魏晉言意之辨了。因此，本文在討論語言文字與思想義理之間的關係時，也不得已借用魏晉人士在這一方面所提出的問題作為思考的起點。

魏晉言意之辨起因於東漢章句訓詁和陰陽象數之學的繁瑣，破碎大道，魏世經說便興起了求簡化、尚義理之風。而「言意之辨」便成為了經典詮解的方法論命題而被提出。魏晉時期有關言意之辨的議題，較具代表性的是魏荀粲的「言象不盡意論」、王弼的「忘言忘象得意論」和晉歐陽建的「言盡意論」。荀粲是首倡「言不盡意」者，《三國志・魏書・荀彧傳》注引《晉陽秋》載：

> 何劭為粲傳曰：粲（荀粲）字奉倩。粲諸兄並以儒術論議，而粲獨好言道。常以為「子貢稱夫子之言性與天道，不可得聞，然則六籍雖存，固聖人之糠粃」。粲兄俁難曰：「《易》亦云聖人立象以盡意，繫辭焉以盡言，則微言胡為不可得而聞見哉？」粲答曰：「蓋理之微者，非物象之所舉也。今稱立象以盡意，此非通于意外者也；繫辭焉以盡言，此

> 非言乎繫表者也；斯則象外之意，繫表之言，固蘊而不出
> 矣。」（俁）及當時能言者不能屈也。[25]

荀粲與其兄荀俁的辯論，若孤立地看，只是有關言象可否盡意
的問題，但若安立在漢魏之際學風轉變的背景來看，則已涉及
治經的方法論問題。荀粲既然主張言不盡意，然則六經典籍，
皆無以能傳達聖人深微之意蘊。但是，若語言文字皆不足以完
全達意，則後代讀者如何領略前人的意旨？理解又如何可能？
言與意又是一種怎麼樣的關係呢？荀粲並沒有說明。正始之際
的王弼，對於言意之辨的問題，遠承《莊子》「得意忘言」的
思想而更推進一步，在其《周易略例‧明象篇》中，提出了「忘
言忘象以得意」的主張：

> 夫象者，出意者也；言者，明象者也。盡意莫若象，盡
> 象莫若言。言生於象，故可尋言以觀象；象生於意，故
> 可尋象以觀意。意以象盡，象以言著。故言者所以明象，
> 得象而忘言；象者所以存意，得意而忘象。猶蹄者所以
> 在兔，得兔而忘蹄；筌者所以在魚，得魚而忘筌也。然
> 則言者，象之蹄也；象者，意之筌也。是故存言者，非
> 得象也；存象者，非得意者也。象生於意，而存象焉，
> 則所存者乃非其象也；言生於象，而存言焉，則所存者
> 乃非其言也。然則忘象者，乃得意者也；忘言者，乃得

---

[25] 《新校本三國志‧魏書‧荀彧傳》注引《晉陽秋》（臺北：鼎文書局，1986
年），頁319。

　　象者也。得意在忘象，得象在忘言。故立象以盡意，而
　　象可忘也；重畫以盡情，而畫可忘也。[26]

《周易略例・明象篇》反映了王弼對於言是否可以盡意的基本態度。在這一段文字中，顯然王弼並非主張「言盡意論」者，但是，他的意見是否可以簡單地理解為「否定語言的作用」或「否認概念可以反映客觀世界的本質」呢？[27]雖然王弼之「立象以盡意，得意而忘象」，實乃涵蘊著荀粲「象外之意，繫表之言，固蘊而不出」之意，亦屬「言不盡意」之系。[28]然而，王弼之見，與荀粲的「言不盡意論」又有何差異呢？在〈明象篇〉中所揭示的言與意的關係到底又是怎樣的呢？凡此種種的問題，筆者都將在下文作進一步的討論。

　　「言不盡意」說的流行，確實影響著魏晉時期的治學方法，有的人以此方法注經，盡棄古訓，暢發新義；有人以之調會儒道，則陽尊孔子，陰崇老莊，歐陽建身當晉武、晉惠之世，眼見「言不盡意論」日趨偏端發展，於是便一反眾說，重申「言盡意」之旨：[29]

　　夫天不言而四時行焉，聖人不言而鑒識存焉；形不待名
　　而方圓已著，色不俟稱而黑白以彰；然則名之于物，無

---

[26] 樓宇烈校釋：《王弼集校釋》（臺北：華正書局，1992年），頁609。

[27] 楊憲邦：《中國哲學通史》第2卷（北京：中國人民大學，1988年），頁173。趙書廉：《魏晉玄學探微》（安陽：河南人民出版社，1992年），頁33。

[28] 牟宗三：《才性與玄理》，頁253。

[29] 林麗真：《魏晉清談主題之研究》（臺北：國立臺灣大學中文研究所博士論文，戴君仁、何佑森教授指導，1978年），頁106。

施者也；言之于理，無為者也。而古今務于正名，聖賢
不能去言，其故何也？誠以理得于心，非言不暢；物定
于彼，非言不辯。言不暢志，則無以相接；名不辯物，
則鑒識不顯。鑒識顯而名品殊，言稱接而情志暢。原其
所以，本其所由，非物有自然之名，理有必定之稱也。
欲辯其實，則殊其名；欲宣其志，則立其稱，名逐物而
遷，言因理而變，此猶聲發響應，形存影附，不得相與
為二矣。苟其不二，則言無不盡矣。吾故以為盡矣。[30]

歐陽建的「言盡意論」充分肯定了名（言）和實（意）的對應
關係，名實或言意的關係，就如同聲之與響，形之於影一樣，
完全相同，不得為二。因此，言可以完全盡意。那麼，在義理
傳達的問題上，到底「言盡意論」和「言不盡意論」何者更加
接近真實呢？抑或是各得其實呢？關於這樣的問題，牟宗三先
生在其《才性與玄理》中，有精闢而詳盡的分析，茲略為引述
如下：

無論主觀措施所呈現之名言與符號，或客觀之事之表而
可見之關節，皆是名言相應，可得而見聞者，即皆是形
而下者。而其所盡之意、利、以及情偽與神，則皆是形
而上者，不可得而見聞者，亦即非名言相應也。……歐
陽建之主「言盡意」，其「盡」如真是「盡而無不盡」，

---

[30] 嚴可均輯：《全晉文》（北京：商務印書館，1999年），頁2084。

則其所盡之意必是形而下之意。……而主「言不盡意」
者，則意指超現象界或「不可道界」，此則不可泯也。[31]

牟先生所說的形而下之意，大抵如音韻訓詁、名物制度等，是
皆可以與名言相應者。無可否認的，「正音讀、通訓詁、考制
度、辨名物」是尋求義理的要件，[32]在這些根本處用功，實有
助於義理的彰明。然而，我們也不得不承認，義理有時也確實
有在語言文字之外者，[33]如儒家所說的性與天道，道家所說的
道與自然，佛家所說的真如、法性、涅槃等，這些都是牟先生
所說的形而上之意。也就是說，此處所說之意，並非一般所指
的意思、想法或觀念，而實指有著深奧無窮之義蘊的玄意。[34]此
等之意與名言的關係，正是討論語言文字與思想義理關係的關
節所在。語言文字只能盡形而下之意，而不能盡形而上之意，
牟先生已釋之甚詳，本文於此也不再贅言。唯筆者不揣淺陋，
欲接續牟先生所提示的方向，作更進一層之探討者，乃：既然
語言文字不能盡形而上之意，那麼，吾人至少要提出以下兩個
問題：

（一）語言文字與思想義理（下文皆就形而上之意說，以
下不再註明）的關係到底如何呢？

---

[31] 牟宗三：《才性與玄理》，頁 251-253。

[32] 葉國良：〈從名物制度之學看經典詮釋〉，《國立中央大學文學院人文學報》
第 20、21 期合刊（1999 年 12 月至 2000 年 6 月），頁 1-20。

[33] 張寶三：〈字義訓詁與經典詮釋之關係〉，頁 47-63。。

[34] 施忠賢：《魏晉「言意之辨」研究》（桃園：中央大學中國文學研究所碩
士論文，岑溢成先生指導，1989 年），頁 10。

（二）如果語言文字不能盡形上之意，那麼，理解又如何可能呢？

關於第一個問題，魏晉主張「言不盡意」者，如荀粲認為語言文字皆不可以傳達形上之意，六經典籍皆不可以明性與天道，故視六籍為糠粃。對於這樣的主張，我們必須要進一步追問：名言雖然不即是意義，但是，若視語言文字與思想義理全無關涉，那麼，思想的傳遞如何可能？理解又如何達成？這些都將成為不可解的難題。

與荀粲比較，王弼的解見，可說周延得多。首先，王弼並不完全否認言象可以盡意，故云「盡意莫若象，盡象莫若言」。他肯定象出於意，言又在於明象，言象意是依「意→象→言」的次第而展現的，[35]也就是說，言、象雖然不等於意，但是，卻是傳達意的工具（筌、蹄）。因為言象可以盡意，故可以透過尋言、尋象以得意，得意之後，便可以不再拘執言象，故云「得象而忘言」、「得意而忘象」。因此，在言、意關係的問題上，說王弼如歐陽建一般主張「言盡意論」，當然不對；但是，如果說王弼的意見與荀粲的「言不盡意論」一樣，也不妥當。那麼，王弼對於言意關係的見解，到底應該如何理解，才比較妥適呢？筆者以為佛家的「雙遣」或「遮詮」，最可以貼切地說明王弼對於言意關係的意見。以下嘗試以因明學的四句來分析，並以智顗的四相註釋稍作說明：

---

[35] 林麗真：《王弼》（臺北：東大圖書公司，1988 年），頁 78。

S=A（在這裡，S 代表言，A 代表意。則這句表示：言即是意。或言等於意。）

S=-A（言是非意。或言不是意。）

S=A-A（言是意又非是意。或言等於意也不等於意。）

S=-A-（-A）（言不是意，但是也非不是意。或言不等於意，也不是不等於意。）

S=A：言即是意。以智顗四相註釋中的「我相」為例，中文的「我」字，並沒有「自在（主宰）」義；即便是梵文的ātman一字，若把它從吠陀聖典和《奧義書》的傳統中抽離出來，那麼，ātman一字也勢必喪失它豐富的內涵。可見名言雖然是表達意義的工具，但是，名言當然不可能完全等於意義，所以「言即是意」、「言等於意」或「言盡意（形上之意）」（S=A）恐怕不能視為真實。

S=-A：言是非意。雖然不能視名言完全等同於意義，但是，名言也不是完全不等於意義。如智顗是透過中文佛典進行理解和詮釋活動的，因此，即使中文「我」字不等於「自在」義，但是，他卻畢竟要透過中文「我」字作為理解的起點，所以，如果說「言與意完全無關」或「言完全不等於意」（S=-A），因而視名言為糟粕，這似乎也不妥當。

S=A-A：言是意，同時又不是意。這第三句其實是第一句和第二句的組合，即視言可以盡意，同時又視名言完全不可以傳達意義。既然第一、第二句不是真實，那麼，由第一、第二句組合而成的第三句，又如何可視為真實呢？例如中文「我」

字沒有「自在」義，就不能說：「我」字沒有「自在」義，同時又有「自在」義。所以第三句當然也是不真實。

S＝A（A）：最後一句是，言不是意，也非不是意。例如智顗面對的中文「我」字，「我」字不等於「自在」義（-A），但是，智顗理解的開始卻也不離中文經文，因此，不可說名言完全不等於意義（-〔-A〕）。也就是說：言不即是意，但是要傳達意或理解意，卻不能離開名言（S=-A-〔-A〕）。

第四句 S=-A-（-A）的邏輯，確實可以比較完整地反映言、意的關係。筆者以為：王弼對於言、意關係的看法，基本上屬於第四句的邏輯，即：言不等於意，也不離。因為言不離意，理解才成為可能；因為言不等於意，故得意便可忘言。

事實上，「忘」在王弼〈明象篇〉中所揭示的詮解方法上，的確有著重要的地位。湯用彤先生便把「忘言忘象以得意」視為王弼之所以能廓清象數之學的重要治學方法，說：「言為象之代表，象為意之代表，二者均為得意之工具，吾人解《易》要當不滯於名言，忘言忘象，體會其所蘊之義，則聖人之意乃昭然可見。王弼依此方法，乃將漢易象數之學一舉而擴清之，漢代經學轉而為魏晉玄學，基礎由此可奠定矣」，[36]視「忘言忘象以得意」的治學方法為奠定魏晉玄學的基礎。[37]又從湯先生的這

---

[36] 湯用彤：《魏晉玄學論稿》，收於《魏晉思想》乙編三種（臺北：里仁書局，1995 年），頁 26。

[37] 雖然莊耀郎先生認為就言意關係的發展而言，「言盡意論」才是魏晉時代首先提出的新論點，而「言不盡意」的觀點，在先秦時期已多有之。對於湯用彤先生認為玄學家「所發現之新眼光、新方法，故能建樹有系統之玄學」的觀點，頗有不同的看法。但是，莊耀郎仍然肯定玄學家所用以建立

一段話來看，他大致上以不拘執、不以文害意、標舉會宗釋「忘言得意」的方法。[38]然而，不執、不滯是否可以窮盡王弼「忘言」、「忘象」的意蘊呢？

仔細考察王弼〈明象篇〉的文字，實可以分析出「得象而忘言」、「得意而忘象」和「得意在忘象，得象在忘言」兩層意義。前者是得象、得意之後，對於言、象不再拘執，基本上屬於對語言文字的一種態度；後者是探索如何「求意」的問題，王葆玹先生在《正始玄學》中便說：「在『得意』之先必有一個『忘象』的狀態，……在『得象』之先必然也有一個『忘言』的狀態。」[39]換言之，「忘言」、「忘象」並不僅僅是對於語言文字的態度問題，對王弼來說，它也是達成理解的一個重要方法。衡諸王弼的《易》、《老》注、郭象的《莊子注》等，的確有不少「寄言出意」，自抒己意之處，而這些地方往往表現出魏晉士人對於玄遠虛通之學的興味，和援道入儒或援儒入道的現世關懷，這些地方也正是玄學之所以為玄學之處。

在詮釋裡，我們不得不承認一篇正文可能同時存在好幾個意義，例如歷史意義和精神意義，此時詮釋的工作便必須透顯

系統玄學的方法進路乃是「言不盡意論」，而非「言盡意論」。莊耀郎：〈言意之辨與玄學〉，《哲學與文化》第 30 卷第 4 期（2003 年 4 月），頁 17-33。

[38] 湯用彤：《魏晉玄學論稿》，頁 27-29。近人施忠賢：《魏晉「言意之辨」研究》便在湯用彤先生的基礎上，抽繹出「忘」字「捨棄」和「不執」的兩種不同解釋。（頁 38）。

[39] 王葆玹：《正始玄學》（濟南：齊魯書社，1987 年），頁 360。又王葆玹的觀點似為一般治玄學「言意之辨」的學者不取，如莊耀郎即不贊同這樣的意見（參考註 37）。但筆者卻以為〈明象篇〉確實可以分析出這兩層意義。

一個深遠的意圖，從而使詮釋在傳統與當代之間架設起溝通的
橋樑。[40]魏晉玄學就是這樣一個很好的例子。然而，儘管如此，
我們還是必須要再問這樣的一個問題：文本的意義是否能隨著
詮釋的意圖而更動？這牽涉到不滯名言式的「忘言得意」是否
潛在著以意逆義、自由心證的危機呢？王弼在使用「忘言得意」
此一方法時，是否還運用了其他的方法，作為「忘言得意」的
前提呢？「忘言」在經典詮釋上，是否仍有其實際的應用價值
呢？如何「忘言」呢？何者該忘？何者不該忘、不可忘？「忘
言」又如何可以「得意」呢？這些都是筆者不揣淺陋，欲嘗試
再作進一步探討的問題。

　　首先，必須肯定的是「忘」或「忘言」在經典詮釋上依然
有其實際的應用價值。而「忘」或「忘言」的方法，又可以分
為兩個層次來說：一是在文句字義的理解上所使用的「忘」；一
是在突破傳統限制上所使用的「忘」。

　　現在先說在文句字義的理解上所使用的「忘」。在一個句子
裡，幾乎每一個字、詞都擁有不只一個以上的意義，但是我們
卻會根據文本脈絡只取其中一個意義。例如在智顗《金剛般若
經疏》對於「我相」的註釋裡，中文「我」字就有好幾個意義，
都不為他所取，那麼，相對於梵文ātman的主宰義來說，他必須
對中文「我」字的意義作一番「忘」的工夫，才能超越中文字
義的限制而把握到「我相」的主宰義。但他是根據什麼只取「我

---

40 里克爾著，林宏濤譯：《詮釋的衝突》（臺北：桂冠圖書公司，1995 年），
頁 2。

相」的主宰義呢？那就是從早期譯經僧傳來的印度文化傳統和般若學的思想脈絡。又如王弼在《老子指略》對於「道」的取義，說：「夫『道』也者，取乎萬物之所由也。」[41]但是，「道」字本來就有「1.道路，2.方法、技藝，3.規律、事理，4.思想、學說，5.說，6.道家、道教的省稱，7.祭路神，8.古代行政區劃名，9.量詞，10.姓」[42]等許多意思，王弼其實只取「道路」的本義，那麼，對於「道」字的其他意義來說，也可以說是一種「忘」的工夫。而王弼根據什麼來對「道」字的諸義作出取捨呢？那就是根據《老子》本文所呈現的整體思想脈絡，這在〈老子指略〉中，王弼也有所說明：

> 《老子》之書，其幾乎可一言而蔽之。噫！崇本息末而已矣。觀其所由，尋其所歸，言不遠宗，事不失主。文雖五千，貫之者一。……解其一言而蔽之，則無幽而不識；每事各為意，則雖辯而愈惑。[43]

「崇本息本」就是王弼對於《老子》思想脈絡的整體把握，他就是透過這樣的整體把握，貫通到全書的詮釋。若不能掌握《老子》的整體思想脈絡，而每事生解，則不但不能彰明義理，反而愈加迷惑。這種根據文本的思想脈絡決定哲學術語的核心意

---

[41] 樓宇烈校釋：《王弼集校釋》：「夫『道』也者，取乎萬物之所由也；『玄』也者，取乎幽冥之所出也；『深』也者，取乎探賾而不可究也；『大』也者，取乎彌綸而不可極也；『遠』也者，取乎綿邈而不可及也；『微』也者，取乎幽微而不可睹也。」（頁196）。

[42] 《中文辭源》，頁3073。

[43] 《王弼集校釋》，頁198。

義的詮釋方法，與《春秋繁露》主張的「深察名號」的治經方法比較，[44]確實可以說是清通簡要、不拘名言、忘言以得意的。

其次，在突破傳統的限制的時候，也需要「忘」的方法。例如《金剛經》四相的詮釋，在後期非正統佛教的《金剛經》註釋中，已經慢慢脫離了梵文字義和般若學的思想脈絡，而出現偏向以中文字義的註釋方向，如以主、客義釋我相、人相，以眾多義釋眾生相，以長久義釋壽者相等。[45]因此，現代治《金剛經》四相者，便不能只侷限於明、清以降的注釋傳統，而應該上溯隋唐的《金剛經》四相註釋，甚至直接深入梵文字義、印度傳統文化和佛教般若學的思想脈絡中，來把握四相的哲學意涵。又如王弼「忘言忘象以得意」的方法論的提出，也是直接針對漢代章句訓詁的舊傳統而發的。因此，對於舊傳統的突破，便意味著對舊傳統的一種超越，這便必須要有一種「忘」的工夫了。

但是，在「忘」的方法運用之下，又有什麼是不能忘、不該忘的呢？那還是要回歸到文字的考察和文本思想脈絡的掌握，例如要超越明、清以來的四相詮釋傳統，就不得不上溯早

---

44 《春秋繁露·深察名號》：「治天下之端，在審辨大；辨大之端，在深察名號。……深察『王』號之大意，其中有五科：皇科、方科、匡科、黃科、往科，合此五科以一言謂之『王』。王者皇也，王者方也，王者匡也，王者黃也，王者往也。是故王意不普大而皇，則道不能正直而方；道不能正直而方，則德不能匡運周遍；德不能匡運周遍，則美不能黃；美不能黃，則四方不能往；四方不能往，則不全於王。」參見馮芝生、梁啟雄等編：《中國哲學史資料選輯·兩漢之部》（臺北：九思出版社，1978 年），頁 7。

45 參見明·廣伸述：《金剛經鎞》，《卍續藏》第 1 輯 39 冊，頁 75 丙。清·龔概綵：《金剛經正解》，《卍續藏》第 1 輯 92 冊，頁 281 丙。

期如智顗的四相註釋,甚或直接從梵文字義、印度文化傳統和般若學的思想脈絡著手,才能擺脫明、清以來的傳統束縛,賦予經典以新的面貌。在王弼來說,他雖然提出「忘言忘象以得意」,但是,他卻從來沒有忽視「辯名」的重要性,他在《老子指略》中說:

> 夫不能辯名,則不可與言理;不能定名,則不可與論實也。凡名生於形,未有形生於名者也。故有此名,必有此形,有此形,必有其分。仁不得謂之聖,智不得謂之仁,則各有其實矣。夫察見至微者,明之極也;探射隱伏者,慮之極也。能盡極明,匪唯聖乎?能盡極慮,匪唯智乎?校實定名,以觀絕聖,可無惑矣。[46]

因為名生於形,形之所分,名必有異,如「仁」的內涵不同於「聖」,「智」的內涵不同於「仁」,故王弼把「辯名」和「定名」,視為言理與論實的基本條件,認為透過校實定名的方法,便能察見至微,探射隱伏。因此,筆者以為王弼不但不廢名言,而且是相當重視對於名言的把握的,所謂盡意莫若象,故可尋象以觀意;盡象莫若言,故可尋言以觀象,便是對言象的重視,這也正是林師麗真所說的:這是「言→象→意」的溯求,也就是「由末返本」之道。[47]侯潔之〈王弼「忘言忘象以得意」說之「忘」的意蘊〉也肯定王弼「忘」的方法,實含有對言、象的正確認識。[48]因此,我們可以說王弼的「忘言忘象以得意」

---

[46] 《王弼集校釋》,頁 199。

[47] 林麗真:《王弼》,頁 78。

[48] 侯潔之:〈王弼「忘言忘象以得意」說之「忘」的意蘊〉,《孔孟月刊》第

的方法，其實是建立在校實定名的基礎之上的——透過校實定名的方法把握文本的文句和思想脈絡，這是辨名的方法；又透過對於文本思想脈絡的整體掌握而貞定文本哲學用語的核心意義，這是忘言得意的運用。這樣，辨名與忘言就如車之兩輪，鳥之兩翼，兼容並濟，並且以「校實定名」的方法保證「忘言以得意」或「得意在忘言」不致陷入以意逆義，自由心證的危機。

然而，王弼儘管辨名與忘言並重，但是，他還是意識到思想義理確實有語言文字所不能完全傳達之處，他在《老子指略》中說：

> 名必有所分，稱必有所由。有分則有不兼，有由則有不盡；不兼則大殊其真，不盡則不可以名，此可演而明也。……然則「道」、「玄」、「深」、「大」、「微」、「遠」之言，各有其義，未盡其極者也。……然則，言之者失其常，名之者離其真，……是以聖人不以言為主，則不違其常；不以名為常，則不離其真；不以為為事，則不敗其性；……然則，《老子》之文，欲辯而詰者，則失其旨也；欲名而責者，則違其義也。故其大歸也，論太始之原以明自然之性。……因而不為，損而不施，崇本以息末，守母以存子。[49]

王弼雖然肯定校實定名的工夫，認為尋言可以觀象，尋象可以觀意，但是，他同時也認為名言只是表意的工具（筌、蹄），並且充分體會到名言的限制，指出名言在負載意義時，確實有其不兼不盡、未盡其極之處。若以名言為對象的經典詮釋充極也無法窮極聖人之意。那麼，經典詮釋與窮極聖人之意之間的空隙又應該如何彌補呢？這就帶出了中國哲學的本質性問題：中國哲學實非僅止於記問之學，更是必須以整個生命踐履之的生命哲學，中國經典的詮釋系統當然也不能自外於這樣的文化傳統。黃俊傑先生〈論東亞儒家經典詮釋傳統中的兩種張力〉就點出了中國詮釋學這樣的特質：「中國詮釋學的基本性質是一種『實踐活動』，或者更正確地說，中國詮釋學是以『認知活動』為手段，而以『實踐活動』為其目的。『認知活動』只是中國詮釋學的外部形式，『實踐活動』才是它的實際本質。……『實踐活動』是指經典解釋者在企慕聖賢優入聖域的過程中，個人困勉掙扎的修為工夫。經典解釋者常常在注釋事業中透露他個人的精神體驗，於是經典注疏就成為迴向並落實到個人身心之上的一種『為己之學』」。[50]

儒家經典的詮釋傳統如此，道家、佛家典籍的詮釋傳統更是如此。以王弼的《老子注》來說，他可能透過校實定名、忘言得意等方法，把《老子》的整體精神會歸於「崇本息末」四字。然而，「崇本息末」並非只有認知意義，還涵蘊著生命實踐的工夫論和境界論意義。筆者嘗試把中國經典詮釋的這種特

---

[50] 黃俊傑：〈論東亞儒家經典詮釋傳統中的兩種張力〉，《臺大歷史學報》第28期（2001年12月），頁1-22。

質，用佛學中的三種般若來比擬：

> 文字般若：語言文字是傳達意義的工具，但卻不是意義
> 的本身；
>
> 觀照般若：實踐語言文字所開顯的意義；
>
> 實相般若：透過實踐活動，心與理合，意義得以全幅彰
> 顯。

文字般若雖然不等於實相般若，但是，文字般若卻是傳達、指點實相般若所不可或缺的工具，如果沒有文字般若的指點，則觀照般若的實踐活動便無從進行，實相般若便永遠沒有被證入、被開顯的可能。因此，文字般若的考究與詮釋，依然有其不可或缺的價值。

四、結　論

在討論經典詮釋時，第一個要提出的問題是：名言與意義的關係到底如何？在智顗《金剛般若經疏》的四相註釋中，可見名言與意義確實是存在一定的距離的。在魏晉言意之辨的反省與討論中，可見名言雖然不等於意義，但是，作為表意的工具，名言也不離意義，因此，名言與意義的關係應該是不即不離（-A-〔-A〕）的。因為言不離意，故理解才成為可能；因為言不即意，所以在詮釋活動中，「忘言以得意」仍有其意義。但是，「忘」並非一往地忘，在忘中仍有不能忘、不得忘者，那就是對於文字的校實定名工夫，以及對於文化傳統和文本整體思想脈絡的把握。

戴東原「群」「欲」觀念的思想史回溯[**]

鄭吉雄[*]

一、問題的提出

汪暉教授有一篇長文討論戴東原思想的問題,指出了東原受到攻擊的三點:其一、東原以漢學考據攻擊宋學義理,引起了護衛宋明理學者的不滿;其二、東原以宋學義理的關懷,作為其畢生漢學考據工作的歸宿,引起了護衛漢學考據者的不滿;其三、東原承繼朱子博學考據的餘緒而反朱子,似有悖離其學統之嫌疑,引起了史學家如章實齋的不滿。[1]汪文從多方面重新檢討經學考據、程朱義理、王學致良知、實齋史學等幾條路線錯綜複雜的關係,推論「漢宋之分不足以顯示清代思想內部的分化」。[2]他提出了好幾個論點,包括考證學和理學本即具有關係、東原義理出於惠棟經學、乾嘉學者辟宋與清代政治朱學的失寵有關、東原與理學的糾纏是在經學的形式內部進行等等。汪文化簡為繁,其意在於反對將清代思想僅僅視為宋明理學之對立,著眼之處在於歷史分析,強調歷史條件的比重與

[*] 國立臺灣大學中國文學系教授。

[**] 本文刊於《湖南大學學報》22 卷 1 期(2008 年 1 月),頁 41-52。

[1] 讀者可參考汪暉:〈重讀《孟子字義疏證》——兼談現代學術史上的戴震評價問題〉,清華大學歷史系、三聯書店編輯部合編:《清華歷史講堂初編》(北京:三聯書店,2007 年),頁 287-344。

[2] 同前註,頁 295。

關係；但倘回歸哲理的分析，東原如何以儒家經典為基礎闡發「群」與「欲」兩概念，以及這兩個概念是否先秦舊義？這仍然是思想史上必須說清楚的。

　　事實上從宋明儒的「理欲」觀發展到清儒的「理欲」論，除了歷史早見其軌跡外，根本的問題其實尚未解決，就是：先秦儒家思想，究竟如何看待「理」與「欲」？或者如果說，「理欲」這個課題是後起的，那麼我們換一個問法：從形體生命中標舉出一種心性主體的根源，讓後者（心性）對治前者（肉體）這樣的思想，究竟是不是孔子和先秦儒家最核心的觀念？如果是，那麼在這樣的思想的映照下，國家之富強、社群的成長、情性之調養、刑賞之可用的問題，儒者是怎麼樣處理？提出何種解答？

　　東原的名言「通天下之情，遂天下之欲」，[3]「天下」云云即本文提出「群」字，「情欲」即本文所論之「欲」字。「群」、「欲」二觀念，是本文討論的核心。拙著〈再論戴東原思想中的「理」「欲」問題〉[4]中已分析章太炎和劉申叔討論戴東原的「理」、「欲」概念，本篇將從「欲」與「群」兩個概念分別著手分析，向思想史的源頭——先秦——追溯，先分析「欲」字所牽涉儒門對於「身體」與義理之關係，再考察「群」涉及儒門禮制、群居之義。最後討論東原「欲」「群」兩觀念，與先秦思想印證，觀察其同異。

---

[3] 《孟子字義疏證》「權」條，收入張岱年主編：《戴震全書》（合肥：黃山書社，1994-1997 年），第 6 冊，頁 211。

[4] 收入鄭吉雄：《戴東原經典詮釋的思想探索》（臺北：國立臺灣大學出版中心，2008 年），頁 125-150。

二、儒家是禁欲主義嗎？

「欲」字作為一個概念，在思想史上嚴格說有兩層涵義：一是作為維持生命存在之需求而有「欲」，另一是作為與「天理」相對概念的「人欲」之「欲」。在思想史上的解釋，有一派主張要區分出這兩層涵義，認為雖不必反對人穿衣吃飯、維持生命必需的本能之「欲」，卻必須避免為了滿足或放縱這種「欲」，而損及心性源出於天的至善之理。這是「天理」對治「人欲」理論的基本預設。這個預設有一個基本困難，在某些案例中，「欲」是屬於生存之必需抑或是過度之物欲，是很容易區分的；[5]但對於普羅大眾而言，在更多的情況下這個界線的區分卻十分困難：要怎麼樣選擇，才能恰到好處地將「欲」滿足到既符合生存之必需、又不至於影響到天理賦命於人之善性的原則？對於儒者而言，除了界線難分以外，更有出處、辭受、取與等立身制行的約束，因此先儒一般的解決方式，都傾向於從嚴不從寬，也就是太炎所說的「行己欲陵」。我們看謝上蔡初見程子，程子安頓他在住處的隔壁，「上漏旁穿，天大風雪，宵無燭，晝無炭，市飯不得溫，程子弗問，謝處安焉。踰月，豁然有省，然後程子與之語」。程子用這種方法來考驗上蔡，並不是沒有道理的。之前周敦頤就曾特別指點二程「尋

---

5 如《論語・顏淵》「季康子患盜」：「季康子患盜，問於孔子。孔子對曰：『苟子之不欲，雖賞之不竊。』」這個「欲」字指的是超過維持生命基本需要的物質需求。像季康子這樣的貴族，當然沒有窮困的問題，因此孔子的本意當然不是要求季康子要過窮困的生活，而是勿有過多的貪欲。所以這裡的「欲」字，就多少含有貪求物質享受的意涵。

孔、顏樂處，所樂何事」。原來《論語》中記載孔子曾提過：「君子謀道不謀食，……憂道不憂貧。」[6]又說：「君子食無求飽，居無求安。」[7]孔子的學生顏回「一簞食，一瓢飲，在陋巷，人不堪其憂，回也不改其樂」。[8]孔子與顏回的安貧樂道，顯然成為儒家傳統中的一項很重要的自我要求；而儒家傳統，似乎真的早就存在一種「行己欲陵」的精神。[9]《韓非子・顯學》指孔子卒後「儒分為八」，包括「有子張之儒，有子思之儒，有顏氏之儒，有孟氏之儒，有漆雕氏之儒，有仲良氏之儒，有孫氏之儒，有樂正氏之儒」，無論這「分為八」之「儒」是代表八個流派抑或八位傳述的門徒，[10]但至少像「顏氏之儒」所代表的，應該就是後世所特加稱頌的貧苦至極卻不改其樂的精神。這樣的態度，即使不能稱為禁欲主義（asceticism），至少也是一種極度寡欲的精神；再經過宋儒「天理人欲」相對之論的滲透，「欲」很自然地就愈發向「罪惡」的一邊傾斜。

6　《論語・衛靈公》，《論語注疏》（臺北：藝文印書館「十三經注疏」本，1979 年），頁 140-141。

7　《論語・學而》，頁 8。

8　《論語・雍也》，頁 53。

9　《詩經・陳風・衡門》：「衡門之下，可以棲遲；泌之洋洋，可以樂飢。」這是一首講隱士生活的詩。孔子所謂「飯疏食，飲水」，可能就是從「泌之洋洋」的意象引申出來的話。然則在《詩經》中已經隱伏了安貧樂道的隱士思想。

10　李學勤說「儒分為八並不是並世的八個支派，而是單分不同的八位學者，各有趨向。」（詳李學勤：〈孔孟之間與老莊之間〉，刊《中國思想史研通訊》第 6 輯，2005 年 8 月 12 日發布。）我認為「八個支派」和「八位學者」二說並不相妨。如這八位學者均有門生傳述其學，即寖成八個支派；即使像顏回早卒，亦未必對當世無影響。

我們切不可忽略顏回在北宋被標舉成為儒者典型的效應：當「刻苦」成為一個高標，在儒學傳統上演變出一種正面的道德價值，進而使學者追慕這樣窮困潦倒的準聖人時；身體的舒適與滿足，恐怕很難不沾染上「惡」的氣味。另方面，我們也要注意儒者這樣的要求，多僅限於對自我欲望設限，根本沒有討論到如何治理人民的欲望的問題。所以拙著〈再論戴東原思想中的「理」「欲」問題〉一文引述過章太炎講的「凡行己欲陵，而長民欲恕」以下的一段話，其實是非常尖銳的：儒者要寡欲，要與釋迦看齊嗎？倘真以此為標準，儒者將要如何評價《詩經》中的思淑女、燕賓客、頌文王？換言之，儒者解釋經典將會發生困難。儒者用「寡欲」、「禁欲」的準則循以修身，也許不難；以此齊家，已不容易；若以此治國理民，究竟做不做得到？這樣問下去，「欲」就不再是一個簡單的問題，「寡欲」或「禁欲」也不再是一件簡單的事。那麼我們不禁要問，先秦時期儒家精神，真的是以寡欲、去欲為主體，視形體生命獲得物質的滋潤充盈為悖離天理嗎？

一種觀念流行久了，往往引起反動。宋明儒對於「欲」的壓抑，引起明末清初儒者的反感。學者咸認為「欲」是依隨著肉體生命而有的一種動力。它本身不能為「惡」，也不是「惡」的來源。顏習齋就是這一派的代表人物。習齋主張氣質之性無不善、反對空談心性、「必破一分程朱，始入一分孔孟」等等主張，都是大家耳熟能詳的。習齋明確反對將「欲」定義為與「理」相對的一個概念，反對將這個「欲」字往負面的意義上推，給這個字羅織一個百口莫辯的罪名。照習齋的講法，身體

之有欲求，是出於氣質之性，氣質之性善，「欲」本身也就不
會不善。所以他另提出「引蔽習染」作為「惡」的根源，而不
怪罪於「氣質之性」。

三、《易經》中的飲食之道及其教化引申

　　我們毋須持習齋的概念來批判宋儒，畢竟清初儒者對「欲」
的解釋，是以後人的語辭與理念來詮解儒家經典，並不一定代
表先秦儒家已有諸如「引蔽習染」一類的語詞和概念。但我們
回溯儒家經典，其中關於身體欲求的記載，例如飲食，似乎並
沒有採取反面的態度。如《周易》卦爻之中，就頗多與飲食有
關的內容，或自飲食的活動加以引申的譬喻，顯示其對飲食的
重視。如〈需〉卦䷄卦名之義，王弼《注》、孔穎達《疏》、朱
子《本義》均以「等待」為說；[11]其實該卦尚有「飲食」之義，
[12]故九五爻辭稱：

　　　需于酒食，貞吉。

這個「需」字，黃沛榮將之釋讀為「醹」字，即酒食豐厚之意；
[13]但我說過《易經》(卦爻辭)採取的是一種多義性的語言策略，

---

11 王弼釋〈需〉《象傳》：「位乎天位，用其中正，以此待物，需道畢矣。」
　　(《周易正義》，頁32。)孔穎達《正義》釋〈需〉卦卦辭：「需者，待也；
　　物初蒙稚，待養而成。无信即不立，所待唯信也。」(《周易正義》，頁32)
　　朱子《周易本義》：「需，待也。以乾遇坎，乾健坎險，以剛遇險，而不遽
　　進以陷於險，待之義也。」(臺北：大安出版社，1999年，頁53)

12 《經典釋文》釋〈需〉卦卦名，云：「音須，……飲食之道也，訓養。」(上
　　海：上海古籍出版社據北京圖書館藏宋刻本影印，1984年。上冊，頁79。)

13 黃沛榮：「唯是九五『需于酒食』，則不可謂待於酒食之中。細繹辭義，疑

即用「醹」字，並不妨其兼有「等待」之義。〈需〉與〈訟〉本為相對之兩卦，有生存之需則有爭訟。[14]又人生所需，無論是漁、獵、耕作，都必須「等待」，也都與飲食有關：打魚需要等待游魚上鉤，打獵需要等待獵物出現，耕作需要等待作物收成。故〈象傳〉釋〈需〉卦為飲食之道：

> 雲上於天，需，君子以飲食宴樂。

〈需〉九五爻辭「需于酒食」之「需」，正是兼用「豐厚」和「等待」二義。等待之時，生命尚有所匱乏之際，竟獲得豐厚的酒食，那是在等待的過程中，等待者的生命得到了實質的支持，此所以「醹于酒食」為「貞吉」。「飲食」與「等待」同為〈需〉卦的要義，決非偶然，此可見飲食之道對於人類的重要性。卦爻辭之重視飲食，又不僅止於講生存之事；身陷困厄之中，飲食當亦成為「无咎」或「吉」的象徵。如〈困〉卦☱九二爻辭：

> 困于酒食，朱紱方來，利用享祀。征凶，无咎。

〈困〉卦內坎外兌，坎有陷阱、牢獄之象，（故初六爻辭：「臀困于株木，入于幽谷，三歲不覿。」六三爻辭：「困于石，據于蒺藜，入于其宮，不見其妻，凶。」）今九二以剛居柔順之

『需』讀為『醹』。《說文》：『醹，厚酒也。』然則謂『需于酒食』者，謂厚於酒食也。」參黃沛榮：《易學乾坤》（臺北：臺灣學生書局，1998年），頁92。又詳拙著〈從卦爻辭字義的演繹論《易傳》對《易經》的詮釋〉，《漢學研究》24卷1期（2006年6月），頁15。

14 前此的〈屯〉卦為萬物始生而艱難，〈蒙〉卦為人類初生而蒙昧。〈需〉卦指人類生存之所需，〈訟〉卦則指人與人之間因生存所需之爭奪，而有訟事。可見〈需〉卦本即與生命之需——食物——有關。

中位，有謙德，故雖困而有豐美的事物資助，甚至能招徠異方之物或異方之人，[15]這是以飲食象徵困而无咎或吉慶。相同的例子還有〈坎〉卦☵，〈坎〉六四爻辭：

樽酒，簋貳，用缶。納約自牖。終无咎。

六四得九五之助（故〈象傳〉稱「剛柔際」），故雖身陷坎窞，而仍然可以獲得酒食，而无咎（但身在牢獄，不能有樽簋之器，唯有用缶以取代。故曰「用缶」）。可見飲食之為物，在《易經》之中，往往含有正面、喜慶、消厄的象徵。試看〈家人〉☲卦六二爻辭：

无攸遂，在中饋，貞吉。

〈家人〉九五爻辭「王假有家」表示家中的男性事業有所成，故王者紆尊降貴，親至其家；六二以陰爻居內卦之中，則无所成（无攸遂）；然而柔居中得正，是家中有婦女主於中饋之象，表示家中飲食之道充盈，則能貞吉。試看〈大有〉卦☲，「大有」二字，是豐收的意思，《春秋》宣公十六年：

冬，大有年。[16]

《春秋左傳正義》桓公三年引《穀梁傳》：

---

15 詳參王弼《注》：「以陽居陰，尚謙者也。居困之時，處得其中，體夫剛質，而用中履謙，應不在一，心无所私，盛莫先焉。夫謙以待物，物之所歸；剛以處險，難之所濟。履中則不失其宜，无應則心无私恃。以斯處困，物莫不至，不勝豐衍，故曰『困于酒食』，美之至矣。坎，北方之卦也；『朱紱』，南方之物也。處困以斯，能招異方者也，故曰『朱紱方來』也。豐衍盈盛，故『利用享祀』。盈而又進，傾之道也。以此而往，凶誰咎乎？故曰『征凶，无咎』。」《周易正義》，頁108。

16 《春秋左傳正義》（臺北：藝文印書館「十三經注疏」本，1979年），頁410。

　　五穀皆熟為有年。五穀大熟為大有年。[17]

則「大有」有豐收之義。豐收之物就是糧食，在農業的社會，還有比獲得豐收、食物充盈更重要的事嗎？但飲食在《易經》的喻象，不但僅在於吉慶、消厄、豐收之事，試看〈鼎〉卦䷱卦象為「鼎」，本有「鼎鑊」、「烹飪」兩義。[18]「鼎」為禮器，是上古祭祀時，用以烹煮牛羊等牲口作為獻享；故又引申以作為政權的象徵。故〈鼎〉卦與〈革〉卦䷰為相對之一組：〈革〉為變革之道，〈鼎〉則取穩定之義；[19]〈革〉之最大義是改易朝代，亦即〈革〉九四爻辭所謂「改命，吉」；〈鼎〉之最大義則是奠立一個政統。據《左傳》所記，早在夏商二代，即以「鼎」象徵政權的奠立，[20]故〈鼎〉卦卦辭：「元吉，亨。」六爻之中，唯四爻為「凶」，爻辭：

　　鼎折足，覆公餗，其形渥，凶。

〈繫辭下傳〉釋曰：

---

[17] 同前註，頁103。此二句分見《春秋穀梁傳注疏》桓公三年（頁31）及宣公十六年（頁123）。

[18] 說詳黃沛榮師：〈易經卦義系統之研究〉，收入黃沛榮：《易學乾坤》，頁110。

[19] 參王弼《注》：「革去故而鼎取新。……鼎者，成變之卦也；革既變矣，則制器立法以成之焉。」《周易正義》，頁112。

[20] 《春秋》時期有「定鼎」、「問鼎」之辭。《春秋》宣公三年《左傳》：「楚子問鼎之大小輕重焉。對曰：『在德不在鼎。昔夏之方有德也，遠方圖物，貢金九牧，鑄鼎象物，百物而為之備。使民知神姦。故民入川澤山林，不逢不若，螭魅罔兩，莫能逢之。用能協于上下，以承天休。桀有昏德，鼎遷于商，載祀六百。商紂暴虐，鼎遷于周。德之休明，雖小、重也；其姦回昏亂，雖大、輕也。天祚明德，有所底止。成王定鼎于郟鄏，卜世三十，卜年七百，天所命也。周德雖衰，天命未改，鼎之輕重未可問也。』」王孫滿這段話說明了「鼎」的輕重，以德為主，不以「鼎」為主。

> 子曰：德薄而位尊，知小而謀大，力小而任重，鮮不及
> 矣。《易》曰：「鼎折足，覆公餗，其形渥，凶。」言不
> 勝其任也。

以「德」的厚薄論「鼎」折足之「凶」象，與《左傳》所記「在德不在鼎」、「鼎之輕重未可問」的舊義，完全契合。我們應該注意：上天是祭祀的對象，而食物則是祭祀的主體，也是養育萬民的重要資源；引而申之，承載食物的器具——鼎——便演化出標示政權穩定性的象徵。在《易經》（卦爻辭）尚德的思想貫徹下，[21]「德」的厚薄即以「鼎」之是否折足來顯示：主政者德薄位尊，鼎足折了，食物便打翻，既不能享獻上天，亦不能供人食用，連整個桌面都玷污了。

我們留意《易經》思想之中「食物」與「鼎」之間的關係，其實飲食給予人健康、給予人幸福感，聯繫人與人的感情，貫徹群體人類精神生活與形體生活的各個層面。從其中喻象運用的方法觀察，《易經》作者並沒有鼓吹「美食」或身體欲望的滿足，而是掌握飲食能「維繫生命」的功能，引喻人生順逆安危的關鍵。從最崇敬的祭祀活動，到個人的困厄順逆，飲食都與人生息息相關。

---

[21] 關於卦爻辭「尚德」的思想，拙文：〈《易經》身體語言義理的開展——兼論《易》為士大夫之學〉，宣讀於第二屆中國經學國際學術研討會，2007年 8 月 28-29 日。

四、飲食、婚配、倫常關係與「禮」之興起

　　飲食是人類賴以維生的身體活動，但《易經》作者並不是用最原始的「維繫生命」的觀點看待飲食，而是以飲食之道象徵身心的舒緩、象徵危困中的安全、象徵家庭的安穩、象徵群眾人民的豐收、甚至象徵一個政權的安危與否。「飲食」之道和人生的關係太重要了。毋怪乎《禮記・禮運》說：

> 夫禮之初，始諸飲食。其燔黍捭豚，汙尊而抔飲，蕢桴而土鼓，猶若可以致其敬於鬼神。[22]

依照鄭玄的解釋，「禮」的初始，是從「飲食」的活動中體現。先民即使食器簡陋，亦必利用以盛載食物來致饗鬼神，表達敬意。[23]今天人類社會通常的習俗，無論酬神、迎賓、待客、慶典、送別、喪葬等等，無一不藉由飲食作為活動的主體。衡諸《易經》，其原理至為簡單：飲食之道，既在於維持生命的存續，也可促進個人和群體之生活和生命的平安穩定。先秦禮義思想的原始，就和身體飲食之道，有深切的關係。故《論語・堯曰》：

> 所重：民、食、喪、祭。[24]

生命的維繫在於飲食而與「禮」之起源發生密切的關係。生命

---

[22] 《禮記正義》（臺北：藝文印書館「十三經注疏」本，1979 年），頁 416。

[23] 《禮記》鄭玄《注》：「言其物雖質，略有齊敬之心，則可以薦羞於鬼神。鬼神饗德不饗味也。中古未有釜甑，〈釋米〉捭肉加於燒石之上而食之耳。……汙尊，鑿地為尊也；抔飲，手掬之也；蕢……謂摶土為桴也；土鼓，築土為鼓也。」《禮記正義》，頁 416。

[24] 《論語注疏》，頁 178。

之初始發生,則並非在於飲食而是在於男女的「性」之活動,也是「禮」興起的直接原因。「性」的男女交合,先儒譬喻為天地陰陽相交之象;但「性」的活動倘若不予約束,就會至於亂。所以《禮記・曲禮》首篇即言:

> 鸚鵡能言,不離飛鳥;猩猩能言,不離禽獸。今人而無禮,雖能言,不亦禽獸之心乎?夫唯禽獸無禮,故父子聚麀。是故聖人作,為禮以教人,使人以有禮,知自別於禽獸。[25]

《禮記》以極端不倫的「父子聚麀」來形容禽獸之行,而反襯出「人以有禮,知自別於禽獸」。如果從正面講,人倫之義、禮教之始,應該就是始於男女婚配之儀軌。故《易經》下經以〈咸〉〈恆〉二卦居首,〈咸〉、〈恆〉講的就是夫婦之道,也就是「人事」的首要之事。[26] 又〈詩序〉云:

> 〈關雎〉,后妃之德也,風之始也,所以風天下而正夫婦也。故用之鄉人焉,用之邦國焉。風,風也,教也,風以動之,教以化之。……是以〈關雎〉樂得淑女以配君子,憂在進賢,不淫其色,哀窈窕,思賢才,而無傷善之心焉。是〈關雎〉之義也。[27]

---

25 《禮記正義》,頁 15。

26 《易經》六十四卦,上經以天道明人事,下經以人事體天道;上經首〈乾〉、〈坤〉而終〈坎〉、〈離〉,〈乾〉、〈坤〉、〈坎〉、〈離〉均為自然的天地水火之象;下經則以〈咸〉、〈恆〉二卦為首而以〈既濟〉、〈未濟〉為終,〈咸〉、〈恆〉、〈既濟〉、〈未濟〉講的是人生重大之事。歷代《易》注家都往此一意義發揮。黃沛榮師:〈易經形式結構中所蘊涵之義理〉於此亦有周延的申論,《漢學研究》19 卷 1 期(2001 年 6 月),頁 1-22。

27 《毛詩正義》(臺北:藝文印書館「十三經注疏」本,1979 年),頁 12-19。

這段文字是〈關雎〉的序，其中所述〈關雎〉之義，所謂后妃之德，是起源於最單純的男子愛慕女子的心情，即所謂「窈窕淑女，君子好逑」、「求之不得，寤寐思服」，故引而申之，男女兩性的愛戀，最終必歸結於「樂得淑女，以配君子」，得到圓滿的舒解。我們要注意：用「樂得淑女，以配君子」的方法取代了「父子聚麀」，並不是滅欲，而是將欲引導到禮樂教化的路子上。（「樂得淑女」也是源出於「欲」；沒有形體上的媾合，君子淑女也無「婚配」可言。）在〈關雎〉之義，我們可以說「欲」得到了「理」的調和，「理」「欲」同體而顯現。婚配之義，恰好與前述「父子聚麀」云云，遙相對映。故從飲食生養之道，到男女兩性的結合，都離不開身體，也離不開「禮」。

生命創造的源始，始於兩性交合，需要有婚配之儀用以制約。試想兩個原本毫無相關的一男一女，忽然間變成無可取代的親密一體的關係，這當然是一件非常神聖的事。從古至今、自中至外、從宗教到民俗，都沒有例外地受到人類重視。有了婚配，沒有血緣關係的男女成了夫婦、進而孕育子女，父母與子女共同組合而建立家庭關係，自此即難以分割；血緣的關係，也從此產生。這也是天地間極偉大之事，故父母子女之關係，可匹配天地之誼。《禮記・表記》說：

> 今父之親子也，親賢而下無能。母之親子也，賢則親之，無能則憐之。母親而不尊，父尊而不親。水之於民也，親而不尊，火尊而不親。土之於民也，親而不尊，天尊而不親。命之於民也，親而不尊，鬼尊而不親。[28]

---

[28] 《禮記正義》，頁195。

〈表記〉以論述父、母、子三者之親、尊、憐、下等，分析至微；但其複雜的關係，又可以推擴至火、水、民以至命、鬼、民之關係。換言之，三人居室的親尊之異，其實即是普遍意義的人類與自然關係的縮影。根據章太炎的觀察，這段文字正是子思的作品。太炎說：

> 五常之義舊矣，雖子思始倡之亦無損，荀卿何譏焉？尋子思作〈中庸〉，其發端曰「天命之謂性」，注「木神則仁，金神則義，火神則禮，水神則智，土神則信」，《孝經》說略同此。是子思之遺說也。沈約曰：「〈表記〉取子思子。」今尋〈表記〉云：「今父之親子也，……鬼尊而不親。」此以水火土比父母於子，猶董生以五行比臣事君父。古者〈鴻範〉「九疇」，舉五行，傳人事，義未彰著。子思始善傅會，旁有燕、齊怪迂之士，侈搪其說，以為神奇。燿世誣人，自子思始。宜哉荀卿以為譏也。[29]

其實以自然事物之關係比附家人的關係，也許並不是始於子思，《易經》中如〈咸〉、〈恆〉、〈家人〉等卦早已有此思想，不過沒有「今父之親子也」這段文字那麼直接而已。所以思孟一派思想，尚有著眼於家庭關係與自然關係的內容，有待研究者進一步探索。無論如何，從「禮」源出於婚配、家庭的背景考察，血緣關係應該是儒家全套倫理思想的核心。

---

29 〈子思孟軻五行說〉，《太炎文錄》，收入《章太炎全集》(上海：上海人民出版社，1982-1994 年)，第 4 冊，頁 19。

五、「禮」的「群」義及其諸問題

上文講述「禮」的源起，始於飲食、婚配、生育而藉由血緣關係建立家庭；再向外延伸，即是國家政治。也就是由私領域進而至於公領域。故《郭店楚簡·六德》第33-38簡云：

> 男女別生言，父子親生言，君臣義生言。父聖子仁，夫智婦信，君義臣忠。聖生仁，智率信，義使忠。故夫夫、婦婦、父父、子子、君君、臣臣，此六者各行其職，而讒諂蔑由作也。君子言信言爾，言誠言爾，設外內皆得也。其反，夫不夫，婦不婦，父不父，子不子，君不君，臣不臣，昏所由作也。[30]

這段文字由男女之別講起，進而論父子之親，再進而論君臣之義。「夫婦→父子→君臣」層層遞進，正符合上文所講述之人倫由男女結合婚配起始，進而有家人之諸誼，再擴而言之，由私領域擴至公領域，則躍進君臣之義的問題了。第39-43簡又說：

> 男女不別，父子不親；父子不親，君臣無義。是故先王之教民也，始於孝弟。君子於此一體者無所廢。是故先王之教民也，不使此民也憂其身，失其體。孝，本也；下修其本，可以斷讒。生民斯必有夫婦、父子、君臣。君子明乎此六者，然後可以斷讒。[31]

---

[30] 參劉釗：《郭店楚簡校釋》（福州：福建人民出版社，2003年），頁109。此段排序採李零說。詳李零：《郭店楚簡校讀記》（北京：北京大學出版社，2002年），頁132。

[31] 同前註。

首四句將上述這種「夫婦→父子→君臣」具有的邏輯因果關係講得更清楚了：君臣是否有義，端視父子之親情是否得到彰顯；而父子之親不親，又要先看夫婦的關係是否明朗適切。這完全符合儒家思想由一己推擴而及於天下的思想，而且這不是理想，而是實務！（今人有非婚生子女，或未婚而懷胎，多至於家人爭訟，或骨肉相殘，終至於社會紊亂，少年失怙失恃者多、遭受家暴者眾。人與人疏離，皆源出於男女之別未予端正之故。）人倫之始，夫婦（男女）之別彰明了，家庭就能得其正；家庭有了禮的準則，父子自然親情融洽。將父子關係發出的「親」推而擴之，就變成君臣之間的「義」。簡文所講「君子於此『一體』者無所廢」和下文的「憂其身，失其體」所突顯的「身」、「體」之義，同時也包含抽象意義的「一體」（即所謂內外一體、家國一體）。總之，始終圍繞「血緣」為中心之義，以有血有肉的「身體」為基礎：沒有血緣關係的一男一女婚配之後，產生了具血緣關係的父子之親；私領域之誼推擴到公領域，於是又有了君臣一體之義。正如《周易·序卦傳》說：

> 有天地，然後有萬物；有萬物，然後有男女；有男女，然後有夫婦；有夫婦，然後有父子，然後有君臣；有君臣，然後有上下；有上下，然後禮義有所錯。

「天地→萬物→男女→夫婦→父子→君臣→上下」的關係，釐然清晰。《郭店楚簡·語叢三》稱：

父無惡，君猶父也，其弗惡也，猶三軍之旌也正也。[32]

作者將父子之親推擴至君臣之義，將君臣關係比附於父子關係，意思非常明朗。當然君臣和父子是不一樣的，〈語叢三〉的作者也有界定：

> 所以異於父，君臣不相戴也，則可已，不悅，可去也；不義而加諸己，弗受也。父孝子愛，非有為也。友，君臣之道也；長弟，孝之方也。[33]

父子之間是血緣的關係，沒法選擇；君臣之間則不同，彼此互不相戴，所以一旦君臣之間有所不悅（例如《郭店楚簡·魯穆公問子思》「恆稱其君之惡」），臣自可以拂袖而去。《易經》〈蠱〉卦☶上九爻辭不就說「不事王侯，高尚其事」？所以父孝子愛是一種自然的情感，不是人為的；君臣之道則在於公領域，是一種近似朋友的關係，本質上並不存在「長弟」（弟應讀為悌）一類的自然情感。自「父子」而「君臣」，關係模式產生了變化、推擴和引申。〈語叢三〉第40簡又說：

> 愛親則其施愛人。[34]

雖然君臣不同於父子，但懂得「愛親」，自能「施愛」於他人，二者也有推擴的關係，不可分割。這是儒家非常看重的要義。《論語·為政》記載：

---

[32] 李零提議取篇首三字，將此篇題為「父無惡」。見《郭店楚簡校讀記》，頁147。

[33] 同前註。

[34] 同前註，頁148。

> 或謂孔子曰:「子奚不為政?」子曰:「《書》云:『孝
> 乎惟孝,友于兄弟,施於有政。』是亦為政,奚其為
> 為政?」[35]

孔子認為「孝」、「友」之貫徹,「是亦為政」,這個道理不就正
如《郭店楚簡》所記,「孝」是父子之道,「友」則是君臣之道?
故〈六德〉第 30-31 簡稱:

> 人有六德,三親不斷,門內之治恩掩義,門外之治義斷
> 恩。[36]

「三親」是哪三親,引起了學術界熱烈的討論,[37]但無論「三
親」是「父黨、母黨、妻黨」抑或「父子、昆弟、宗族」,由
一身所具「聖智仁義忠信」的「六德」向外聯繫到三種親屬關
係,都包含了夫婦關係和父子關係;又有「門內之治」和「門
外之治」之分,也說明了先秦儒家學者非常重視德性修養與親
族關係之間的聯繫性,從個人到群體,不能單看道德觀念的超
越性與內在性問題。《禮記‧禮運》也這麼說:

> 何謂人情?喜怒哀懼愛惡欲,七者不學而能。何謂人

---

35 《論語注疏》,頁 19。

36 《郭店楚簡校讀記》,頁 131。

37 關於「三親」之義,學術界有「父子、昆弟、宗族」、「夫婦、父子、君臣」、
「父黨、母黨、妻黨」等幾種說法。相關研究參見徐少華:〈郭店楚簡〈六
德〉篇及相關問題分析〉,武漢大學中國文化研究院編:《郭店楚簡國際學
術研討會論文集》(武漢:湖北人民出版社,2000 年),頁 52。魏啟鵬:〈釋
〈六德〉「為父絕君」〉,《中國哲學史》2001 年 2 期,頁 103-106。彭林:
〈再論郭店楚簡〈六德〉「為父絕君」及相關問題〉,《中國哲學史》2001
年 2 期,頁 97-102。

> 義？父慈、子孝、兄良、弟弟、夫義、婦聽、長惠、幼
> 順、君仁、臣忠，十者謂之人義。講信脩睦，謂之人利；
> 爭奪相殺，謂之人患。故聖人之所以治人七情，脩十義，
> 講信脩睦，尚辭讓，去爭奪。舍禮何以治之？[38]

後世儒者喜談四端七情、已發未發，視之為重要無比的論題，其實「七情」以下，尚有「脩十義」的諸種問題。父子、兄弟、夫婦、長幼、君臣共十個「名」，都是兩兩相對，成為一種微妙的對待關係，還有相互間的錯綜關係：一個人可以同時具有多重的角色，對己父而言為子，對己子而言為父，對妻室而言為夫，對君而言為臣……，這諸多繁複之關係，都是源出於單純的男女兩情相悅而結合，遂至孕育為家庭、緜延為宗族、擴充成國家。故「禮」除了「治七情」以外，還須「脩十義」，因為人類的社群實在太複雜了。〈禮運〉又說：

> 飲食男女，人之大欲存焉；死亡貧苦，人之大惡存焉。
> 故欲、惡者，心之大端也。人藏其心，不可測度也。美
> 惡皆在其心，不見其色也。欲一以窮之，舍禮何以哉？[39]

「欲」之大者無過於飲食與性欲，「惡」之大者無過於死亡與貧苦。人心是受到這些伴隨著形神生命而來的感覺緊緊羈困，度過終身。怎麼樣去調節這些情感，讓人群能各得其所，在大欲上得到滿足，在大惡上得到緩解，這是聖人依循「禮」的準則治國治民的重要原因。故「禮」表現在人生、家庭、社會、

---

[38] 《禮記正義》，頁431。
[39] 同前註。

國家各個方面，處處不離身體之需求，處處不離人群的管理。戴東原處處講「治人治民」、「民之饑寒愁怨」云云，都是著眼於一個「群」字。「群」的興起最初不離一個「欲」字，但濫觴流為江河，事始簡而終大，調節得宜，最後則形成了國家社會的「大群」。「禮」言「別」，反之則為「兼」，故反儒家的思想家如墨子提出「兼愛」的「兼」字，要推倒儒家「禮儀」最重視的「別」字，亦是針對儒家從血緣、親族的關係來界定人的親疏利害，以「兼相愛、交相利」的新觀念提出另一種「群」的準則。[40]而終被孟子譏為「二本」；所謂「二本」，即違反人人之獲得生命，均承繼自父母之一源，亦即吾人所謂「血緣」之意。[41]由血緣而有父母親，以父母為中心再旁及其他鄉黨，不就是「禮」之別義嗎？試舉《禮記・喪服小記》說明了親族親疏關係在喪服上如何細膩地體現「別」的精神：

> 親親以三為五，以五為九。上殺、下殺、旁殺而親畢矣。

鄭《注》：

---

[40] 但墨家「兼愛」之說，始終違反人情。《孟子・滕文公上》記載墨者夷之見孟子，提出「愛無差等，施由親始」，含有妥協的意味。「愛無差等」，意即兼愛；「施由親始」，即是儒家以孝友之親擴為君臣朋友之誼之論。但夷之這兩句話其實無法相容，源於理念截然相異，故為孟子所譏。

[41] 《孟子・滕文公上》：「且天之生物也，使之一本，而夷子二本故也。」孟子指出「一本」是所有生物獲得生命的模式；倘主張「兼愛」，不惟違反人情，亦違反生命的本質。朱子解釋說：「且人物之生，必各本於父母而無二，乃自然之理。若天使之然也。故其愛由此立，而推以及人，自有差等。」（朱熹：《四書章句集注》〔臺北：大安出版社，1994 年〕，頁 366。）人為萬物之靈，在生物界之中，尤其知孝知弟，故孟子稱：「不得乎親，不足以為人。」「無父無君，是禽獸也。」

已上親父，下親子，三也；以父親祖，以子親孫，五也；以祖親高祖，以孫親玄孫，九也。殺，謂親益疏者，服之則輕。[42]

一家之中，推至宗族，遠近長幼，都是親疏之別。「喪服」是這種親疏之別的反映。所以我認為《論語》記載孔子評論三代禮制損益之後說，「其或有繼周者，雖百世可知也」，並不是說孔子能預知周禮能否綿延千百載，而是孔子看到了「禮」背後的那一套以「血緣」為基礎、以家庭衍化為大社群的原理，不論禮制如何改變，這個基礎都會始終不變。驗之以今日，「血緣關係」歷經多少世代滄海橫流之後，仍然成為世間人類活動模式的基準。孔子的智慧，的確是常人所不及的。

六、先秦時期以「人」為中心的宇宙觀

我在上文從「飲食」講到「婚配」，從「禮」的源起說明了「欲」這個概念，從血緣關係的延伸說明父子、君臣關係的建立，說明了「群」這個概念。儒家的人間秩序，都是以「身體」為中心，以「社群」為基礎，而離不開「欲」「群」二字。

在身體方面，我的主要持論認為先秦經典中早已有一套以人的身體為主的宇宙一體的觀念，也有一套理欲合一、形神合一的思想。拙著〈《易經》身體語言義理的開展——兼論《易》為士大夫之學〉一文認為《易經》暢論諸如「謙謙君子」（〈謙〉

---

[42] 《禮記正義》，頁591。

卦)、「觀我性」(〈觀〉卦)、「恆其德」(「恆」卦)等德性觀念,
不但含有濃厚的尚德思想,與儒家思想同調,而且《易經》以
「卦」的初爻喻足部,以上爻喻頭部,即利用「卦」來作為「身
體」的譬喻,展現出一種以人身為中心的宇宙觀。卦爻辭字義
也具有靈活多變的演繹模式,顯示作者認為語言文字,與宇宙
的規律與真理之間,有一種神祕的契合關係。將這幾個條件放
在一起考察,「身體→語言→德性之義理」層層開展的架構便
非常明顯。故古代聖賢認為「語言文字」並不只是溝通工具(如
孔子正名、慎言的思想),而是自然的抽象之理透過人的身體,
發而為有形、有聲而含義的具象之理。這些文字符號和人類的
行為應該是一致的,小則足以治身,大則足以治民安國,具有
無窮的力量。故《春秋》一字之褒一字之貶,足以讓亂臣賊子
懼。但回歸到最根本,語言文字是由身體發出,身體與宇宙的
真理之間又具有一種特殊的密切關係,因此語言實質上就是身
體與義理的媒介,讓源出於天地的肉體生命在踐行義理以外,
尚得以利用語言,產生政治教化的作用。[43]持此觀點,即足以
理解先秦儒典繁複的語言策略。其實不單語言,先秦儒家學者
多著眼於形神生命的融和、身體的神聖性、義理的內在性等,
將生命視為一個整體。故儒家最重視的道德價值,無不與身
體、血緣、群體等觀念合為一體。例如《禮記》論「樂」,對

---

43 《尚書》所記典、謨、誓、訓、誥之屬,成王拜手稽首向周公求取誨言,
 (《尚書・雒誥》記周公定宅之後,成王「拜手稽首誨言」,《偽孔傳》:「成
 王盡禮致敬於周公,來教誨之言。」《尚書正義》〔臺北:藝文印書館「十
 三經注疏」本,1979 年〕,頁 225-226。)即係運用語言以達於教化的歷
 史證明。

於情感的處理和陶冶，「已發」或「未發」並非重點，主要是以「禮樂」的「樂」切入，頤養人之情性。故《禮記·樂記》說：

> 凡音之起，由人心生也。人心之動，物使之然也。感於物而動，故形於聲。聲相應，故生變；變成方，謂之音。比音而樂之，及干戚羽旄，謂之樂。樂者，音之所由生也，其本在人心之感於物也。是故其哀心感者，其聲噍以殺；其樂心感者，其聲嘽以緩；其喜心感者，其聲發以散；其怒心感者，其聲粗以厲；其敬心感者，其聲直以廉；其愛心感者，其聲和以柔。六者，非性也，感於物而後動。是故先王慎其所以感之者，故禮以道其志，樂以和其聲，政以一其行，刑以防其姦。禮樂刑政，其極一也，所以同民心而出治道也。[44]

每個人的體魄強弱不同、性格則有樂觀悲觀之殊、情志則有哀喜怒敬之別，但總是會感於外物而動心，進而用「聲」來表達，聲變而成音，比音而成樂。「出治道」和「同民心」是一回事。人民的心志各不相同，所以禮、樂之始，雖為在異中求同，但所謂「同」，應屬人類情感行為的同條共貫，似難謂其先預設一具宗教意涵的天理或善性在其中。「禮樂」是用以制約人類行為、導化其情感的準則，而行為、情感、聲音，在先儒的理解中，均為於人類身體全體表現的一環。

---

[44] 《禮記正義》，頁 662-663。

七、戴東原論「欲」

本節的內容主要先申論東原「欲」觀念的主旨，在於強調「形、神」、「理、欲」、「血氣、心知」，均為「分殊」之中有「一體」。

關於第一點，一般研究者都頗了解東原對「欲」的重視，此不必申辯；我要說明的是東原所強調血氣心知的一體性，故其論「欲」，亦在一個心性與外物、理與欲、形與神、血氣與心知，相互間合為一體的脈絡上申論。首先，東原論「性」與「欲」同為一物，同出於天，而具有普遍性。他說：

> 蓋方其靜也，未感於物，其血氣心知，湛然無有失。（原
> 注：揚雄《方言》曰：「湛，安也。」郭璞《注》云：「湛
> 然，安貌。」）故曰「天之性」；及其感而動，則欲出於
> 性。一人之欲，天下人之所同欲也，故曰性之欲。[45]

「一人之欲」講的是個體，「天下人之所同欲」講的是群體。既云「天下人之所同欲」，那就沒有「私」在其中，後人又豈能說這種「欲」不是天理？此段文字中之「群」義已極為明顯。東原始終認為「血氣心知」的活動是一個整體，不能分割：

> 口能辨味，耳能辨聲，目能辨色，心能辨夫理義。味與
> 聲色，在物不在我，接於我之血氣，能辨之而悅之；其
> 悅者，必其尤美者也；理義在事情之條分縷析，接於我
> 之心知，能辨之而悅之；其悅者，必其至是者也。[46]

---

[45] 《孟子字義疏證》，收入《戴震全書》第6冊，頁152。
[46] 同前註，頁156。

又說：

> 夫資於飲食，能為身之營衛血氣者，所資以養者之氣，
> 與其身本受之氣，原於天地非二也。故所資雖在外，能
> 化為血氣以益其內，未有內無本受之氣，與外相得而徒
> 資焉者也。問學之於德性亦然。有己之德性，而問學以
> 通乎古賢聖之德性，是資於古賢聖所言德性埤益己之德
> 性也。[47]

人身與食物為分殊之二體，人得以藉由進食而使身體獲得各種
營養；心知之德性與問學之理義亦為分殊之二體，而人得以藉
由問學而使心知德性日進無疆。此二者雖有有形無形之分，實
則都發生在一個軀體之內：

> 如血氣資飲食以養，其化也，即為我之血氣，非復所飲
> 食之物矣；心知之資於問學，其自得之也亦然。以血氣
> 言，昔者弱而今者強，是血氣之得其養也；以心知言，
> 昔者狹小而今也廣大，昔者闇昧而今也明察，是心知之
> 得其養也，故曰「雖愚必明」。人之血氣心知，其天定
> 者往往不齊，得養不得養，遂至於大異。[48]

飲食與血氣的結合、心知與學問的相融，都是發生在我們的身
體之內。由「一體」思想，東原批評了老莊釋氏「分理氣為二
本」，[49]而非常推重張橫渠的一體思想：

---

47 同前註，頁188。

48 同前註，頁159。

49 東原說：「程子、朱子尊理而以為天與我，猶荀子尊禮義以為聖人與我也。
謂理為形氣所污壞，是聖人而下形氣皆大不美，即荀子性惡之說也；而其

> 獨張子之說,可以分別錄之,如言「由氣化,有道之名」,
> 言「化,天道」,言「推行有漸為化,合一不測為神」,
> 此數語者,聖人復起,無以易也。[50]

血氣心知在一個人的身上為「一體」;但人人各自發展,則成
為萬殊。雖為萬殊,亦不改變其理義與心氣相貫通、相融攝的
事實:

> 凡人行一事,有當於理義,其心氣必暢然自得;悖於理
> 義,心氣必沮喪自失,以此見心之於理義,一同乎血氣
> 之於嗜欲,皆性使然耳。[51]

然則理義之得與不得,亦將反映在心氣的暢然或沮喪。「欲」
有失則「私」,「知」有失則「蔽」。東原說:

> 天下古今之人,其大患,私與蔽二端而已。私生於欲之
> 失,蔽生於知之失;欲生於血氣,知生於心。因私而咎
> 欲,因欲而咎血氣,因蔽而咎知,因知而咎〔心〕。[52]

「欲」本身是善的,但如果只顧自己的「欲」不顧天下人之
「欲」,那就是只見一己之體而輕忽了其他千千萬萬人分殊之
體,那就必陷於「私」;「知」本身是善的,但如果只顧自己的

所謂理,別為湊泊附著之一物,猶老、莊、釋氏所謂『真宰』、『真空』之
湊泊附著於形體也。理既完全自足,難於言學以明理,故不得不分理氣為
二本而咎形氣。蓋其說雜糅傅合而成,令學者眩惑其中,雖六經、孔、孟
之言具在,咸習非勝是,不復求通。嗚呼,吾何敢默而息乎!」同前註,
頁 167-168。

[50] 同前註,頁 170。

[51] 同前註,頁 158。

[52] 同前註,頁 160。

「知」而不去理解其他生命與自身分殊之理，那這個「知」就變成「蔽」。所以「私」、「蔽」問題之根本，都出於人與人之間缺乏尊重，也就不去同情跟自己不一樣的人與物，既有著不一樣的生之苦衷，也享有著相同、平等的權利。這就是「欲」概念中的「群」問題。所以東原批評老莊、荀子、程朱，無不運用此種「分殊之一體」的觀念切入。例如他批評老莊將「心知之自然」和「血氣之自然」區分起來，說：

> 老、莊、釋氏見常人任其血氣之自然之不可，而靜以養其心知之自然；於心知之自然謂之性，血氣之自然謂之欲，說雖巧變，要不過分血氣心知為二本。[53]

東原對老莊釋氏的批評未必中肯，但可以確定者，是他認為老莊釋氏將「血氣」和「心知」拆成兩橛，分別處理。他對荀子則稱許其「合血氣心知為一本」，但對於荀子不承認禮義之性即植根於血氣心知之中，頗致不滿：

> 荀子見常人之心知，而以禮義為聖心；見常人任其血氣心知之自然之不可，而進以禮義之必然；於血氣心知之自然謂之性，於禮義之必然謂之教；合血氣心知為一本矣，而不得禮義之本。[54]

此可見東原認為「禮義」與「血氣心知」為一本。他批評程朱區分「義理之性」和「氣質之性」、區分「性」（得諸天理之善性）和「人」。東原認為：豈能將「性」（得諸天理之善性）從

---

[53] 同前註，頁 171。

[54] 同前註，頁 171-172。

「人」（人欲之「人」）之中區隔出來，認為「人」僅有血氣心知而無理義？東原說：

> 程子、朱子見常人任其血氣心知之自然之不可，而進以理之必然；於血氣心知之自然謂之氣質，於理之必然謂之性，亦合血氣心知為一本矣，而更增一本。分血氣心知為二本者，程子斥之曰：「異端本心」，而其增一本也，則曰「吾儒本天」。如其說，是心之為心，人也，非天也；性之為性，天也，非人也。以天別於人，實以性為別於人也。人之為人，性之為性，判若彼此，自程子、朱子始。[55]

東原將孟子指責墨者夷之的「一本」之說，轉而用在說明性與欲、天與人、血氣心知與飲食禮義的一體性，故處處強調，而其終極主張，仍是「一本」：

> 天下惟一本，無所外。有血氣，則有心知；有心知，則學以進於神明，一本然也；有血氣心知，則發乎血氣之知自然者，明之盡，使無幾微之失，斯無往非仁義，一本然也。苟岐而二之，未有不外其一者。[56]

東原並不是在理欲二概念之間，抑理揚欲，而是認為理氣合一，心知血氣與飲食理義合一。因此，指東原為情欲主義或反禁欲主義，是不恰當的。

---

55 同前註，頁172。
56 同前註。

八、戴東原論「群」

本節的內容主要申論東原「群」觀念的主旨，在於強調萬物雖同本於宇宙一氣的氣化流行，但自始至終均有千差萬別，故「一體」之中有「分殊」。[57]

上文論東原的「欲」觀念，指出東原將「血氣心知」視為一體，血氣需要飲食之滋養，心知則有待於知識之開拓；「血氣心知」又為氣化流行所得，而「人」之與「天」，本即同屬「一體」。在「一體」思想的映照下，東原的「私」「蔽」之論，絕不能被誤解為將「知識」視為外在於身體之物。因為宇宙本來就是一體，故相對於「心知」的「理義」亦無有「內」「外」之別。事實上，人類之所以受「私」「蔽」陷溺，是由於忽略天地萬物為「一體中有分殊」的事實。職是之故，「私」、「蔽」並不是知識論（epistemology）的問題；這兩個概念必須從「群」這個概念背後的宇宙論（cosmology）切入理解。也就是說：宇宙萬物先天具有「分殊性」（diversities），人種、物種均為多元，是為「群」的特性；不能了解「群」的特性，用單一價值觀念來評斷一切萬物，是謂「私」、是謂「蔽」。故東原說：

---

[57] 2004 年 9 月 16-17 日我在關西大學舉辦的「國際シンポジウム東アジア世界と儒教」上發表了〈論戴東原的社群意識〉一文，提出了關於東原「群」觀念的三個論點。該文已譯為日文版〈戴震の共同体意識について〉，收入吾妻重二主編：《東アジア世界と儒教》（東京：東方書店，2005 年），頁 113-150。該文主要包括三個論點：其一、考察清初儒者論「善」與「惡」非根源於理、氣，而是根源於「社群」。其二、東原論「以情絜情」、「心之所同然」，並非講少數之幾個人，而是講的千百年跨越時代的所有人類。所以他歸納出「禮制」才是眾人「心之所同然」。其三、東原的考覈經典，都著重發揮其中所記社會教化、群體生活的情狀。

> 舉陰陽則賅五行，陰陽各具五行也；舉五行即賅陰陽，
> 五行各有陰陽也。《大戴禮記》曰：「分於道謂之命，形
> 於一謂之性。」言分於陰陽五行以有人物，而人物各限
> 於所分以成其性。陰陽五行，道之實體也；血氣心知，
> 性之實體也。有實體，故可分；惟分也，故不齊。古人
> 言性惟本於天道如是。[58]

陰陽具五行，五行賅陰陽，則「陰陽」與「五行」互攝；[59]「血
氣心知」就是人類所得自陰陽五行的氣化流行，故「性之實體」
就是從「道之實體」而來。東原又說：

> 在氣化曰陰陽，曰五行，而陰陽五行之成化也，雜糅萬
> 變，是以及其流形，不特品物不同，雖一類之中又復不
> 同。凡分形氣於父母，即為分於陰陽五行，人物以資滋
> 生，皆氣化之自然。……一言乎分，則其限之於始，有
> 偏全、厚薄、清濁、昏明之不齊，各隨所分而形於一，
> 各成其性也。……天道，陰陽五行而已矣；人物之性，
> 咸分於道，成其各殊者而已矣。[60]

此「分殊」之義，我在其他論文中已有申論，在此不再贅辭。
我主要指出東原的「群」觀念，不論是人類之群、動物之群、

58　《孟子字義疏證》，頁 175。

59　楊儒賓教授近年發表關於「東亞氣論」的研究，曾提出「間主體性」
　　（inter-subjectivity）來形容戴東原的思想。（參楊儒賓：〈兩種氣學，兩種
　　儒學〉，《臺灣東亞文明研究學刊》3 卷 2 期〔2006 年 12 月〕，頁 30。）
　　我無法確定現象學所講的「間主體性」能不能完全適切地符合東原的思
　　想。不過在戴東原幾乎全盤否認宗教式的超越性概念的情形下，我對於「間
　　主體性」的講法便有所保留。

60　《孟子字義疏證》，頁 179-180。

抑或植物之群，都是分殊中有一體，一體中復又分殊。任何屬於義理的觀念，都不能從「分殊而一體」之宇宙中抽離出來獨立討論。他又說：

> 人物之生生本乎是，由其分而有之不齊，是以成性各殊。知覺運動者，統乎生之全言之也，由其成性各殊，是以本之以生，見乎知覺運動也亦殊。[61]

又說：

> 自古及今，統人與百物之性以為言，氣類各殊是也。專言乎血氣之倫，不獨氣類各殊，而知覺亦殊。[62]

上述的這些殊別之處，都是天生的。所以在天下之「大群」裡，千百萬人彼此之間無不殊異。推而擴之，各地風土、人物、才質、體魄、性情均不相同。施政者不慎，可導致嚴重的後果：

> 人道本於性，而性原於天道。天地之氣化流行不已，生生不息。然而生於陸者，入水而死；生於水者，離水而死。生於南者，習於溫而不耐寒；生於北者，習於寒而不耐溫。此資之以為養者，彼受之以害生。「天地之大德曰生」，物之不以生而以殺者，豈天地之失德哉！故語「道」於天地，舉其實體實事而道自見。……人之心知有明闇，當其明則不失，當其闇則有差謬之失。[63]

生於陸者和生於水者、生於南者和生於北者，自有殊異之不

---

[61] 同前註，頁182。

[62] 同前註，頁190-191。

[63] 同前註，頁200。

齊；推擴而言，生於古者和生於今者、生於富者和生於貧者、
生而幸福者和生而孤獨廢疾者……人間更有無量數的不齊，實
有賴於治民者去「私」去「蔽」、去「闇」復「明」，才能照顧
到背景條件各不相同的人民。相反地，如果迂腐地只用「此心
同，此理同」的眼光觀察社群之分殊性，則終將模糊對待，而
致殘害人性與物性，將有似醫家不辨藥物氣類之殊而殺人；[64]倘
能知人物氣類的不齊，則當可以別其條理，使之井然有序，合
符「禮」的理想：

> 自人道遡之天道，自人之德性遡之天德，則氣化流行，
> 生生不息，仁也。由其生生，有自然之條理，觀於條理
> 之秩然有序，可以知禮矣；觀於條理之截然不可亂，可
> 以知義矣。在天為氣化之生生，在人為其生生之心，是
> 乃仁之為德也；在天為氣化推行之條理，在人為其心知
> 之通乎條理而不紊，是乃智之為德也。惟條理，是以生
> 生；條理苟失，則生生之道絕。[65]

惟有掌握到「分殊」的本質，才能知道「禮」以「別」為主的
精神，否則一切所謂「理」的講法，無論其人是否自認為能「得
理」，都終將歸於一人的私心。東原說：

> 今雖至愚之人，悖戾恣睢，其處斷一事，責詰一人，莫
> 不輒曰理者，自宋以來始相習成俗，則以理為「如有物

---

[64] 《孟子字義疏證》：「人物分於陰陽五行以成性，舍氣類，更無性之名。醫
家用藥，在精辨其氣類之殊。不別其性，則能殺人。使曰『此氣類之殊者
已不是性』，良醫信之乎？」同前註，頁190。

[65] 同前註，頁205-206。

焉，得於天而具於心」，因以心之意見當之也。於是負
其氣，挾其勢位，加以口給者，理伸；力弱氣慴，口不
能道辭者，理屈。嗚呼，其孰謂以此制事，以此制人之
非理哉！[66]

以己為「得理」，必以他人為「失理」，卻不管人人不同，各為
「分殊」，遂至於師心自用，嘴巴上不離一個「理」字，行為
上卻以所掌握的權力去打壓異己。學者不尊重「群」之分殊性，
必然忽略、誤解「欲」字；對「欲」字理解錯了，「理」這個
字也不可能講對。問題的關鍵，總是在於人們能否去私去蔽，
體認群體社會「分殊」的事實。這種假藉「理」之名行「權勢」
之實的案例，社會上無處不在。但東原始終站立在士大夫治民
經世的制高點上，以統治者為糾彈對象，呼籲他們注意群體之
「欲」：

夫堯舜之憂四海困窮，文王之視民如傷，何一非為民謀
其人欲之事！惟順而導之，使歸於善。今既截然分理欲
為二，治己以不出於欲為理，治人亦必以不出於欲為
理，舉凡民之飢寒愁怨、飲食男女、常情隱曲之感，咸
視為人欲之甚輕者矣。輕其所輕，乃「吾重天理也，公
義也」，言雖美，而用之治人，則禍其人。[67]

「治己以不出於欲為理，治人亦必以不出於欲為理」二語，借
用太炎的講法：士大夫一旦以「行己欲陵」為自治標準，就絕

---

[66] 同前註，頁 154。
[67] 同前註，頁 216-217。

不可能以「長民欲恕」以治人。士大夫應該強調以推己及人的精神、體會普羅大眾生存的需求，而給予適當的照顧。東原觀念中的聖學，是要特別重視「群」的觀念，主張在「天下之情」、「天下之欲」的天下大群的基礎之上講「欲」，而非在哲學理念上爭所謂公私義利之辨。這是「群」概念中的「欲」的問題。分殊之思想，擴而充之，人人有一職分，人人守其本分，即可致治：

> 孟子言「夫道若大路然，豈難知哉」，謂人人由之，如為君而行君之事，為臣而行臣之事，為父為子而行父之事、行子之事，皆所謂道也。君不止於仁則君道失，臣不止於敬則臣道失，父不止於慈則父道失，子不止於孝則子道失。[68]

各依條分縷析之理而行其道，則可以致治。《中庸補注》這段話可以作為總結：

> 道之大目，下文君臣、父子、夫婦、昆弟、朋友之交是也。隨其身之為君、為臣、為父、為子，以及朋友。徵之踐行，身之修不修乃見。「修身以道」，言以道實責諸身也。道之責諸身，往往易致差謬，必盡乎仁、盡乎義、盡乎禮，然後於道無憾。「修道以仁」者，略辭，兼義禮乃全乎仁。分言之，由仁而親親，由義而尊賢，由禮而生殺與等。仁至，則親親之道得；義至，則尊賢之道得；禮至，則有殺有等而靡不得。親親、尊賢及其等殺，

---

68 同前註，頁 204。

即道中之事。仁、義、禮難空言，故舉以見其略。人於
人，情相同，恩相洽，故曰「仁者人也」。事得其宜，
則無失，故曰「義者宜也」。禮，則各止其分位是也。[69]

將上段引文以及東原其他的著作等量齊觀，我從不認為東原提
倡「禮」是受荀子的影響，也不認為他是要故意尊孟抑荀。比
較可確定的是，東原走了一條「以經解經」的路，遍覓儒書的
各種義理來闡釋《孟子》，這當然是因為他深信各種儒家經典
彼此之間毫無矛盾。當然，東原思想與荀子思想暗合之處，我
們也不必迴避。但他思想中的「社群意識」（consciousness of
community），顯然由於他希望汲取及回應整個先秦儒家原始的
理想，包括禮的興起所存在的飲食男女的問題，以及由血緣衍
生為家庭、宗族、國家的社群問題。有些儒家學者持特殊的價
值系統觀照，對於東原遂有承認或不承認「超越性」之評價問
題，在東原的立場而言，或不足一哂。因為古今儒家思想價值
系統多元，上溯其源起則不出飲食與男女，論其發展則植基於
人類血緣，終而衍生為家庭、為宗族、為國家、為民族，而形
成一個大的社群。再論當今之世，儒學衰微矣！又何須再以
批判作古已久之先哲？今天宗族制度不復存在，複製生命的技
術也日新月異。我們討論古人思想，恐怕也只能稍稍發明古代
哲人憂時傷世情懷於萬一，悼念前賢，以啟來者。無論後人認
為東原「通天下之情，遂天下之欲」的思想為是為非、宗孟抑
或宗荀，對於社群的發展，儒家思想的存續，又將會有何影響
呢？

---

[69] 《戴震全書》，第 2 冊，頁 69-70。

九、結論

本文從戴東原「群」「欲」概念上溯至先秦思想，探討儒家禮義興起的背景，本來即不出「飲食」與「男女」；但因飲食之道可以引喻個人與眾人生命的安穩與否，男女婚配則可匹配天地五行之義，故所謂飲食男女，實又不僅僅止於飽食與性欲。尤其儒家以血緣為基礎，以兩性生命之結合為開端，一一開展夫婦、父子、兄弟、朋友、君臣等各種社群關係的價值，究其實則俱不離形體生命的繁衍；而價值觀念的形成，也都不離形神合一、血氣心知合一、欲性合一的身體。自「欲」至「群」，人類社會始簡終大、始寡終眾，君臣父子之名、仁義禮智之目，種種倫理價值觀念均由此而生。當然，東原回應先秦儒家價值觀念，其「群」、「欲」之論，必不可能完全符合先秦儒典舊義。從本文引述之儒家文獻看來，先秦儒者重視的是飲食男女之身體活動的道德價值提升與開展，而東原則特別勾勒出一個分殊與一體並存的世界，注入儒家經典（尤其是《孟子》）之中，提揭其中「長民欲恕」的精神。

戴東原不但運用考據學發明了古代繁難的禮制度數，他在思想史上的貢獻，尤其透過「群」、「欲」的理念，將禮制之源提升至理論層次。在「欲」觀念上，東原主要認為性與欲本為一物，飲食通血氣、猶如心知通理義，人類、萬物和宇宙，是分殊而一體。在「群」觀念上，東原認為以血緣為一本則必有親疏之「別」，「別」亦即先王「禮」制之主要精神，是一體而分殊。故東原之思想，在分殊之中，有一體之妙；在一體之中，

有分殊之要。分殊一體彼此連貫，遂有「以情絜情」、「心之所同然」之論。他的「群」、「欲」觀念相互滲透，又同時回應先秦儒家思想的舊義；他的心性論、認識論及宇宙論也是互相融攝的。

　　程朱與東原在思想史上各有貢獻和地位，作為後世的研究者，我們毋須再抑揚是非於二者之間。但至少我們可以承認，東原提醒了後來研究儒學的學者：對於先秦儒家經典的義理，在宋明理學典範性的解釋以外，還有另一條康莊大道可以依循。

中國古典哲學觀念的思辨性徵

丁原植*

所謂「中國古典哲學」，是指發生於紀元前八、九世紀，而成形於春秋戰國之際，並完成在西漢初葉，一種屬於中國中原地域之人文徹底思索、導源與尋求重建可能方式的探討。這種探討是藉諸「思辨」來進行，並透過「觀念」來表述。「思辨」與「觀念」，一為探討的進行方式，一為探討的表達內容，在這段時期表現出極為特殊的精神創造層面，而與之前的既有人文建構有著迥然不同的面貌。這種我們一般稱之為「哲學性」的探討，到底具有何種性徵？「思辨」之為「思」與「辨」，是源自於何種人存與文化的內涵？「思辨」與「觀念」之間的衍生關係又是如何？「觀念」是如何透過「語詞」的運用而成為「觀念的語詞」？作為「哲學探索」載體的語詞，如何呈現其哲學意義與作用？……對這些事情的思考，我們先集中在一個較為具體的問題上，即：我們透過文字所面對的「中國古典哲學觀念」，它表現出如何的「思辨」性徵？

* 輔仁大學哲學系教授。

一、由「名」之形成為問題說起

任何表達哲學觀念的語詞，其基本的性質都必來自於名詞的對象性指涉。更簡略的說，這些語詞，都是名詞或名稱。[1]「名稱」屬於語言的體系，而藉諸於文字的有形符號得以具體呈現並記載下來。一般而言，「名稱」，特別是名詞，與語言或文字的表達領域是分不開的。甚至它的意含、功能與作用，也必須匹應，使之得以呈現語言的文化環境與制度。當「名稱」受制於這種現實條件之後，就產生兩個重大本質性的改變：它成為一種日用的工具，它因而也就失去了「名稱」之為「名」的原生意義。

或許，我們需要就「名稱」或名詞，來尋求其得以呈現的根源。

既然任何「名稱」的使用，都離不開它的現實文化環境，那麼涉及哲學觀念表達的「名」，就必須從當時的周文禮制來尋覓。我們對於「哲學」的理解，是將其指向人文徹底的思索與導源的面向，因此，「名」之成為問題之時，似乎也就是「哲學性」探討萌生的時期。對於這個局面的確切開始年代，就目前有限的資料，我們僅能揣測可能發生於西周、東周之際。但這些資料仍不足以全面解析此種問題全部內容的原委，事實上，這種牽涉人文世界本質性變化的思潮，必然需要經歷一段較長時期的發展與演變。在這樣的情況中，我們將注意力集中在春秋末期一件有關「法律」的重大事件上。

---

[1] 我們認為「名詞」是就文字的詞類性質來區分，它指涉一個對象性的事物或情狀，而「名稱」是指在語言中所設定的具有表達內涵的符號。

　　魯昭公六年（536B.C.），《左傳》記載：「鄭人鑄刑書」。子產為當時鄭國執政，他把刑事法令的條文鑄造在鼎上，向國人公佈，使人人能知規範而有所警惕。刑書公布之初，晉國執政叔向當即向他提出激烈的批評，警告他此舉的後果將是「民知爭端矣，將棄禮而徵於書，錐刀之末，將盡爭之。」[2]

　　鄭國是春秋時代中原商業最為發達的諸侯國之一，鄭國的統治者甚至早就與商人訂立盟約，「爾無我叛，我無強賈，毋或匄奪。爾有利市寶賄，我勿與知。」[3]因此，鄭國原本就較少受到周文禮制與周人重農思想的約束。鄭國雖在春秋初期為國勢最盛的諸侯，但在子產的時代，夾在晉、齊與楚諸強國之間，卻備受侵奪凌辱，國力頗為不堪。「鑄刑書」的這種改變，對鄭國而言，是一種變新的政治改革，有其時代的需求，這也是子產回覆叔向所稱「若吾子之言，僑不才，不能及子孫，吾以救世也」。

2　《左傳·昭公六年》：三月，鄭人鑄刑書。叔向使詒子產書，曰：「始吾有虞於子，今則已矣。昔先王議事以制，不為刑辟，懼民之有爭心也。猶不可禁禦，是故閑之以義，糾之以政，行之以禮，守之以信，奉之以仁；制為祿位，以勸其從；嚴斷刑罰，以威其淫。懼其未也，故誨之以忠，聳之以行，教之以務，使之以和，臨之以敬，蒞之以彊，斷之以剛；猶求聖哲之上、明察之官、忠信之長、慈惠之師，民於是乎可任使也，而不生禍亂。民知有辟，則不忌於上。並有爭心，以徵於書，而徼幸以成之，弗可為矣。……今吾子相鄭國，作封洫，立謗政，制參辟，鑄刑書，將以靖民，不亦難乎？《詩》曰：『儀式刑文王之德，日靖四方。』又曰：『儀刑文王，萬邦作孚。』如是，何辟之有？民知爭端矣，將棄禮而徵於書，錐刀之末，將盡爭之。……」復書曰：「若吾子之言，僑不才，不能及子孫，吾以救世也。既不承命，敢忘大惠！」

3　見《左傳·昭公十六年》。

　　但，「鑄刑書」與「名」有何關連？這裡面有一個相當隱微的轉折。

　　古典哲學中「名」的探討，原本稱為「形名之學」。「形」是後來衍生之字，「形」本寫作「刑」，最近出土當時的竹簡，即為如此。

　　在周文的禮制下，「刑」指刑罰，它是一種行政的處置，而不是立國法效的根基。叔向認為治罪應當「議事以制，不為刑辟」，這是說，對於獄事的處置，要由執政者考慮各種相關的情況，本於禮制的規範，加以裁斷其罪，而不是預先設置刑律的條文形式，以治其刑。這樣的考慮，是因為「禮」與「德」是更為根本的治民法則。叔向修書於子產時，藉諸〈大雅〉的詩句，兩次指出這個為政的根基，《詩》曰：「儀式刑文王之德，日靖四方」，又曰：「儀刑文王，萬邦作孚」。治民在於民心的歸順與信服，這是周文中禮樂教化的實施，而其作為德治的立國根基，就是以「文王之德」作為典範。以「德」為上下聯繫的渠道，它不是透過律令的文辭，而是心性德義的會通。因此，現實中的獄事，不是按律來治罪，而是以「制」。[4]在「制」中隱含著整個治民以德的人文規劃，而「刑辟」只不過是一種處置時的參照。但若「民知有辟」，將形式上的律令作為準則，「則不忌於上」，人民將拋棄對在上位者的敬畏，而專注於法律條文的規定。於是，他們對於立國的信念，就會產生極大的轉變，

---

[4] 孔子對於訟事，曾云：「聽訟，吾猶人也。必也使無訟乎！」（《論語‧顏淵》所謂「使無訟」，就是以禮樂的教化為之。

這也就是「並有爭心」。「爭心」是與「忠心」相逆的。「忠」在於依循而據守「德」的準則，而「爭」卻離逸於「德」的規範，就子產鑄刑書一事來說，便是「以徵於書，而徼幸以成之」。這整個事件背後，說明著一些現象：

以周文禮制的立國根基已經動搖，而鄭國原先因為受到此種規範較為薄弱，就出現與此宗旨相背離的改革。

鑄刑書，不只是單純公開頒布律令的條文，還將治國的準則訴諸於外在的形式規範，而這種以文詞所表現律令，就獨立於無形之德教外，而賦予了更大的作用。

於是，刑書條文的外在客觀化，使它脫離了原先所在的禮制基礎，不但成為一種新的為政形式，而且落入文詞的語言環境。刑書的內容，就可能出現僅從其文字含意來理解的紛爭。

「刑」以「名」來顯示，也就是對「刑」進行字義的解釋與利用，逐漸走向「刑名之學」的發展。而在鄭國更從原先即已萌芽的訴訟的代理制度，發展成為訟師的專門職業，[5]不但教人訴訟的知識與技巧，更針對公佈於眾之刑名間文辭的歧義，展開「刑名之辯」。其中代表人物為鄧析。

《漢書‧藝文志》將鄧析列為諸子類名家之首，似乎透露「名家」的起源，與刑法事物的訟辯有著重要的關連。劉向〈鄧析子敘錄〉云：「鄧析者，鄭人也，好刑名，操兩可之說，設無窮之辭。」今傳世有《鄧析子》一書，內容零碎雜亂，當為

---

5 參閱黨江舟：《中國訟師文化》（北京：北京大學出版社，2005 年），頁 25-29。

後人不斷抄綴編整而成，其中或有源自於鄧析思想而接續闡發
的名家資料，但卻不足以印證他本人原有的思想。可是從後人
對他的評述，我們發現所謂「兩可之說」與「無窮之辭」，正
可說明「名」的問題初起時所展現的特徵。

「兩可之說」是針對著「名」的不確定性，[6]而「無窮之
詞」則是提出「名」的多向設定性。

刑罰律令的公佈，也就是「刑名」的確立與公開，這是當
時施政的一項重大轉折。或也可說是對周文立國精神的重大轉
變。除鄭國之外，不久晉國的趙鞅也鑄刑鼎公佈了范宣子所著
的刑書。孔子當時也批評說：「民在鼎矣，何以尊貴？貴何業
之守？貴賤無序，何以為國？」[7]「民在鼎」就失去了「尊貴」
的周禮意識，一但「貴賤無序」，就不能「為國」。這是說，不
能以周文的禮制來治理國家。實際上，周禮所重的貴賤之序，
即周禮的「名分」，也是一種「名」，一種隱含著「德」的根基
的「名」。這是「名」之哲學問題另一方向的發展。人民關注
於鼎的「名」，與「名分」之「名」是不同的，它完全轉移到
「名」的新內涵指向上，並以此作出人文秩序的規定。這個新

---

6 《呂氏春秋·離謂》記載著兩件關於鄧析的軼事，可作為說明。「洧水甚
大，鄭之富人有溺者。人得其死者。富人請贖之，其人求金甚多，以告鄧
析。鄧析曰：『安之。人必莫之賣矣。』得死者患之，以告鄧析。鄧析又
答之曰：『安之。此必無所更買矣。』」兩「安之」，名雖同，但其實卻完
全相反。又，「鄭國多相縣以書者。子產令無縣書，鄧析致之。子產令無
致書，鄧析倚之。令無窮，則鄧析應之亦無窮矣。」「懸書（公開揭貼揭
露）」、「致書（用簡書遞送）」、「倚書（夾於包裹中送出）」，名雖不同，但
更替使用，同樣達到批評朝政的作用。

7 見《左傳·昭公二十九年》。

的內涵，是針對著現實的「刑事」，而不再是人心的道德陶冶。也就是說，刑名可獨立為法則，它就脫離了原先侷限在周禮規劃中的局面，打破「刑不上大夫」的專制情勢，而成為眾人行為的共同規範。這當然來自於國人自主意識的提昇，與社會階層的權力改變。刑名問題就因而回到政治現實層面的考慮。一但事物的現實性質成為「名」的設定基礎，則「名」的設定本身就成為一個有待確定的關鍵問題。

鄧析與子產間的爭鬥，似乎就說明著鄧析對「名」之問題本質的一種質疑。

假如「名」的設定在於現實事物的處置，則其設定的不確定性就具有多向設定的可能。《呂氏春秋・離謂》所記載鄧析對子產執政的批評，先用「相懸以書」，當子產下令禁止「懸書」，鄧析就轉而使用「致書」，子產再禁止「致書」，鄧析又教人改用「倚書」。「懸書」、「致書」、「倚書」，名稱各不相同，以令來禁止它們，只能單獨羅列其一。可是對於批評朝政的效用，使用不同的方式卻仍然可以達成。於是「令無窮，則鄧析應之亦無窮」。「令」與「應」都藉諸文詞以為之，這就說明「名」的設定具有無限轉化的可能。

鄧析不但教人訴訟，質疑鄭國的政令，同時也另制刑書以與子產相抗。《左傳・定公九年》（513B.C.）「鄭駟顓殺鄧析，而用其竹刑。」鄧析之被殺，可能就是因為他堅持「名」的不確定性，並加以利於政治上的鬥爭，因而嚴重威脅鄭國這種法令新制的權威。但「名」之成為後來思辨哲學的重要課題，卻

與它本質上的這種設定特性有著緊密的關連。

就目前所得知的資料，我們傾向於設想，「名」的問題首先是以「刑名之辨」而發生的。刑名之辨是一種政治事務的鬥爭，而其著眼處是法令的公開形式。此時所針對的「名」是律令的條文與用辭。若是從中國哲學「語言」的層面來考慮，這也可以說周文中以絕對性的「誥令」作為人文世界統御的中心，轉移到以可為公議的「文辭」爭論上。於是，「語言」的「文辭」形式也就因而超脫周文的限制，成為後續哲學探索之主體性思想表達的基礎。由「周王誥令」的唯一權威，到「思想各自論說」的自由發展，作為語言表現形式的「名」，該是經歷了本質性的轉變。

二、「名」與「刑」的基本性質

「刑名」的發生，原先與刑法的頒行有關，而「刑」字仍保留著這種事務性質的線索，同時「名」也就限定在條文的語辭上。但這件事情的發生不是單純的，也不是偶然的。它是蘊生於春秋時代初期，一種對周文本質思索與導源的重要突破點。從當時鑄刑書時引起極大的震驚，並遭到眾多知識份子批判一事，即可看出其影響的重大。但「刑名」的問題一經出現，它便走向更為廣大的探索層面。「刑」與「名」的意含也就更為深化而多樣。

我們先試從傳世較早的文獻來看，「名」到底如何被使用。

　　在《尚書》與《詩經》中,「名」的用法相當單純,一是作為「稱呼」來使用,一是指「美盛」之狀的形容。「名」字的這兩種意含,實際上正是「名」字使用的初誼。如:

> 于後,公乃為詩以貽王,名之曰「鴟鴞」(《尚書‧金縢》)

> 禹平水土,主名山川,稷降播種,農殖嘉穀。(《尚書‧呂刑》)

> 猗嗟名兮!美目清兮。(《詩‧齊風‧猗嗟》)

到了《左傳》與《國語》中,「名」字就具有了相當複雜的內容。除了上述的兩種用法之外,它涉及許多周文價值性表述的用法。

(一)「名」作為「命名」使用:

> 莊公寤生,驚姜氏,故名曰寤生。(《左傳‧隱公元年》)

「命名」是賦予某物或某人以名字。因此,「名」不但有「命」而且此「命」是透過「名(名稱)」來完成。「命」有「使……顯出」的作用,「名」就是所顯出者。在何種條件與情況下,「命名」得以進行,在周禮社會中是有著繁複的人文性考慮:

> 九月,丁卯,子同生。……公問名於申繻。對曰:「名有五:有信,有義,有象,有假,有類。以名生為信,以德命為義,以類命為象,取於物為假,取於父為類。不以國,不以官,不以山川,不以隱疾,不以畜牲,不以器幣。(《左傳‧桓公六年》)

同時,作為「命名」的「名」,又必須與人文的禮制規劃配合:

初，晉穆侯之夫人姜氏，以條之役生太子，命之曰仇。
其弟以千畝之戰生，命之曰成師。師服曰：「異哉，君
子之名子也！夫名以制義，義以出禮，禮以體政，政以
正民，是以政成而民聽。……」（《左傳‧桓公二年》）

（二）「名」作為「名字」使用：

子之能仕，父教之忠，古之制也。策名、委質，貳乃辟
也。今臣之子，名在重耳，有年數矣。（《左傳‧僖公二
十三年》）

枴，耗名也。土虛而民耗，不饑何為？（《左傳‧襄公
二十八年》）

「名字」是代表個人的名稱，也是人群交往中個人的專有指
涉。在周文的禮制次序中，「名字」的使用有其嚴格的規定：

夏，周宰渠伯糾來聘。父在，故名。（《左傳‧桓公四年》）

七年，春，穀伯、鄧侯來朝。名，賤之也。（《左傳‧桓
公七年》）

五年，秋，郳犁來來朝。名，未王命也。（《左傳‧莊公
五年》）

二十五年，春，陳女叔來聘，始結陳好也。嘉之，故不
名。（《左傳‧莊公二十五年》）

且列國有凶，稱孤，禮也。言懼而名禮（指稱孤，「名」
有自稱之義），其庶乎！（《左傳‧莊公十一年》）

（三）「名」指「官職的命名」：

> 秋，郯子來朝，公與之宴。昭子問焉，曰：「少皞氏鳥
> 名官，何故也？」郯子曰：「吾祖也，我知之。昔者黃
> 帝氏以雲紀，故為雲師而雲名；……故為火師而火
> 名；……故為水師而水名；……故為龍師而龍名……為
> 鳥師而鳥名。」（《左傳‧昭公十七年》）

以「雲」、「火」、「水」、「鳥」來命名官職的名稱，這些「物」
具有類似遠古圖騰的性質與作用。因此，官職之「名」彰顯著
與其氏族血緣間神聖的關連。而「命」此「名」，也就在「命」
之中，建立起這種內在關連的架構。

（四）「名」指禮制中的「名位」、「爵位」、「名號」：

> 王命諸侯，名位不同，禮亦異數，不以禮假人。（《左傳‧
> 莊公十八年》）

> 仲尼聞之曰：「惜也，不如多與之邑。唯器與名，不可
> 以假人，君之所司也。名以出信，信以守器，器以藏禮，
> 禮以行義，義以生利，利以平民，政之大節也。」（《左
> 傳‧成公二年》）

> 視遠，曰絕其義；足高，曰棄其德；言爽，曰反其信；
> 聽淫，曰離其名。夫目以處義，足以踐德，口以庇信，
> 耳以聽名者也，故不可不慎也。偏喪有咎，既喪則國從
> 之。晉侯爽二，吾是以云。（《國語‧周語下》）

「名」與「名」之間的關係，形成周禮制度中的「位」。就「名」的序列而言，有所謂「名位」，就「位」的高低次序而言，可指稱「爵位」，而「名位」的表徵，是以「名號」體現。

（五）「名」指「誥令」：

> 夏書曰：「念茲在茲，釋茲在茲，名言茲在茲，允出茲在茲，惟帝念功。」（《左傳・襄公二十一年》）

> 夫耳內和聲，而口出美言，以為憲令，而布諸民，正之以度量，民以心力，從之不倦。成事不貳，樂之至也。口內味而耳內聲，聲味生氣。氣在口為言，在目為明。言以信名，明以時動。名以成政，動以殖生。政成生殖，樂之至也。若視聽不和。……於是乎有狂悖之言，有眩惑之明，有轉易之名，有過慝之度。（《國語・周語下》）

為政者誥令的宣示，必須界諸於「名」，同時誥令的頒行也需透過「名」來實施。「名」的此種意含，指涉政令權威性的宣示與頒行。發自於執政者的「名」，也就是本於誠信而為人民所豎立的憲法與政令。

（六）「名」指「盛名」、「令譽」、「美稱」：

> 此十六族也，世濟其美，不隕其名。（《左傳・文公十八年》）

> ……名山，名川……（《左傳・襄公十一年》）

> 僑聞君子長國家者，非無賄之患，而無令名之難。……夫令名，德之輿也；德，國家之基也，……有令名也。

> 夫恕思以明德,則令名載而行之,是以遠至邇安。(《左傳‧襄公二十四年》)

> 唯地能包萬物以為一,其事不失。生萬物,容畜禽獸,然後受其名（指獲得承載萬物的美名）而兼其利。(《國語‧越語下》)

「名」指人品德的一種特別的彰顯,而為人所讚譽。這是「名」字,除了作為名稱之外,另一項重要的意含。「名」作為彰顯,是指突出於一般的狀態,這種狀態本身可以是不涉價值的取向。如「名」指「名聲」:

> 宋向戌善於趙文子,又善於令尹子木,欲弭諸侯之兵以為名。(《左傳‧襄公二十七年》)

但「名」也可指負面的「名聲」:

> 君之先臣督得罪於宋殤公,名在諸侯之策（指華督殺君的惡名,記載在各國史書上）。(《左傳‧文公十五年》)

> 作誓命曰:「毀則為賊,掩賊為藏。竊賄為盜,盜器為姦。主藏之名（指窩藏的罪名）,賴姦之用,為大凶德,有常無赦。在九刑不忘。」(《左傳‧文公十八年》)

「名」所彰顯者,可具體指稱為「功名」:

> 冬,楚師侵衛,遂侵我師于蜀。使臧孫往。辭曰:「楚遠而久,固將退矣。無功而受名,臣不敢。」(《左傳‧成公二年》)

「名」也可用來指稱事物之具有的特殊狀態，而這種狀態即此物的「稱號」：

> 吳為邾故，將伐魯，問於叔孫輒。叔孫輒對曰：「魯有名（指有大國的稱號）而無情（指無大國的實力），伐之必得志焉。」（《左傳‧哀公八年》）

（七）「名」指「徵名」

> 史墨曰：「盈，水名也；子，水位也。名位敵，不可干也（謂稱名與方位相當，不能觸犯）。」（《左傳‧哀公九年》）

「名」可作為表徵一物的特性。尤其在事物與方位結構的配置中，表現其為基本構成的特殊性質。

（八）「名」有別於「號」：

> 未問其名，號之曰「牛」，曰：「唯。」（《左傳‧昭公四年》）

這則資料說明，春秋時代已對「名」與「號」的使用，作出一定的區隔。「名」與「號」、「謂」、「稱」等的辨析，在其後思辨哲學的觀念探索中，發揮了極為重大的作用。

從以上關於「名」字使用的分析，我們發現從「名」的基本意含指向中，表現著相當複雜的作用。但這些「名」的作用，都顯示著周禮制度的內涵。「名」是與周文之「德」相為表裡

的。甚至「名」字也指稱鑄在銅器中銘文的「銘」,[8]而這種「器」之所以為「名(銘)」,也說明它之為國之重器,是因為它表現著周文價值的「名」。兩周銅器的銘文,不是歌頌造器者的功德,就是鑄寫盟誓之約,所謂「記祀典」、「記訓誥」、「記賞賜」,均為周禮中的大事。[9]因此,「名」之成為探討的問題,實際上就是對於周禮制約的一種突破。這種改變,使得「名」的意義與作用,導回到其根本意含的思考上。「名」是「命名」,而其本質是一種顯露的情狀。

　　我們前面所設想,由鄧析所開始的「名」的問題探索,是與「刑」有關。「刑」不僅指涉刑罰的事務,「刑」本身有它字義所具有的性質。「刑」之為「懲罰」、「刑罰」、「殘害」義,是由於本義所衍生的,今日訓詁所稱「『刑』同『型』」,實際上應當是後者之義本於前者。「刑」字的來源即「㓝」。[10]井之構造是以木為架,疊砌而成,同時透過構築所區劃出的空間,方能深入地中達於泉源而得水。因此,「刑」的原始意含,涉及「構築」、「約束」、「限制」、「規定」……等等作用的表述。也因為此種作用,所以「刑─型」具有「模型」、「法度」、「校正」、「取法」等等衍生之義。

8　「鑄名器,藏寶財,固民之殄病是待。今國病矣,君盍以名器請糴于齊!」(《國語‧魯語上》)

9　參閱程水金:《中國早期文化意識的嬗變》(武漢:武漢大學出版社,2003年),頁 241-274。

10　參閱張書岩:〈試談「刑」字的發展〉,見《文史》第 25 輯(北京:中華書局,1985 年)。

「刑」與「形」的關係，「刑」是本字。《馬王堆漢墓帛書・老子乙本》：「難易之相成，長短之相刑也。」《郭店楚簡老子・甲本》「刑」作「型」，傳奕本與通行本均作「形」。因此，所謂「形名之學」的特徵，在於它是「刑」名之學。這個「刑」字的意義，我們認為是透過對「刑罰律令」的爭辯，逐漸轉換成思辨哲學中對「名」之界定與規範的探討。

在周文禮制中，「名」是以「德」來規範的，同時它的意義與作用也是透過「德」來界定。但是，當「名」獨立出這種「周文之德」的約束時，首先出現的局面便是「名」的不定性與多元指向的可能性。如何來界定「名」的新規範？又如何重新就人文的重建，來思索「名」之建構的可能方式？「名」本身是否就其為問題而言，可否建立起獨自的探索領域？不涉任何具體顯現內容的「名」，它的狀態又是如何？這使我們走向古典哲學所謂「思辨」探索方式的考慮上去。

三、「名」與「思辨」

作為「名」複雜意含根基者，是它所呈現的「顯發」之義。「顯發」是「有所顯出」，同時也就因而「有所發生」。只要我們仔細思考前節引述的資料，就可發現，「名」之為顯發的意義，甚至要先於它作為稱名的作用。

一般而言，當「名」用來指涉「名聲」時，這個名聲是針對人或物的特殊展現說的。如「名山」，「名川」，是指不同於一般的山與川。《國語・越語下》「唯地……生萬物，容畜禽獸，

然後受其名，而兼其利」，這個「地」之「名」，是彰顯它的突出功能。《史記・五帝本紀》「此十六族也，世濟其美，不隕其名」，「名」指這些氏族不同於其他族類的尊崇。「令名」是潛修德性以求彰顯於世的光榮。這種突出性質的彰顯，並不必然都是具有正面價值的，他也可以指所謂的「惡名」，一種負面的彰顯。

《說文解字》中，許慎釋「名」字云：「名，自命也。从口从夕。夕者，冥也。冥不相見，故以口自名。」對此解釋，當代學者提出不同的看法。[11] 對於「從夕」之說，爭論尤多。但「名」與「命」古通，而「名」也具有「明」的意含。許慎的解釋，或許承襲著流傳到漢時「名」字的古義，而以「夕」指涉「口」之所以說出的來源。「冥不可見」，於是「名」就走向「顯發」，而藉此「顯發」得以「命名」。

在後來思辨哲學的論說中，對於「名」的「命名」作用有著更進一步的區分。他們將「命名」劃分為「名」與「號」，也就是以「名」來「命名」的方式是與以「號」來「命名」者不同。此種區分的思想淵源也反證著「名」之為「顯發」的本質。其實，《左傳》中記載一則故事，於文中就似乎出現著對這種區分的認知：

> 初，穆子去叔孫氏，及庚宗，遇婦人，使私為食而宿焉。
> 問其行，告之故，哭而送之。適齊，……夢天壓己，弗
> 勝，顧而見人，黑而上僂，深目而豭喙，號之曰：「牛！

---

11 參見：《古文字詁林》第 2 冊（上海：上海教育出版社，2000 年），頁 22-24。

> 助余！」乃勝之。……既立，所宿庚宗之婦人獻以雉。
> 問其姓，對曰：「余子長矣，能奉雉而從我矣。」召而
> 見之，則所夢也。未問其名，號之曰「牛」，曰：「唯。」
> （《左傳·昭公四年》）

魯國叔孫豹（穆子）為逃避叔孫橋如所帶來的禍患，離開叔孫
氏。當他走到今山東泗水東的庚宗，遇到一個婦人，叔孫豹讓
她偷偷給他吃的，並且住宿在她那裡。叔孫豹接著到了齊國。
有一天他睡時做夢，夢到天空把自己壓在下面，快要受不了的
時候，回頭看見一個人，長得很黑，上身有些駝背，眼窩很深，
長著豬的嘴形。叔孫豹大聲叫他：「牛，幫助我。」他因而得
以脫困。後來他回到了魯國，立為國卿。那個跟他同宿過的婦
人，帶著跟他所生的兒子來看他。一見之下，正是那個當時夢
裡所見過的人。《左傳》記載說：「未知其名，號之曰『牛』」。
其中，「名」與「號」的用法是不同的。「名」屬於人自命的名
稱，而「號」是外人所稱乎的名稱。

「名」在本質上是「顯發」，那麼它如何成為中國古典哲
學思辨性質的來源？這需要從「古典哲學」一詞的意義來談起。

自從二十世紀初，沿用日人翻譯"philosophy"為「哲學」
一詞，同時也藉著西方哲學的語彙、觀念與思想架構，探討與
解釋中國過去的學術思潮之後，「哲學」、「春秋、戰國哲學」
或「先秦哲學」就成為自然使用的一般用詞。但當我們真正深
入西方之"philosophia"的問題本質，同時也反思到這百餘年來
對中國原先傳統思想的探索，多為因襲西方模式而產生附會性

的解釋，我們對於現在使用的「古典哲學」的意義，就需要先加以澄清。

　　所謂「古典」是指發生於春秋末葉，盛行於戰國時代，而在西漢前期所完成的一段重要思潮的發展過程。此種思潮的特徵，我們所稱之為「哲學」者，是對以周禮為主體的人文制度，提出徹底的導源，重新標示起人文創造的始源，並據此來尋求新人文展現各種可能。就目前所有的資料，《老子》一書的形成，可視為這個思潮早期發展重要的思想記錄。尤其在今傳《老子》文本的第二十五章與第三十八章，我們可見證到透過「名」之「顯發」義，指向人文始源的建構性說明。我們將兩章的內容對應來解析：

> 有狀（物）混成，先天地生。敓繆（寂兮寥兮），獨立不改，周行而不息，可以為天下母。未知其名，字之曰道。強為之名曰大。大曰逝，逝曰遠，遠曰反。故道大、天大、地大、王亦大。國（域）中有四大，而王居其一焉。人法地，地法天，天法道，道法自然。[12]

> 上德不德，是以有德；下德不失德，是以無德。上德無為而無以為，上仁為之而無以為；上義為之而有以為；上禮為之而莫之應，則攘臂而扔之。故失道而後德，失德而後仁，失仁而後義，失義而後禮。夫禮者，忠信之泊（薄）而亂之首。前識者，道之華而愚之始。[13]

---

[12] 《郭店楚簡老子》「物」作「狀」。
[13] 據《馬王堆帛書老子》甲、乙本校改。

「未知其名，字之曰道」與第三十八章「失道而後德」、「道之華」的「道」是相關的。雖然目前的資料顯示，前章資料的出現可能早於後章。但《老子》第三十八章，同時也是帛書文本〈德經〉的首章，在《老子》所代表之新思潮發展中，屬於綱領性完成的階段。它更為清晰地解明這個人文導源的程序，所以我們可以先就它的內涵來進行說明。[14]

　　「上德」、「上仁」、「上義」、「上禮」，與「失道」、「失德」、「失仁」、「失義」、「失禮」，這是對於周文基礎的觀念性導源說明。「禮」之以觀念性內涵來作為解說的中心，實質上是針對周文禮制的成立根基來說的。「禮」的本質特徵是「為之而莫之應，則攘臂而扔之」，其具體的內涵是指在人文建構的要求下，不顧人性多向價值取擇的可能，而強加規範的約束。所謂「《經禮》三百，《曲禮》三千」或「禮儀三百，威儀三千」，[15]指的就是「禮」的繁複制約。「禮」的本質是在「義」之「為之而有以為」下來進行，也就是因循著人為的規劃，並附著在此種規劃之中。人為的規劃是仁義價值的建構，在「義」之前的「仁」，它的本質意含，是指將人存的取向確立在仁義之上，但卻未嘗以之作為唯一的準據。而「仁」之所以可有此種取擇，是來自於人之為「人」的本性，也就是「人」之「德」。「德」的本義是「得」，即人為萬物中所具有的本性。「德」的本質特

---

[14] 關於《老子》文本形成的過程與其思想內容的發展，參見拙著：〈《老子》思想的地域背景與楚國哲學〉，山東大學「出土文獻學術研討會」論文，2004 年 11 月。

[15] 見《禮記‧禮器》與《禮記‧中庸》。

徵是「無為而無以為」，它是自然本性之得，所以並未涉及自取的作為。

我們從第三十八章這種人文發展的導源來看，它一方面是以觀念內涵作為辨析的方式，同時也在人文歷程衍生段落的分辨中，指向一切人文創造的根源。這就是「上德不德」之「德」。「不德」是說保持著「德」的自然，而任何創造的開端，就成為「下德不失德」之「德」。為保障人文創造的基礎，所以強調它所具有的「德」，因而就遠離與一切人為要求無涉的本然。

由「德」到「禮」是一種人文規劃與建構的完成，以「禮」作為「前識」，也就是以禮制當作規範來指引，就是「道之華」。它不但是「人道」建構的完成，也是人文創造的結束。它的結束，表現著人文價值之創造性的虛華。「禮」的規劃起自於人情之信實，而在禮制的形式結構中，人性真情的本源即將停息，而落入偽作的混亂。

「失」是衍生過程所呈現的狀態，那麼，對於「失」的覺知，便是導源的辨識。所以，在「德」之前，提出「道」以作為一切發生之物的始源。

在《老子》三十八章中，「道」並未賦予過多始源的內涵。它的作用是一種終極導源的指向，說明「德」之所失的根源。「失道而後德」，也就是說，一切存在之物的本性都來自於「道」的本然。萬物之「德」，是各自所分有的「道」之自然運行。「道」就是萬物之運行本身的體現者。

今本《老子》第三十八章，作為〈德經〉的首章，是與《老

子》第一章,即〈道經〉的首章,相互匹應的。「道可道」、「名可名」,是開啟古典思辨哲學的「名—辨」之域。這兩章並未見於郭店楚簡《老子》,而就整個《老子》資料的內容來看,這兩個思想結構的綱領,很可能是道家早期重要人物所規約整理而成。從哲學思辨性探討的角度來尋索,《老子》第二十五章提供我們關於「名—辨」問題另外一個重要的內容。

「有狀混成」(《郭店楚簡老子》),今本作「有物混成」,這個「狀」或「物」,標誌著思辨探索所及的始源情狀。《老子》的描述,首先是:「有—狀—混—成」,這是始源呈現的構成,因其為呈現,故為「有」,但始源之呈現就是「發生」,它不藉任何的界說,故以「混」而「成」其展現。它「先天地生」,說明它先於天地萬物的存在,而為一切事物發生之源。「寂兮寥兮」、「獨立不改」、「周行不怠」,它自為、自有、恆常而環周運行不已。[16]此種始源之狀的描述,我們發現有兩層哲學的作用:

就其所得以描述的淵源而言,它來自於「天極」運作情狀的轉化。由遠古時代以來,人們均認為天時的運作決定著萬物的生成變化,同時也規定著人類的生存活動。天時的規律節奏,是順著周天運行中心的「天極」,而以日月星辰不同的周天方位來表現。對「天時」與由之產生曆法的掌握,一直是處置天下的樞要事物。透過史官天文傳承的追溯,對人文建構的

---

[16] 參閱拙著:《楚簡老子甲本研究》(濟南:山東大學文史哲研究院,2004年。)

導源自然指向著那原本以「天極」為中心的始源性運作。只是在思辨性的描述中，它被賦予了哲學發生性與人文創造根源性的意含，以作為萬物存在的始源。這種意含展現在：

可以為天下母。

「可以……」，說明這是一種設定，「……天下……」涉及一切人文的事物，而「……母」便是指人文根基的考慮。

因此，「有狀混成」的描述，是為著人文基礎的辨明。「狀」是始源發生的情狀，它是一種顯發、呈現，也是一個究極的存在「事情」。這不是觀念的辨析，而是「事情」的顯示、發生、衝擊、震懾、感動與融通。而「母」卻是一個思辨的對象，它是相應於「子」而被提出的。也就是說，因欲建構起「子」的推演，必須先立定「母」的根基。

因為思辨設定的要求，這個基礎性的設定對象，就產生邊際性轉折的變化。這也就是：

未知其名，字之曰道，強為之名曰大。

這三句隱含著古典哲學關鍵性的思辨轉折。我們發現：

「名」與「字」的指涉作用是不同的。

「未知其名」而又「強為之名」，其中涉及著轉折的重要考慮。

「道」來自於「字」，而「大」卻與「名」有所關連，二者是有重要區別的。

對於「名」與「字」不同作用的解釋，在古典哲學著作中曾經多次出現。一般而言，雖然「名」與「字」都關連著「命

名」，但「名」是專就「所命名者」自身的性質來說，而「字」則僅就「命名者」的意圖來指稱。[17]始源之狀以「混」而「成」，「混」指一種涌發的狀態，它運作不已，無所定形，因不能固執此種情狀來指稱，故「未知其名」。而「字」是就人文根基的要求來說，故雖「未知其名」，但可以「字」來指稱。「名」與「字」的區別，實際上確立了人文根基設定的條件。「名」與「字」，或可說「無名」與「有字」，是在表達邊際的界分下，完成思辨性的觀念轉換。

「未知其名」的「名」，指向「無名」的始源本然，而「強為之名」的「名」，是在「字之曰道」的設定中，開啟相應於始源運作的思辨領域。

始源之設定在於強調統攝一切的運行，故「字之曰道」。有了「字」的設定指向，則在此方向中，可接續加以推衍性的界定，故可「強為之名曰大」。「強」有兩種作用，它一方面是承襲著「字」的權宜設置，另方面仍本於以「名」之發生義而開啟了思辨的探索。

《老子》此章的作者，在此處一連用了「大」、「逝、遠、返（反）」、「域」、「道、天、地、王」這幾組名稱，來展示以「名」所展開的領域。

---

17 「名」與「字」的不同使用，有時以「謂」、「稱」、「號」等來代替「字」。如《老子》第一章對「名」、「謂」（與「字」同）的分別，《莊子・秋水》、〈則陽〉兩篇中對「號」（與「字」同）的解析。王弼在其《老子指略》中，曾提出一種清楚的界說，「名也者，定者也；稱（案：與「字」同）也者，從謂者也。名生乎彼，稱出乎我。」

首先「大」的使用，它並非一般大小相對關係中的用法。「大」與「立」，甚至與「位」、「王」，從其字源造型的表述上，它們是同質的，均指出一種站立、突出、擁有、呈現的狀態。[18]因此，「大」之「名」，是指：「獨一、自有、自立、自存的呈現者」。「大」之為「獨一」，說明「始源」的非殊多對立關係中的唯一性；「大」之為「自有、自立、自存」情狀，說明「始源」的不具形物相待、相生性質的自足性。「大」就是相映「始源之狀」而於思辨中的原初呈現者。

從始源發生之「狀」，到透過性態所界定之「大」，這是思辨的原初轉換，也是「名」的思辨作用。因而，由此種「名」的作用所延續而開展的「域」，我們也可稱之為「名域」──思辨之域。

「大曰逝，逝曰遠，遠曰返」，我們應將虛詞「曰」，讀作「而」。在行文的語氣上，「而」呈現著本質性的延續與發展。「逝、遠、返」三字均從「辵」，這也說明它是一種時間性的展延。而思辨的時間性發展，其實質就是精神性的創造與開拓。此「名域」的發生，以「大」的標立確立精神世界的所處位置，而以思辨建構的「行」，匹應著天道萬物自然環周的運行。

在「名域」之中，思辨領域的建構融會與溝通著「道、天、地、王」四個個別展向的軸心。而四者彼此間的關連，與其各

---

[18] 「大」字，象人正立之形；「立」字，《說文》云：「從大立一之上」「一」指「地」。「立」也是古「位」字。見《古文字詁林》第 8 冊（2003 年）。而「王」字的字形，「象王者肅容而立之形，與立同意」。見《古文字詁林》第 1 冊（1999 年）。

自內在統攝的網絡，形成了整個思辨哲學的觀念結構。

今本《老子》第二十五章，出現在《郭店老子》甲本，這似乎說明發生於春秋時代的哲學思辨探索，在《老子》一書形成的早期就已被考慮而提出。而《老子》定本中的第一章，更為相應於其第三十八章周禮導源的綱領，完成「名域」明確的思辨性界定。

> 道可道也，非恆道也；名，可名也，非恆名也。无名，萬物之始也；有名，萬物之母也。故恆无欲也，以觀其眇；恆有欲也，以觀其所噭。兩者同出，異名同胃，玄之又玄，眾眇之門。[19]

《老子》此章的哲學表述，「可」是其中的關鍵字。許慎解釋此字，認為它從口，而訓作「肯」。從古文獻使用此字來看，「可」具有動詞的性質，表示肯定。[20]肯定是一種界定的形式，而其界定的作用，一方面確立所界定者的衍生推展，另一方面也就因此而離開界定之所從來的不涉界定的狀態。因此，《老子》此章的首段，就用「可道」、「可名」與「恆道」、「恆名」來做出區分。這個區分的分際在「可」與「恆」的不同作用上。對於「恆」字的觀念性用法，我們從上博楚簡的〈恆先〉篇，得到重要的啟發。「恆」並不只是一種描述萬物情狀的形容，而是用來指涉天道運行的自然本質。[21]因此，「恆道」與「恆名」，

---

19 引文採用《馬王堆帛書老子》，並據甲、乙本互闕文補。見高明：《帛書老子校注》（北京：中華書局，1996 年）。

20 如《左傳·昭公二十年》：「君所謂可，而有否焉，臣獻其否，以成其可」。「可」與「否」對立而言，表肯定與否定。

21 請參閱拙著：〈《恆先》與古典哲學的始源問題〉，臺灣大學哲學系「新

分別指示著天道的運行與顯發，而由「可道」、「可名」二者所指出者，則是對此始源的思辨性界定。以「可」顯示「名域」，並由「無名」與「有名」兩個極限性的標記，來確立其探索的全部範域。

這個界定的範域是以「始」與「母」延伸而開拓。以「始」指向無限的溯源，以「母」開啟無限的衍生。[22]

思辨探索的構成在於「無欲」與「有欲」的靜觀。「眇」與「噭」，一是微眇不可見者，一是顯發可知的終極。

「兩者同出，異名同謂」，這是對思辨之邊際作用的釐清。「兩者」是邊際的兩端，也就是以對立性結構所出現者，而「異名」則指以「有」、「無」之「異」所說的「無名」與「有名」。邊際的兩端，均同時來自於由「可」所形成的分際，所以是「同出」。「出」也正反證著隱含的始源。而「無名」與「有名」，均在「可」的範域中，以其作為思辨的界定物而顯現。但此相異兩端的「名」，均是為確立思辨之域推展所作的指稱，所以是「同謂」。「謂」，作為「名」的辨析用語，也正說明著它為思辨作用的指稱本質。

由「可」而有「二者」，於是思辨之域得以展開，這是思辨的發生與創造的途徑。但思辨探索的基礎，必須就「二者」釐清「同出」與「同謂」的雙重作用。因此，思辨建構的本質，是以根源的復返作為其終極的指向。經由思辨的方式，這種反

出土文獻與先秦思想重構」國際學術研討會，2005 年 3 月 25 日。

22 「始」與「母」的作用不同，「始」是回溯，其導源過程是無所限定的，而「母」是藉諸「母—子」的產生，而指向無限的衍生。

源的根極是「玄之又玄」,「眾眇之門」,是指向一切不可知測門扉以外的幽隱之地。

《老子》的首章,似乎顯示著一個思辨的發生過程,同時也透露著整個思辨之域的構成:

恆 |　………無名／有名………　|玄

可　　　有欲－無欲　　　　門

→二者同出　←異名同謂

從這個圖示中,我們可以深入地思索:

「恆」與「玄」是始源發生情狀的本質。二者的意含,反映著在哲學發生之事的面對中,那浩瀚、無形、深邃而聳立著的顯現。

「可」與「門」,是思辨探索的肇始與終極。思辨事物的解析,是以這種邊際的認知為基礎。

「無名」與「有名」,構成思辨之「名」的雙向作用。「有名」指向無盡的推衍,而「無(亡)名」同時開啟思辨的根源復返。而「有欲」與「無欲」的靜觀,是思辨推演的內在操持。

「名」與「謂」,是思辨觀念應用的基本形式。「名」為一切稱名的基礎,而「謂」則顯示思辨效用的取法來源。

因而,我們認為,《老子》的首章,清楚確立了為人文反思所提出不同於周文禮制的新形式。而此種新的方式,透過語詞的哲學意含,建立了思辨的觀念探索。「觀念」與「思辨」,一為表達呈現的面貌,一為探討方法的本質,形成我們今日所謂的古典哲學發展。

實際上,「觀念」是對西方哲學用語"idea"的翻譯。即便在西方哲學之中,此字的意含與作用,在不同的時代與個別的哲學思想中,也極為不同。在古希臘時代,經由柏拉圖所賦予的原始意含,是指存在的真實,也就是真理所顯現的面相。它是存在之物的始源顯出。基於此種理解,我們借用「觀念」一字,來指稱以統攝全部人文事物的「觀」,在心中形成思辨的內容,並透過字義特殊形構的表現,而形成哲學語言結構的表達,其具體的呈現則為實際使用的「觀念語詞」。

因此,所謂「思辨」一詞的意含,我們並非直接襲用"speculation"或"theorein",而是對中國古典哲學所「思」之物的「辨析」。中國古典時代的「哲學問題」,不是"sophon"而是「人文的導源與創造」,同樣的,作為哲學問題探索的動力,不是"philein"而是「人為邊際的澄清」。古典哲學所「思」者在此,而其所「辨」者,也均專注於與此相關的思索。

四、哲學觀念與其思辨性的構成

前述的說明,我們先集中在「刑名」問題的發生上。「刑書」之事,是「名」問題產生的重要來源之一。由於它發生在一般社會生活的階層,其影響應當是相當普遍而深刻的。從《老子》第三十八、二十五與第一章內容的分析,我們嘗試將《老子》所表徵的人文反思,解釋為古典哲學思辨綱領體系的完成。這樣,我們或許對所謂哲學觀念的思辨性徵,作出進一步的說明:

　　觀念的內涵，是藉諸語言與文字來表述的。因此，表現在文字意含中的觀念性，是哲學論說的基本構成。哲學的觀念語詞，首先便呈現著文字中人文思索的安排，也就是說哲學觀念的思辨性徵之一，是它透過文字的構成所表現的思辨解析，我們稱之為「構劃性」。

　　前面我們曾分析過「大」字的哲學性作用。其實，古典哲學的重要觀念字，都具有此種思辨解析的功能。我們試舉「道」與「德」二字來說：

　　這一組哲學用字，都是建立在「行」的基礎上。「行」是古典哲學對於「時間」的認知。它是承襲遠古天文的傳承，將天行的環周規律予以對象化而成為整個觀念系統的隱含基礎。「行」是萬物自身本然的恆常運行。以「行」為「首」，也就是將「行」作為準據與指引，就形成「道」的原初哲學意含。而「德」也是以「行」為本質。在「文王之德」的周文典範中，「德」的本質在「心」，「心」不但被視為是「人」的本質，同時也是人義的價值所在。而《老子》思想，卻集中在「虛心弱志」上，這是消除以「心」為價值的取向。[23]當「德」字的意含消除了「心」的作用，就呈現出「直行」之「德」，萬物在天地運作中的本然，它是萬物各自之所得，也是其原始自有的本質。這種以字形與字義所表現的哲學考慮，《老子》就分別稱之為「字之曰道」、「上德不德」。「字」與「不」，是在哲學

---

[23] 《老子》第三章云：「……是以聖人之治，虛其心，實其腹，弱其志，強其骨。」「志」是「心」的指向，「虛心」、「弱志」，是消除人為的作用，而人為的創造，在周文的規劃中，是以「心」為價值的基礎。

觀念結構整體考慮下，所作出的思辨性構劃。這種構劃的作用，隱藏在觀念語詞之中，而成為其根源的性徵。

所謂「觀念語詞」，其指涉者並不受到具體形物的限制，一般我們將此種性質了解為抽象的作用。在西方哲學中，「抽象」是來自於「類」的設想，也就是從殊異的個別到普遍的一般，所產生的思想上抽離的過程。「類」是思想的對象，而有別於感官所及的具體事物。古希臘時代，邏輯發生於對思想內容的解析與正確推論方法的建立。思想具體表現在語句之中，因此，對語句構成的解析，就是邏輯的任務，而這必須透過語詞所呈現的概念來進行。[24]在這種探討中，定義是邏輯的基礎，而定義所涉及的是一般，而非個別。「抽象性」一詞的意義，是必須與其所發生之哲學探索的方向，互相配合來理解的。因此，我們不說「觀念」的抽象性，因為中國古典哲學「思想」運用的指向是不同的。我們將「觀念」的第二個思辨性徵，稱之為「寓象性」。

「寓象」是將「語言」作為意指的寄寓，而藉字詞的形構所表現出的事物徵象。我們前文引述《老子》第二十五章的資料，其中「有狀（物）混成」一句就呈現出這種寓象的性質。楚簡《老子》的「狀」字，今本作「物」。這不太可能是一種訛誤，而是在《老子》文本流傳的過程中，以「物」代替了「狀」字。「物」與「狀」有何種關連，可以產生這樣的代換？「狀」

---

[24] 亞理斯多德使用"analytica"一詞來說明這種方法，而未使用"logic"。這說明分析是邏輯的主要工作。定義、論證、推論都是針對語句所進行的思想分析。

是發生的情狀，是時間性的延續。而「物」，通常當作是具體形物的通稱。若「物」指據此種意含，這種字詞的代換就會產生困難。但「物」是否有另外我們忽略的意義與作用？楚簡《老子》「物」字寫作「勿」，由「勿」到「物」，是文字發展字義精確化過程的演變，而以「勿」借為「物」又表現出「勿」的意義是「物」。因此，我們就需要從「勿」與「物」兩個方向來思索其中所涉及的思辨作用。

就目前的資料來看，由於「物」字的意含極為複雜而多樣，其創造的時代應當很早。[25]而「物」的初詣可能指「雜色牛」，如此，「勿」則當指雜多的顏色，或雜多顏色所顯現的景象。[26]許慎解釋「勿」云：「州里所建旗，象其柄，有三游。」按此種意含，則「勿」可能指以不同顏色所豎立的旗幟。[27]這樣，它就又與遠古時代類似圖騰作用的標誌有關。而在《儀禮》中，「物」字更有特別的意含，它指射箭人射箭時所站立的地方，通常用紅色或黑色畫成十字形，以作為站立的範圍。透過這種意含的聯繫，我們是否可設想：以「物」代替「狀」，就是對「始源混成發生情狀」的一種「指定」。它指出並確立那個「混然湧現者」。

---

[25] 參閱《古文字詁林》所採錄的各家解釋，見該書第 1 冊，頁 744-749 與第 8 冊，頁 354-359。

[26] 如《左傳·桓公二年》：「五色比象，昭其物也。」《左傳·僖公五年》：「凡分、至、啟、閉，必書雲物，為備故也。」「物」當形色解。

[27] 如《左傳·宣公十二年》：「百官象物而動，軍政不戒而備。」孔疏：「百官尊卑不同，所建各有其物，象其所建之物而行動。」「物」指標誌。

「寓象性」著重在中國文字源始的象形作用。此種象形不單純是文字學上的考慮，實際上許多文字的象形來源可能與原始宗教崇拜的儀式象徵有關。如見於大汶口文化以「山」、「日」、「鳥（並非雲）」三種形象構成的文字意符，從安徽尉遲寺出土的鳥形神器來看，它極可能就是對祭祀太陽時所使用禮器的模擬。[28]但由於文字使用的普及，這種透過象徵來體現的「寓象性」，很容易被平淡化而成為概念的稱名。這樣也就發生所謂抽象概念或稱名的問題，所以在古典「形名之學」中，就出現許多著重概念解析的論說。但真正名家哲學的問題本質，實際上是要消除這種日常對稱名的誤斷，而回到「名—實」關係的真確指稱作用上，如公孫龍子的哲學，就是強烈反對稱名獨立於實稱的看法。[29]

古典哲學的語彙中，出現相當多具有形式符號性的觀念字詞。它們都具有名域的辨析作用，我們稱之為思辨觀念的「型制性」，如「可」、「大」、「域」、「自然」、「一」、「二」、「三」、「有」、「無」……等等。「可」與「大」的哲學意義與作用，

---

[28] 此一形符，一般都解釋為由上部的「日」、中間的「雲」與下面的「山」所構成。但當地的考古學者卻認為所謂「雲」的圖形，實際上是描劃鳥飛翔時的正面形。自從尉遲寺出土了鳥形神器之後，由於它的構成是以左右有分差突出物的支架頂立起神鳥的塑像，是祭祀用的禮器。當把它豎立而面對太陽時，就形成此一形符的實際擺設狀態。

[29] 古典時代的「名家」哲學，是在「名」之問題的基礎上，以其專注於「稱名」之辨而開展的。從「實」的方向來解析「名」，因所涉及的「實」有所不同，而產生不同的「名實」探索。儒家的「正名」，法家的「以名責實」，尹文子「名以正形」等等，都是不同取向的探討。關於「名家」本身的研究，需要另文來解析。

我們前面曾作出一些說明,現再舉以「域」與「自然」為例,來解釋這種觀念字詞的型制性徵。

「型制性」,我們理解為思辨名域之區隔與分際的符號性。「域」字,是「或」的衍生字,「國」字也是後起的。許慎云:「或,邦也,從口,從戈,又從一。一,地也。」「或」的基本型構是以戈守護著「口」中之地。因此,「口」是「域」字意含的主體,它指出一塊必須以武器防禦並據守的場域。這種原始的意含,很容易讓我們聯想到,在新石器時代早期所出現的那種以壕溝或土垣圈繞而形成的聚落。這樣的聚落是古人生存的保障,也是他們生活的核心區域。如何選定這個場域的方位,如何確定它的範圍,這都是極為神聖而重要的大事。《詩·大雅·公劉》篇仍替我們保留著周人遷國時尋覓居所的情景。[30]我們是否可就此來設想,當「名」的問題發生之後,也就是思辨之「名」成為人文導源的思索方式之後,此種探討所得以進行的場域,必然如同古人選定生存聚落般,成為首先需要的事情。「名」的「域」,不再是具體空間的方位,也不是周文倫常的層次,而成為精神的思辨性領域。《老子》所說的「國(域)中⋯⋯」,便是「或」字中以「口」的符號所指涉的。

---

30 《詩經·大雅·公劉》:「篤公劉⋯⋯于胥斯原⋯⋯陟則在巘,復降在原⋯⋯逝彼百泉,瞻彼溥原。迺陟南岡,乃覯于京⋯⋯既溥既長。既景迺岡,相其陰陽,觀其流泉⋯⋯度其隰原,徹田為糧。度其夕陽,豳居允荒。⋯⋯止基迺理,爰眾爰有。夾其皇澗,溯其過澗。止旅迺密,芮鞫之即。」

在聚落的意含下，「囗」是需要防衛與據守的。那麼，在思辨的意義中，對「囗」的考慮當為如何？它被視為「型」，一種確定的型符；同時，它也是「制」，一種分際的區劃。「域」的思辨形制性徵，標誌著它是思辨的場域，是人為的精神創造領域，而其邊際則是人所不能逾越的荒邈之地。「域」的作用是在「域中」，而「域」的邊際，在《老子》書中，則是透過「自然」一詞來說明。

《老子》第二十五章，同時使用「域」與「自然」兩個觀念字詞。「域中」的「四大」遞相法則，而以「道法自然」作為「域」與「非域」的分際。從「四大」——即王、地、天、道——的組成來看，顯然「自然」不在「域中」，但它也不是以「非域」來指涉的。「自」與「然」二字的結合，構造出一個極為特殊的哲學語詞。「自」是萬物的自身，而「然」是對質問的回應，並在回應中結束了質問。「自然」說明：一切質問的終止，任何探索的終結。「自然」一詞的使用，首見於《老子》，後來成為思辨哲學重要的觀念，因而涉及不同方向的內涵。但「自然」的原初意義，是豎立著邊際的型符，它的作用就在顯示「域」的分際。因此，一切以「自然」來表達的觀念意含，就應從這種根源的型制性徵來理解。

「域」與「自然」是觀念型制性徵一組典型的例子，它們有如思辨探索的"topos"，打下思辨領域的樁柱與座標。其他，如以數目字來指出一些觀念，或以「肯定」、「否定」的詞性來指涉的意向，都也具有表達的符號特性，而在思辨的觀念結構中發揮其規定的作用。

　　古典哲學上述的三個觀念的性徵，似乎均從新創的思辨方式來解析。但我們不能忽略，作為這種探討所處的周禮文化是當時生存的事實。它不但持續影響著人們日常的思維，甚至也極可能早就決定著處於中國之地著重人義價值的建構的取向。對「天下」事物的關注，與對人存現實具體的正視，普遍呈現在古典哲學的著作中。因此，周禮文化內涵的質素，在古典哲學的探討中，被轉換成具有思辨性質的觀念內涵。對於此種內涵的性徵，我們稱之為「倫義性」。

　　「倫」是指它與人存的現實有關，而「義」是說它具有價值的取向。

　　實際上，《老子》第三十八章所列出的「道、德、仁、義、禮」的稱號，就顯示出將此種原先展現於現實禮制的內容，轉換成五種人文創造的衍生過程。此五種原現具有周文的現實內涵，被視為人文發展過程中所出現的不同性質。這已不再是針對德目來論述，而是對人文本身提出思辨的解析。

　　所謂觀念的「倫義性」，我們可羅列甚多如此使用的觀念字詞，如：仁、義、道、禮、心、德、誠、信、士、君子……等等。在此，我們試舉出「仁」來做簡略的說明：

　　由於簡帛資料出現許多原先未曾設想過的「仁」字寫法，使我們對此字造字本義的分析，就需更加謹慎，甚至可能目前尚不具備足夠的資料，來進行此事的探討。[31]《禮記·中庸》

---

31 參見張燕嬰：〈「仁」字本義探源〉，收入《中國典籍與文化論叢》第 8 輯（北京：北京大學出版社，2005 年），頁 267-273。張君認為「由現存古文字資料尚不能推定『仁』字的造字本義」，其說相當中肯。

中記載〈哀公問政〉一章，孔子回答云：「……修道以仁，仁者人也，親親為大」。孔子以「人」來訓「仁」，而「仁」字本身也是以人形為主。[32]以「仁」字所表達的觀念內涵，應當與「人」有關。這個「人」如何來理解？

我們都知道，中國自遠古以來有一核心的思想結構——天、地與人。在不同的時代，「天」或指至上神祇的「帝」，或指主宰的「天」，或指不可知邊際之「自然」所指涉的始源。「地」指天下萬物的呈現與運作，而「人」是處於「天」、「地」之間的中介者，他或是指統御萬民的「王」，或是指規劃人生存指向的「聖人」。「人」不同於「天」與「地」，是此一思想結構的獨立自為者。於是「人」與「天」之間的聯繫，「人」與「地」之間的關係，與「人」對「人」之處位的反思，成為古典哲學思索的三個重要的方向。所謂觀念的「倫義性」是當時哲學思索者，對「人」本身意義的價值性認知。

「仁」就是「人」，說明處於三元結構中的「人」，對其自身存在的意義，是確立在人的具體生存之中。而人之具體的生存，不是獨有的個體，而是「倫」，展現在人倫關係的網絡之中。所以，孔子說「親親為大」。「親親」，是親其親。第二個「親」字代表人倫關係中的雙親，而第一個「親」字是指尋求於此人倫關係中顯發出其內在的德性。這種德性，在道德的體系中，是以「孝」來指稱。因此，以「人」界說「仁」，實際上是以「仁」來說明作為中介作用之「人」的存在取向。

---

[32] 章太炎《膏蘭室札記》云：「人、儿、夷、矢、仁、尼六形，本只一人字而已。」轉引自前引文。

　　於是，「人」之介於「天」、「地」之間，是指他統御著整體人倫的關係事物而建立起「人」之本質的意義與價值。「仁」的觀念，說明人之為「人」的存在實情，同時也為此存在的「人」引發出人倫關係的內在本有德性。孟子所說「仁、義、禮、智」為人的四端，也就是建立在「仁」之上的「人義」的展現。[33]

　　以上嘗試說明古典哲學觀念，具有「構劃性」、「寓象性」、「型制性」與「倫義性」四種思辨的性徵。這四個語詞相當鈍拙，似乎不是通常的用語。這是因為，我不想從業已定型，並已推演使用的觀念語詞，來分析其意含的性質。這四個性徵，是從發生於古典時代之思辨探討的四個方向，來檢視其透過觀念所體現的思辨性徵。一如我一直強調，中國古典的「哲學」，是對中國人文發展的導源性反思。相對於周文的現實、具體、普遍實施著的禮樂制度，這種具有「思辨」的新探索方式，只有重新回到「人」之孑然一身，親臨那赤裸發生著的存在實情，才能突破一切既有的侷限，而面對人文之徹底的思索。「思辨」是古典時代一種新的「人」之存在的方式，而思辨所建立起的觀念，與使用的觀念語詞，只是表現著這種思辨性精神領域的建構與拓展。如是，觀念的性徵，不也就是思辨探索所確實開啟的建構方向？

---

[33] 《孟子‧公孫丑上》：「惻隱之心，仁之端也；羞惡之心，義之端也；辭讓之心，禮之端也；是非之心，智之端也。人之有是四端也，猶其有四體也。」

國家圖書館出版品預行編目資料

觀念字解讀與思想史探索

鄭吉雄主編. – 初版. – 臺北市：臺灣學生，2009
面；公分

ISBN 978-957-15-1430-7(精裝)
ISBN 978-957-15-1429-1(平裝)

1. 學術思想 2. 中國哲學 3. 文集

112.07   97019785

觀念字解讀與思想史探索 (全一冊)

主　　　編：鄭　　　　吉　　　　雄
出　版　者：臺 灣 學 生 書 局 有 限 公 司
發　行　人：盧　　　　保　　　　宏
發　行　所：臺 灣 學 生 書 局 有 限 公 司
　　　　　　臺 北 市 和 平 東 路 一 段 一 九 八 號
　　　　　　郵 政 劃 撥 帳 號：0 0 0 2 4 6 6 8
　　　　　　電　話：(0 2) 2 3 6 3 4 1 5 6
　　　　　　傳　眞：(0 2) 2 3 6 3 6 3 3 4
　　　　　　E-mail：student.book@msa.hinet.net
　　　　　　http：//www.studentbooks.com.tw
本書局登
記證字號：行政院新聞局局版北市業字第玖捌壹號

印　刷　所：長　欣　印　刷　企　業　社
　　　　　　中 和 市 永 和 路 三 六 三 巷 四 二 號
　　　　　　電　話：(0 2) 2 2 2 6 8 8 5 3

定價：精裝新臺幣五四〇元
　　　平裝新臺幣四四〇元

西 元 二 〇 〇 九 年 二 月 初 版

臺灣 **學ご書局** 出版

文獻與詮釋研究論叢